桥梁

实用汉语中级教程（下）

A PRACTICAL INTERMEDIATE CHINESE COURSE (II)

主 编 陈 灼

副主编 王世生

编 者（按姓氏笔画为序）

王世生 王珊丹 沈秀珍 陈 灼

陈 灼

英文翻译 韩鹏宇

北语对外汉语精版教材
BLCU CHOICE TEXTBOOKS

桥梁

陈灼 主编

实用汉语中级教程（下）

BRIDGE
A PRACTICAL INTERMEDIATE CHINESE COURSE (II)

第三版 | Third Edition

扩展学习手册
Supplementary Book

北京语言大学出版社
BEIJING LANGUAGE AND CULTURE
UNIVERSITY PRESS

目 录

16 公文包丢失之后 ……………………………………………… 1
阅读课文　女儿的肖像权 ………………………………………… 1
会话课文　姓名问题 ……………………………………………… 3
听力课文　租房 …………………………………………………… 6

17 地球的主人 …………………………………………………… 8
阅读课文　人虎官司 ……………………………………………… 8
会话课文　动物明星 ……………………………………………… 9
听力课文　武松打虎 ……………………………………………… 12

18 老外房客 ……………………………………………………… 14
阅读课文　我是贫二代 …………………………………………… 14
会话课文　我是一个中国人 ……………………………………… 16
听力课文　中国心 ………………………………………………… 18

19 健忘的教授 …………………………………………………… 21
阅读课文　教授考博士 …………………………………………… 21
会话课文　怎么称呼 ……………………………………………… 23
听力课文　一件重要的事 ………………………………………… 25

20 三个母亲 ……………………………………………………… 28
阅读课文　最难的一道题 ………………………………………… 28
会话课文　北京有没有夜生活 …………………………………… 30
听力课文　两代之间 ……………………………………………… 33

21 整容 35

阅读课文　无限的爱 35
会话课文　悄悄话 37
听力课文　礼物 39

22 童年读书梦 42

阅读课文　今天你读书了吗 42
会话课文　三堂"绝"课 44
听力课文　傅斯年的最后一笔稿费 46

23 爱恨交加话手机 49

阅读课文　让生活节奏慢下来 49
会话课文　买不买车 51
听力课文　智慧芯片 52

24 重读西藏 55

阅读课文　神秘的西部高原历险记 55
会话课文　您做人的原则是什么 57
听力课文　放回猫头鹰 60

25 远离吸毒 62

阅读课文　四把椅子的风波 62
会话课文　老玛丽,是你呀 63
听力课文　3号院的秘密 66

26 价值 68
阅读课文 （1）义演 （2）跳舞 68
会话课文 永久的魅力 71
听力课文 一辈子也发不了财 73

27 干得好不如嫁得好吗 76
阅读课文 圈套 76
会话课文 （1）评委们的话（2）群众的议论 79
听力课文 一种境界 81

28 中庸的修养 84
阅读课文 杏坛 84
会话课文 传统文化与软实力 86
听力课文 知与不知 88

29 孔乙己 91
阅读课文 （1）科举制度 （2）范进中举 91
会话课文 老二分大碗茶 93
听力课文 喝茶 95

30 雷雨（节选）...... 98
阅读课文 征母启事 98
会话课文 人是衣裳马是鞍 100
听力课文 三十年后的寻找 102

词汇总表 105

语言游戏答案 108

16 公文包丢失之后

（一）阅读课文

女儿的肖像（xiàoxiàng）权

当她接到市中级人民法院的判决时，心跳个不停。看完之后，眼泪止不住流了下来：女儿小菲的官司（guānsi）终于打赢了。

事情还得从头说起——

她有个聪明可爱的女儿叫小菲。小菲一生下来，她就决心把女儿培养（péiyǎng）成艺术人才。她以音乐教育法使女儿从小就受到艺术的熏陶（xūntáo）。因此，小菲4岁时就在一出戏中成功地扮演（bànyǎn）了一个重要角色（juésè）。接着又连续参加了几部电影的拍摄。在女儿演出的过程中，她始终陪着，替导演（dǎoyǎn）给孩子说戏，使孩子尽快进入角色。看到女儿在艺术道路上健康成长，她是多么高兴啊！

1990年夏天，某出版单位的吕伯找到她，要求拍一些小菲的照片，以举办个人摄影（shèyǐng）艺术展览。她答应了，但提醒他不要发表：她不愿女儿的艺术道路受到"商业活动"的影响。

然而，她担心的事还是发生了。一天，她发现女儿的肖像被印到挂历（guàlì）上，许多书店都在出售。很快便听到许多人议论：她拿女儿当摇钱树。好心的朋友也劝她不要为了赚钱影响孩子的前途；女儿也委屈地告诉她，许多小朋友笑话自己到处去挣钱。这一切，给她造成了很大的精神压力。

于是，她找到吕伯，要求他讲信用，保证以后不再发表小菲的照片。但这一合理的要求竟遭到拒绝。她本来不愿意浪费时间打官司，可一直等了吕伯三个月，小菲的照片仍在继续出售，她只好到法院起诉。不料区人民法院开庭后，判决她败诉（bàisù）。

她很伤心，几天吃不下饭，觉得对不起女儿。今年二月，在朋友的鼓励和支持下，她又向市中级人民法院上诉。中级人民法院审理后认为：被告使用小菲肖像的行为已构成了对小菲肖像权的侵害（qīnhài），应立即停止侵害，消除影响，向原告公开道歉，并赔偿原告精神损失费三千元。

她擦干了眼泪，对记者说："法律是公正（gōngzhèng）的。法院判决被告赔偿的钱我们一分也不要，除去律师的诉讼费，其余的钱全部捐给'希望工程'。"

她维护了女儿的名誉（míngyù），维护了自己的权利，也维护了法律。

练习

1. 根据课文内容选择正确答案。

（1）看完判决书，小菲妈妈的眼泪止不住流下来，因为她：

　　A. 非常痛苦

　　B. 太高兴了

　　C. 伤心得不得了

　　D. 特别爱哭

（2）小菲那么小就拍了几部电影，因为：

　　A. 妈妈的培养使她具有艺术才能

　　B. 小菲觉得拍电影很好玩

　　C. 妈妈和导演的关系非常好

　　D. 小菲一生下来就有表演才能

（3）小菲的妈妈打官司，因为：

　　A. 吕伯发表了小菲的照片却未付钱

　　B. 吕伯用小菲的照片举行了个人摄影艺术展览

　　C. 小菲的照片发表后，小菲的身体越来越坏

　　D. 吕伯侵害了小菲的肖像权

2. 根据课文内容回答问题。

（1）小菲为什么演电影演得那么好？

（2）吕伯为什么要拍小菲的照片？

（3）吕伯按照小菲妈妈的要求做了吗？

（4）小菲的妈妈为什么要打官司？

（5）她为什么又向市中级人民法院起诉？结果怎样？

（二）会话课文

姓名问题

（于忠的美国好友费阳来到于忠的家。两个人坐在沙发上喝茶、聊天。）

于忠：你这次怎么没跟太太一起来中国？

费阳：我们是一起来的。她母亲病了，所以没跟我一起到你这儿来。你知道吗，去年我们结婚时还惹出了一点儿麻烦呢。

于忠：怎么回事？为了什么？

费阳：关于她的姓名的问题。我在美国大学学中文时认识了常英。经过一段时间的恋爱，我们就结婚了。按照美国的传统，新娘子结婚后一般要改姓丈夫的姓。因此，在举行婚礼时，我母亲拥抱着常英说："作为斯皮尔太太，你的感受如何？""斯皮尔"是我的英文姓。不料，常英直率（zhíshuài）地说："我可不是斯皮尔太太。尽管我嫁给了你的儿子，可我还姓常。"当时我妈妈听了，心都要碎了。

于忠：你妈妈后来同意常英不改姓了吗？

费阳：我妈妈长时间不肯放弃她的主张，甚至有时故意找常英的麻烦。有一天，我不得不对妈妈说："如果你以后再提改姓的事，我就去法院申请（shēnqǐng）改我的姓，那时你将得到一个姓常的儿子！"

于忠：你真行，坚决站在妻子一边。其实，中国从古时候到新中国成立前，一般女子（nǚzǐ）结婚后都随丈夫的姓。比如一个姓刘的女子嫁给一个姓张的男人，她的名字就叫张刘氏（shì）。新中国成立以来，女子结婚后就不再随丈夫的姓了。

费阳：现在我对中国的姓名问题越来越感兴趣。我很想知道，中国到底有多少个姓？

于忠：据统计，古今大约使用过一万多个姓。姓李的人最多，全国有一亿人姓李；其次是王、张、刘、赵，每个姓都在五千万人以上。

费阳：我总感觉一些中国人之间的姓名十分相似。你说呢？

于忠：中国人的姓名一般为两个字或三个字。孩子大都随父姓。孩子一出生，父母便要给孩子起个吉祥、文雅（wényǎ）或有纪念意义的名字。所以不仅相当多的人姓名相似，重（chóng）名的现象也十分普遍。比如，仅北京就有四千五百多人叫张力，而沈阳竟有四千多人叫王淑兰，三千多人叫张淑琴。

费阳：哎呀，这会不会引起什么麻烦呀？

于忠：那还用说。比如山东省曹县公安部门到某村逮捕（dàibǔ）一个叫李松伟的罪犯（zuìfàn），结果错抓了另一个叫李松伟的，而这个公安部门的一位负责人也叫李松伟！

费阳：真是"无巧不成书"啊！看来，为了避免重名，中国人的姓名得改革一下了。

于忠：是啊，现在有的人就给孩子起保罗、玛丽之类的洋名了。北京还有一种机构（jīgòu）专为孩子、公司、商店起名字。也有人主张实行父母双姓制（zhì），即孩子的姓是两个字——父姓加母姓。事实上已经有的父母这样做了。

费阳：这个办法不错。不过，我觉得起洋名并不好……

于忠：我也这么看，中国人还是要起中国名，要有中国姓氏的特点。父姓加母姓，一方面可以减少重名，一方面也改变了中国传统的姓氏观念。

费阳：不断地探索嘛。

于忠：是啊，这既是一门学问，也是一种文化啊！

练习

1. 分角色进行对话练习，注意语音语调。

2. 完成对话。

A："心都要碎了"是什么意思？

B：＿＿＿＿＿＿＿＿＿＿＿＿＿＿＿＿＿＿＿＿＿＿＿＿＿＿＿＿＿＿＿＿。

A："随丈夫的姓"是指女人婚后改姓丈夫的姓吗？

B：＿＿＿＿＿＿＿＿＿＿＿＿＿＿＿＿＿＿＿＿＿＿＿＿＿＿＿＿＿＿＿＿。

A："十分相似"的意思是"完全一样"吗？

B：＿＿＿＿＿＿＿＿＿＿＿＿＿＿＿＿＿＿＿＿＿＿＿＿＿＿＿＿＿＿＿＿。

A："重名"是名字很多的意思吗？

B：＿＿＿＿＿＿＿＿＿＿＿＿＿＿＿＿＿＿＿＿＿＿＿＿＿＿＿＿＿＿＿＿。

A："那还用说"是表示肯定对方的话还是否定对方的话？

B：＿＿＿＿＿＿＿＿＿＿＿＿＿＿＿＿＿＿＿＿＿＿＿＿＿＿＿＿＿＿＿＿。

A："洋名"是名字很漂亮的意思吗？

B：＿＿＿＿＿＿＿＿＿＿＿＿＿＿＿＿＿＿＿＿＿＿＿＿＿＿＿＿＿＿＿＿。

A："无巧不成书"是什么意思？你会用吗？

B：＿＿＿＿＿＿＿＿＿＿＿＿＿＿＿＿＿＿＿＿＿＿＿＿＿＿＿＿＿＿＿＿。

3. 根据课文内容回答问题。

（1）费阳的妈妈为什么有时故意找常英的麻烦？

（2）举例说明在姓名问题上费阳站在妈妈一边还是常英一边。

（3）为什么在中国有很多重名的现象？

（4）举例说明重名会引出什么麻烦。

(三) 听力课文

租 房

初春的一个夜晚，从一个小胡同里跑出一位女青年，敲开老王的家门，焦急地对老王说："王主任，不好了，后边有两个坏人在追我！"

这时门外传来叫骂声："出来，你这个骗子！要不然我们就不客气了！"

女青年是住在胡同里的小刘。王主任听了，心想："小刘说要打她的两个人是坏人，可这两个人却骂她是骗子，这到底是怎么回事呢？无论怎么样，这事我得管。"

王主任想到这儿，立刻把门外的两个小伙子叫进屋里，镇静地说："我是这个居民区的主任，你们有什么话可以跟我说。"

原来，这两个小伙子是随公司老板做生意的。公司需要租房，小刘说自己家有两间房子可以租给他们。于是，双方便签订了租房合同。一年房租四万元。他们先付给了小刘两万元现金。小刘答应一个月内腾出房子。不料，一个月后，小刘并没有按时腾出房子。经过了解，他们知道小刘的父母不同意把房子租出去。他们找到小刘，让她退钱。小刘说，钱花完了。他们找到刘家，小刘的父母答应他们过几天一定退钱。一个月、两个月过去了，小刘仍然找借口不退钱。

王主任觉得事情很严重，就对两个小伙子说："解决问题要靠法律，不能打人。你们放心，如果你们说的话是真实的，我保证帮你们把钱要回来。"

第二天，王主任来到小刘家。对小刘和小刘的父母说："办事要讲信用，随便违背合同的规定是不对的。你们不腾房子，又不退钱，这种行为是不道德的。"听了王主任的批评，小刘和父母认识到了自己的错误，感到十分惭愧。几天后，小刘主动地向那两个小伙子道歉，并退还了两万元现金。

16 公文包丢失之后

生 词

1	租	zū	（动）	to rent	一②
2	居民	jūmín	（名）	resident	二
3	腾	téng	（动）	to vacate	三
4	惭愧	cánkuì	（形）	ashamed	三

练习

1. 听录音填空。

（1）_____的一个夜晚，从一个小胡同里跑出一位女青年。

（2）女青年对王主任说："后边有_____在追我。"

（3）王主任想，_____怎么样，这事我得_____。

（4）王主任对两个小伙子说："我是这个_____的主任，你们有什么话_____我说。"

（5）两个小伙子是随老板_____的，公司需要_____。

（6）两个小伙子跟小刘签订了租房合同，先付给小刘两万元_____。

（7）小刘并没有按时_____出房子，原来小刘的_____不同意_____。

（8）小刘总是找借口不_____钱，她把两万元钱_____了。

（9）王主任对小伙子说："解决问题要_____法律，我_____帮你们把钱要回来。"

（10）王主任对小刘的父母说："办事要_____信用，你们不腾房子，_____钱，这种行为是不道德的。"

（11）几天后，小刘_____向两个小伙子道歉，_____退还了两万元现金。

2. 根据录音内容回答问题。

（1）两个小伙子为什么追小刘？他们是坏人吗？

（2）王主任是怎样帮助双方解决问题的？

17 地球的主人

（一）阅读课文

人虎官司

中国的有关法律规定，人如果伤害了野生保护动物，就要受到处罚。然而，人如果受到被保护的野生动物的伤害，结果会怎么样呢？

最近，在黑龙江省的一个林场发生了这样一件事：星期天，林场的一位工人到离家15里外的山上去游玩。在回家的路上，突然遇到了一只东北虎。尽管他是一个又高又大的小伙子，但怎么能打得过老虎呢？只是几秒钟，他就被老虎按倒在地上。可能是老虎不太饿，所以并没有吃他，但他的一只胳膊和一条腿却被咬断了，流血不止，脸上和身上也被抓伤了。后来，他被人送进了医院，先后做了三次手术，花了三万多元。

这个工人的命虽然保住了，可是，他还得继续做手术，不然，就要成为残疾人了。麻烦的是，他已经没有钱了。他如果是在工作的时候受伤的，就可以得到林场在经济上的帮助。如果是被人打伤的，也可以得到打人者的赔偿。现在，他是被老虎咬了，谁来赔偿？而且，他需要的钱太多了。即使亲戚、朋友、同事或好心人愿意帮忙，也无法完全解决问题。怎么办呢？真的无可奈何了吗？

幸亏这位工人有点儿法律意识，他请了一位律师，准备跟老虎打官司。律师认为，东北虎是国家一类保护动物，应受到法律的保护；但这位工人是国家公民，同样应受到法律的保护。地方政府和野生动物管理机构应当采取措施，防止、控制野生动物对人造成危害，保障公民的生命安全。因此，对老虎伤人这件事，地方政府及野生动物管理机构当然有法律责任，应该赔偿这位工人的损失。

野生动物管理机构则认为,《野生动物保护法》严格禁止捕杀国家保护的野生动物,但对被这些动物伤害的人是否受到法律保护,《野生动物保护法》中没有明文规定。因此,对老虎伤人这件事,我们不能负责。

这场"人虎官司"刚刚开始,引起了人们的极大兴趣。人的同情者很多,虎的支持者也不少。谁输谁赢,还要过一段时间才能知道。

练习

1. 根据课文内容判断正误,并说明理由。

( )(1)中国还没有关于保护野生动物的法律。
( )(2)人虎官司的起因是一只老虎咬伤了一位工人。
( )(3)被咬伤的工人已经成了残疾人。
( )(4)工人不是在工作时受的伤,所以林场在经济上没有责任。
( )(5)野生动物管理部门认为"对老虎伤人,我们不能负责",是因为《野生动物保护法》中有明文规定。
( )(6)地方政府已经为老虎伤人赔偿了经济损失。
( )(7)在这场人虎官司中,工人明显占上风。
( )(8)这场人虎官司现在还没有结果。

2. 根据课文内容回答问题。

(1)受伤工人打这场官司的动机是什么?
(2)对老虎伤人是否负有法律责任,野生动物管理机构持什么态度?你的看法呢?
(3)如果这件事发生在你们国家,官司的输赢会是怎样的?

(二) 会话课文

动物明星

最近,南方的某个城市出了一件新鲜事:动物园里的大熊猫和老虎多次被请到一个大型商场做广告宣传。动物明星引起了大家浓厚的兴趣,到处都在谈论这件事。为此,记者采访了各有关方面的负责人。

记　者:您好,总经理。我想问一下,你们是怎么想出让动物当明星这种办法来的?

总经理:我们是一家新开业的商场,许多人还不知道我们,更不了解我们的特点。为了迅速提高知名度,我们左思右想,才想出这么个办法。

记　者:您觉得效果怎么样?

总经理:效果很不错。请动物当明星是件新鲜事,市民都很想看看,观众多极了,可以说是人山人海。看完以后,大家自然会到商场里逛逛,买点儿东西。

记　者:这倒是,看来,经济效益一定不错吧?

总经理:自从商场请了熊猫和老虎当广告明星,营业额一天比一天高,从开始的每天15万元增加到现在的每天100多万元。

记　者:不过,我觉得这不是个长远的办法。您总不能让熊猫和老虎永远待在商场里吧。

总经理:那当然。目前只是短期促销。我们的长远目的是提高知名度。只要市民知道了我们商场,了解了我们商场,他们就会常来的。

记　者:您认为这个目的达到了吗?

总经理:您说呢?您都到我们这儿来了,不是很说明问题吗?电台、电视台,还有许多报纸都报道了这件事,新闻嘛。这么一来,我们商场的知名度就迅速提高了。现在,这个城市不知道我们商场的人大概不多了。

****

记　者:园长,您好。把动物出租给商场搞促销活动,你们动物园是全国第一家,你们是怎么考虑的?

园　长:我们首先考虑的是社会效益。理由很简单,动物园里的动物就是让大家观赏的,动物走出去也可以让大家观赏。另外,动物园应当宣传普及野生动物保护方面的知识。动物来到了商场,大家更感兴趣,所以宣传的效果更好,普及的面也更大。

记　者：那么你们没有赢利目的吗？

园　长：有，当然有。动物园本来不该有赢利目的，现在的这种情况，也是让困难给逼出来的。

记　者：你们都有什么困难呢？

园　长：主要是经济困难。动物馆舍破了得修吧？科研工作得搞吧？工人工资得发吧？动物病了得治吧？这些都需要钱。还有，动物也得吃饭哪，老虎一天得吃十几斤肉，而且要吃瘦肉，肥的一吃就拉肚子。大熊猫每天要吃苹果、鸡蛋，要喝牛奶……

记　者：是啊，这一切都要有经济基础才行啊。看来，动物当明星也是无可奈何的了。

练习

1. 分角色进行对话练习，注意语音语调。

2. 分角色完成下列对话。

（1）记　者：您对让动物当明星搞促销有什么看法？
　　　顾　客：这种做法太可笑了，对动物也是一种折磨。
　　　记　者：……
　　　顾　客：……

（2）记　者：您是动物保护机构负责人，现在有些商场从动物园借来动物搞促销，您支持这种做法吗？
　　　负责人：当然不支持……
　　　记　者：……
　　　负责人：……

(三)听力课文

武松打虎

中国人大概没有不知道武松是谁的。他是古代小说《水浒传》中的一位英雄。"武松打虎"是这部小说中最有名的故事之一。

有一年秋天,武松到山东去找哥哥,走了半天,又渴又饿,中午才遇到一家小酒店。他一口气就喝了十五碗酒,还吃了四五斤牛肉。交了钱以后,他站起来就想走。店主拦住他说,最近,前边景阳冈上来了一只大老虎,一到晚上就出来伤人,已经有二三十个人被这只老虎吃了。现在天已经黑了,最好先住下来,等明天人多了,大家一起走。武松认为店主在骗他,就头也不回地走了。

上了景阳冈,没走几步,武松便觉得酒劲儿上来了,全身酸软,醉得连路也走不了了,只好躺在石头上休息。

突然,他听到一声虎叫,接着一只大老虎从树林里跳出来。武松立刻从石头上跳起来,酒也吓醒了。这只老虎已经好几天没吃东西了,它见到高大的武松,大吼一声,不顾一切地扑了过去。武松会武术,反应很快,一闪身就躲过去了。老虎第一下没扑到,又转身高高跳起,从武松头上压下来,武松又躲过去了。老虎又挥起铁棒一样的尾巴,想打倒武松,结果,又没打着。老虎三次进攻都失败了,力气却已用了一大半。武松见老虎趴在地上喘气,就冲过去骑在老虎身上,按住虎头,举起拳头,用尽全身力气,拼命地打,一连打了六七十拳,终于把老虎打死了。

第二天,周围的人都知道了武松打虎的事,纷纷赶来感谢武松,称赞他是了不起的打虎英雄。

17 地球的主人

生 词

1	吼	hǒu	（动）	to roar, to howl	三
2	不顾	búgù	（动）	to disregard, to ignore	二
3	棒	bàng	（名）	stick	
4	趴	pā	（动）	to lie prone	三
5	拳头	quántou	（名）	fist	三

专有名词

1	武松	Wǔ Sōng	a character in *Water Margin*
2	《水浒传》	《Shuǐhǔ Zhuàn》	*Water Margin*, one of the Four Great Classical Novels of Chinese literature
3	山东	Shāndōng	name of a Chinese province
4	景阳冈	Jǐngyáng Gāng	a place in *Water Margin*

练习

1. 听录音，然后复述《武松打虎》的故事。

2. 听录音判断正误，并说明理由。

（　）（1）中国人都不知道武松是谁。

（　）（2）武松是中国古代小说里的一个英雄人物。

（　）（3）武松饭量、酒量、胆量都很大。

（　）（4）店主对武松说山上那只老虎已经吃了十个人。

（　）（5）武松是用铁棒把老虎打死的。

（　）（6）武松是在喝醉酒的情况下打死老虎的。

（　）（7）老虎向武松进攻了三次，都失败了。

（　）（8）武松能打死老虎，是因为他喝了很多酒，吃了很多肉。

（　）（9）武松为老百姓除了一大害，所以大家称他是英雄。

18 老外房客

（一）阅读课文

我是贫二代

铃木同学是北京一所大学的日本留学生，他的专业是国际关系。入学后，看得懂听不懂的汉语成了学习的最大障碍，但他很快就找到了最佳的学习途径。他每天早晨利用晨练跟中国人聊天，晚饭前找传达室大哥借《人民日报》、《北京晚报》看，其实图书馆里什么报纸没有呢。晚上七点他跟很多中国老百姓一样收看《新闻联播》，夜里二十一点收听广播里各种人物访谈。令同学们吃惊的是，半年以后，铃木就能用汉语和中国人流利地交谈了，并找到了中日文翻译的工作。

在大学同学里，跟铃木最要好的几个都是来自贵州、内蒙古、新疆的贫困生。因为他跟他们的经历相似，所以有一种天然的亲近感。19岁以前，铃木的生活非常艰辛，他称自己为"贫二代"，13岁开始打工，补贴家用，每天凌晨三点起床，挨家挨户爬楼梯送报纸，一直要干到五点半，然后赶回家吃早饭，再去上学。这样的日子一直坚持到高考前一天。

在东京上大学期间，铃木身边90%的同学都有打工的经历。到北京后，他很自然地选择了在大学附近的麦当劳打工。对此，身边的同学议论纷纷，这让铃木很不解。在他看来，麦当劳、肯德基是最适合锻炼沟通能力、社交能力的地方。铃木心想："这就怪了，精英怎么就不能去打工？是精英和去基层锻炼，一点儿都不矛盾呀！在那里你要跟各种各样的客户打交道，你首先要态度好，要能掌握时机，灵活应对。客人不会因为你是名牌大学生就宠你、惯你、原谅你。在这个过程中，你既学会了控制情绪，也提高了应变能力。"

18 老外房客

作为一个立志要接触社会，观察世界的大学生，铃木做过各种大大小小的调研。他对那些申请调研经费，追求媒体曝光率的做法很有看法。他认为哪里都可以做有价值的调研。

校外开复印店的、卖水果的、游击式卖盗版光碟的，都是铃木的调研对象。他从他们那里了解到进盗版光碟的途径，小店如何合理避税等等。他说："最好的方式就是不让对方感觉到你是在调研。所以我从来不会告诉对方，我是某某大学的学生，而是以最自然、最平等的方式跟人聊天。"有时候他提着啤酒请农民工一起喝，很自然地问道："在这儿干活儿怎么样？"实在没话题，他会故意撞人家一下，然后以"对不起，哥们儿，您没事吧"开头。

尽管铃木的很多调研是没有报告、没有结果的，但他会尽量通过其他途径，让更多的中国人看到身边存在的问题。比如2007年底，他去贵州某县调研，发现国家的义务教育政策并没有落实，于是他就向有关中央领导反映了这一情况。

铃木的下一个工作目的地是美国，他认为："目前，美国很多大学教汉语的都是中国人，我希望从另一个角度去教汉语。不管怎样，我会把观察中国当作我一辈子的使命去完成，这是一种缘分吧。"

练习

根据课文内容，选择一个最恰当的答案。

（1）铃木找到的最佳学习途径是：
　　A. 跟中国人一起晨练。
　　B. 借各种报纸来阅读。
　　C. 利用各种机会跟中国人聊天，听中国人说话。

（2）铃木在北京选择去麦当劳打工，是因为：
　　A. 锻炼自己适应社会的各种能力。
　　B. 在东京时有打工的经历。
　　C. 自己是"贫二代"，需要挣钱。

（3）铃木做过大大小小的调研，是为了：

　　A. 了解进口光碟的进货途径。

　　B. 了解各种小商店的避税情况。

　　C. 接触社会，观察世界。

（4）铃木打算去美国教汉语，是因为：

　　A. 日本人也可以教汉语。

　　B. 尽力从各种角度去观察中国，研究中国。

　　C. 中国人只能从中国人的角度教汉语。

（二）会话课文

我是一个中国人

（著名翻译家沙博理先生，在获得2010—2011影响全球华人终身成就奖以后，接受了记者的采访。）

女记者：沙老，"二战"时期您还是一个美国的热血青年，怎么会想到学习中文呢？

沙博理：那时我是一名炮兵，当时军队鼓励士兵业余学一门外语。在那个学校，学任何一种外语，要么只收男生，要么只收女生，只有学中文，既收男生也收女生。学中文，可以多见女孩子。所以……

女记者：哈哈，沙老，您当时做了正确选择。您觉得中文难学吗？

沙博理：第一句中文很简单，四个字，一生都有用。

女记者：哪四个字呢？

沙博理：我要吃饭！

女记者：（笑）沙老，您真幽默！

沙博理：从此，我爱上了中文，爱上了中国文化。

女记者：沙老，您是什么时候来中国的？

沙博理：1947年我领到了500美金的退休金，我拿出300美金买了一张船票上了船。轮船很小，在海上漂了一个月，我吐了一个月。一开始是害怕死，后来是怕死不了，因为太难受了。

女记者：您真坚强，坚持下来了。

沙博理：1947年4月1日，我永远记得这个日子，我这个傻子在愚人节这一天来到了中国。到了上海，去见一个朋友的朋友，在一个很老的公寓的顶层（五层），我敲门，门开了，一个非常漂亮的穿旗袍的姑娘迎接了我。

女记者：她就是当时著名的电影明星、话剧明星凤子。我看过您的文章，您赞美中国女性有全世界最好的皮肤，非常细，几乎看不到汗毛孔。

沙博理：对，皮肤非常细，根本用不着化妆，即使化妆也是给百合花镀金。

女记者：沙老，你太有眼光了，为此我们中国女性永远爱您。

沙博理：我爱上了龙，也爱上了凤。

女记者：也许是爱情的力量，也许是时代的力量，也许是中国的力量。您选择了留在中国。沙老，你后来一直住在北京吗？

沙博理：对，60多年了，一直住在北京的小四合院里。每天早上，太阳一出来，我就像公鸡一样早早起来了，打太极拳……

女记者：您觉得您是纽约人还是北京人？

沙博理：我觉得我就是北京胡同里的一个老大爷。

女记者：沙老，祝贺您今天获得了"影响世界华人终身成就大奖"！

沙博理：这个奖，给了我很大的光荣，它表现了世界人民是多么佩服中国、佩服中国人民。1947年我刚来华时，有人说中国是亚洲的病人，现在那些人可能害怕我们太健康了。

女记者：沙老，您说得真对，您太聪明了！

沙博理：我知道，如果不是在中国，没有中国朋友、外国朋友的帮助，我什么都办不到，也不会有今天的成绩。我要告诉朋友们，只要我还活着，我一定要让自己有资格高兴地大叫："我是一个中国人！"

练习

1. 分角色进行对话练习，注意语音语调。

2. 熟读下列短语和句子。

（1）美国的热血青年

（2）穿旗袍的姑娘

（3）正确的选择

（4）终身成就奖

（5）我爱上了中文，爱上了中国文化。

（6）您真坚强，坚持下来了。

（7）我爱上了龙，也爱上了凤。

（8）我就是北京胡同里的一个老大爷。

（三）听力课文

中国心

2010—2011影响全球华人终身成就奖颁发给了一个没有华人血统的获奖者，他就是中国政协委员、著名翻译家沙博理先生。

沙博理先生1915年出生于纽约的布鲁克林。他在中国人民最困难的时期，勇敢地来到中国。几十年来，他跟我们一起分享着中国的变化，分享着中国所取得的成就。他满怀热情地向世界介绍中国文化，翻译了二十几部文学作品，一千多万字。像《水浒传》、《家》、《春蚕》、《林海雪原》等等，让世界更好地了解中国，为传播中华文化做出了最大的努力。2010年12月获得了中国翻译文化终身成就奖。

沙博理先生1947年来到中国，几十年的时间很快就过去了。在这片土地上，他的每一天都是新鲜的、紧张的，每一天都有新的收获。在北京的胡同里，时不时会有人亲切地叫他沙爷爷！大家在心里说着同一句话：我们永远感谢您！

沙博理先生1963年取得了中国国籍。他是中国政协委员,每一次政协开会,他都提前到会场,一字一句地阅读文件,认认真真地参加讨论。他指出我们工作中的错误和缺点,和中国老百姓一样,批判腐败,简直就是一个地地道道的中国人,一个地地道道的新闻记者。

95岁的沙博理先生在接受影响全球华人终身成就奖时讲了话。他说:"现在我们与美国的关系比以前好多了,在很多方面有合作,有共同利益。中国欢迎外国朋友来做买卖,但是一定要按我们的法律办事。美国有一句俗语,中文的意思是'永远的警惕才有民主和自由'。现在世界有很多问题,像核辐射,这是很危险的,不管多有钱多有权力的人都跑不了。但是,我还是很乐观,在这样的时候,全世界的中国人要团结起来,中国是大有可为的!"

生 词

1	终身	zhōngshēn	(名)	all one's lifetime	二
2	血统	xuètǒng	(名)	blood relationship	
3	获奖	huò jiǎng	(动)	to win the prize	二
4	国籍	yuójí	(名)	nationality	二
5	委员	wěiyuán	(名)	committee member	三
6	腐败	fǔbài	(形)	corrupted	二
7	地道	dìdao	(形)	real, pure, typical	三
8	俗语	súyǔ	(名)	common saying	附
9	警惕	jǐngtì	(动)	to be on guard against	三
10	核	hé	(名)	nucleus	三
11	辐射	fúshè	(动)	to radiate	三
12	大有可为	dà yǒu kě wéi		to have a bright prospect	附

专有名词

1	中国政协	Zhōngguó Zhèngxié	the Chinese People's Political Consultative Conference (C.P.P.C.C.)
2	沙博理	Shā Bólǐ	name of a person
3	纽约	Niǔyuē	New York
4	布鲁克林	Bùlǔkèlín	Brooklyn, the most populous borough of New York
5	《家》	《Jiā》	*Family*, a novel by Chinese author Ba Jin
6	《春蚕》	《Chūn Cán》	*Spring Silkworm*, a novel by Ba Jin
7	《林海雪原》	《Línhǎi Xuěyuán》	*Tracks in the Snowy Forest*, a novel by Qu Bo

练习

1. 听录音，选词填空。

时不时　　终身　　国籍　　翻译　　传播　　向　　分享　　大有可为

血统　　批判　　简直　　起来　　危险　　地地道道　　核辐射　　所

（1）沙博理先生是一个没有华人＿＿＿＿＿＿的获奖者。

（2）他跟我们一起＿＿＿＿＿＿着中国＿＿＿＿＿＿取得的成就。

（3）他满怀热情地＿＿＿＿＿＿世界介绍中国文化，为＿＿＿＿＿＿中华文化做出了最大的努力。

（4）他获得了中国＿＿＿＿＿＿文化＿＿＿＿＿＿成就奖。

（5）在胡同里，＿＿＿＿＿＿会有人亲切地叫他沙爷爷！

（6）沙博理先生在1963年取得了中国＿＿＿＿＿＿。

（7）他和中国老百姓一样，＿＿＿＿＿＿腐败，＿＿＿＿＿＿就是一个＿＿＿＿＿＿的中国人。

（8）现在世界有很多问题，像＿＿＿＿＿＿，这是很＿＿＿＿＿＿的。

（9）全世界的中国人要团结＿＿＿＿＿＿，中国是＿＿＿＿＿＿的。

2. 根据录音内容回答下列问题。

（1）沙博理先生为传播中华文化做出了怎样的努力？

（2）为什么说沙博理先生是一个地地道道的中国人？

19 健忘的教授

（一）阅读课文

教授考博士

为了考博士，我拼死拼活地准备了一年，终于以总分第二的成绩通过了笔试。在复试时，导师问我为什么当了教授还要考博士。我脱口而出：了却一个心愿。今年是我的最后一次机会，我就要45岁了，再不考，就超过年龄了，我怕以后会后悔。这个心愿埋在心底好久好久了。我必须最后试一试。

我初中没有毕业就下乡当了知青。那年代，翻几座山跑到县城，才买到一本《马克思传》。每次回城经过学校，心里只有羡慕和遗憾：读书是别人的事儿了，学校也是别人的了。没想到，后来，自己成了工农兵大学生。坐在教室里，我问自己：我真的又读书了吗？是在读大学吗？不是接着读高中吧？

什么工作我都干过了：当农民，当工人，当干部。最后发现，干什么都需要知识。于是，我不顾自己30岁了还没恋爱结婚，苦苦准备了一年，以总分第一的成绩考上了硕士研究生。近视眼镜也一下子增加了200度。

之后，在大学教书，提副教授、升教授。都说我革命成功了，但我心里还是不踏实，总觉得缺点儿什么。我是硕士生导师，天天鼓励自己的研究生毕业以后考博士，可自己却没有这个学位。打铁还得本身硬啊！

同事们都说我：你是怎么啦？教授都当了还要考博士，这不是丢面子吗？可我认为，这是两个问题。教授是个职称，只是证明我的教学科研达到了教授的水平，而博士是接受过高学位教育。

亲友们也说，你去考博士，考上了还好，要是考不上，多丢面子。这倒是我所顾虑的，如果真考不上，是挺丢面子的。可我反复想：面子难道比我接受高学位教育更重要吗?这一生,大大小小的面子不知丢了多少。我想,活着就不能怕丢面子,而且,人不是为面子而活的。

可现在,毕竟和十几年前考硕士时大不相同了。教书、带研究生一点儿不敢马虎;又是一个人带孩子,凡是女人要干的家务,一样也少不了。早晚接送孩子,买米、买菜、做饭、洗衣,晚上还得辅导孩子学习。时间都被打散了,想学点儿什么干点儿什么真难啊。我心里好急好烦。

不过,多年追求上进的性格,使我像月亮绕着太阳一样不能停下来。我抓紧一切可以抓紧的时间学习,连送女儿去少年宫学画画儿也带上书。她在教室里学画,我在窗外读外语。

今天,好朋友来信祝贺我考上了博士研究生,并送给我一句话:只有不断地上进,才能真正地解放自己。我一下子明白了,我的了却心愿,就是要解放自己呀!回想自己大半生的追求,不都是想获得真正的解放和自由吗?如今,我站在攻读博士学位的起跑线上,对自己说,教授考博士,好啊!

练习

1. 根据课文内容判断正误,并说明理由。

(　　)(1)"我"没读完高中就上山下乡了。

(　　)(2)"我"做梦也没想到还能坐在教室里读大学。

(　　)(3)当工人、当农民、当干部都没有成为博士好。

(　　)(4)考博士考得眼镜增加了200度。

(　　)(5)同事们认为当了教授还考博士,太丢面子。

(　　)(6)"我"也担心自己考不上,太丢面子。

(　　)(7)这一生大大小小的面子丢得太多了,再不能丢面子了。

(　　)(8)考硕士时自己还没有结婚,现在考博士负担重多了。

(　　)(9)攻读博士学位仅仅是开始。

(　　)(10)"我"的"了却心愿"就是不断上进,永远为追求新目标而奋斗。

2. 根据课文内容回答问题。

（1）"我"是怎样从知识青年成为大学教授的？

（2）"我"当了教授以后，为什么还要考博士？

（3）"我"考上了博士，是不是就了却心愿了呢？为什么？

（二）会话课文

怎么称呼

（德国留学生柯彼德和中国学生王大海是一对好朋友。）

柯彼德： 大海，今天我要去看中国朋友杨广，他在德国留学时我们认识的。你看在礼节上我应该注意些什么？

王大海： 你平时很有礼貌，不会有什么问题。

柯彼德： 可别这么说，首先，见了面，我不知道该怎么称呼，就会说"你好"。

王大海： 在你不知怎么称呼时，说"你好"就行。

柯彼德： 那是刚一见面，如果谈起话来，我不能总用"你好"代替称呼呀！比方说，管杨广的爸爸妈妈，还有他的妻子，还有……

王大海： 一般来说，管杨广的父母可以叫"伯父、伯母"，如果杨广有孩子，也可以跟着孩子叫爷爷奶奶。

柯彼德： 可杨广的父母才五十多岁，我看过照片，还挺年轻的，也叫爷爷奶奶吗？

王大海： 中国人的传统观念是往辈分大上称呼，表示尊敬。但现在人们的观念也在变，好像知识分子并不愿意别人称他"老某某"或是"爷爷奶奶"。不过，没进行过这方面的调查，这只是我个人的看法。

柯彼德： 还有，怎么称呼杨广的妻子呢？在我们国家可不能随便称呼女士"老张、老杨"，她会很反感的。

王大海：没错，我的一位中国老师在国外教书。一次，他好心地对女邻居说："您这么大年纪了，还爬楼给我送报纸，这怎么行？应该我给您送去。"没想到女邻居扭头就走了，以后，也总躲着我那位老师，脸上再也没有过笑容。

柯彼德：我很能理解那位女邻居，这里不但有心理上的不同，也存在文化差异。所以，你必须告诉我，怎么称呼杨广的妻子，叫老了、叫小了都不好。

王大海：主要看你朋友的妻子跟你的年龄相差多少。

柯彼德：杨广跟我差不多。

王大海：那一般地说，他妻子也跟你差不多。杨广介绍时会告诉你她的名字，你就叫她名字或小杨、小李什么的。

柯彼德：如果我朋友的妻子是四五十岁的老师呢？

王大海：那你就叫她张老师、李老师。如果是大夫，你就叫她张大夫、李大夫。

柯彼德：如果是售货员、售票员、工人，我就叫张售货员、李工人……

王大海：那可不行。不过，你可真把我问住了。这样的情况，一般叫"师傅、同志"，可现在她是你朋友的妻子，已经四五十岁了，怎么称呼？最好问问你的朋友，他让你怎么称呼你就怎么称呼。

柯彼德：听说现在中国人之间的称呼也比过去复杂多了，倒退二三十年，人人都称"同志"，现在是叫同志、师傅还是先生、小姐，那可要好好看一看。

王大海：有人把这叫做"看人下菜碟"。

柯彼德：你不是告诉过我，"看人下菜碟"含有贬义吗？

王大海：我这是一种幽默的说法吧。其实，就是说怎么称呼要看对方的身份、年龄、文化、生活习惯，要研究对方的心理。

柯彼德：你说的这些，古今中外都是一样的，就是要因人而异。

王大海：你说得很对，相信你今天的称呼，会带给主人一个好心情。

练习

1. 分角色进行对话练习，注意语音语调。
2. 根据会话内容回答下列问题。

（1）二三十年来，中国人在称呼上有哪些变化？
（2）如何称呼对方，需要从哪些方面去考虑？

（三）听力课文

一件重要的事

去年春天，我带着十几个学生，到乡下的一所中学进行教学实习。

一天下午，我独自在办公室批改学生的教案。一个微微发胖、头发有些乱的中年人，敲开门赔着笑问："您知道校长到哪儿去了吗？刚才他还在这儿呢。"我回答说不知道，正要关门，他却挡住门问我是谁。说话之间，他已经不请自进，往椅子上一坐，说："我就在这儿等会儿老校长。"

我见他一身土气，挺实在的样子，猜他可能是远道而来的学生家长。于是低头继续批改教案。这么沉默了好一会儿，还是他先开口，笑着问："您这位中学老师，怎么用这么一支笔？"

我看看笔，自己也有些不好意思，刚才匆匆忙忙地随便捡了个红圆珠笔芯就用起来了。这么一来，我们也就随便谈起来。一问才知道，他竟然也是位中学老师。"文革"当中，他从这所学校毕业后，回家种了几年地，后来因为有的学校缺人上课，他就成了一所乡村中学的生物老师。现在，他连个高中文凭都没有，又错过了进修的机会。他所在的那所中学要合并，一切都将正规化。他没资格再当老师，就要回家种地去了。这回他赶了几十里路来到母校，要在回家之前看看辛勤培养过自己的老师——现在的老校长，也就是他念中学时的班主任。

"我这次来,还为一件重要的事。"说这话时,他脸上露出兴奋的神情,还有点儿神秘。他小心地从上衣口袋里掏出一个小纸包,慢慢地打开。里面是几块半黄不白的化石。

"您知道这是什么吗?这是珊瑚!老校长前几年就答应了给我的,但因为忙,一直没来取。我为我们那所学校建了个生物角,搞了一整套生物标本,只差珊瑚了。我这次取回去,就是为了在离开学校前把那套标本补齐。"

看着他藏宝贝似的把纸包收起来,不知为什么,我心里有些难过。这几块半黄不白的化石,对他来说,就是宝贝。我不禁仔细地看着他:那么实在,红红的脸上总带着笑容。可以说,在他这样的年纪,遇到这样的变化,人们多半会认为真倒霉,今后还有什么前途?可他"身在愁中不知愁",仍旧为他答应过、计划过、追求过的一切忙碌着。这件事分明跟他没有什么关系了,可他还看得那么重要,兴奋得像个孩子。

这以后又聊了些什么,我已经记不清了。不过,从那以后,每当我怨天怨地时,总会想到他那实在的样子,那笑容……于是,我告诉自己:你得到的已经够多了。

生 词

1	实习	shíxí	(动)	to take an internship	一②
2	匆忙	cōngmáng	(形)	hasty, hurried	三
3	圆珠笔芯	yuánzhūbǐxīn	(名)	refill for a ball-pen	
4	文凭	wénpíng	(名)	diploma	三
5	正规	zhèngguī	(形)	regular, standard	二
6	母校	mǔxiào	(名)	Alma Mater	
7	辛勤	xīnqín	(形)	industrious, hard-working	三
8	化石	huàshí	(名)	fossil	二
9	珊瑚	shānhú	(名)	coral	
10	生物角	shēngwùjiǎo	(名)	biology corner	

11	标本	biāoběn	（名）	specimen	三
12	宝贝	bǎobèi	（名）	treasured object	二
13	多半	duōbàn	（副）	mostly	二
14	忙碌	mánglù	（形）	busy	三

练习

1. 根据录音内容，用自己的话完成下列语段。

   （1）有人敲门进来找校长，看他的样子，我以为_____。后来，他就坐下来等校长。

   （2）通过交谈才知道，他_____。现在，_____，他没有资格再当老师了。

   （3）他这次来是为了一件重要的事，_____。他一定要在离开学校前把那套标本补齐。

   （4）一般的人可能会认为他很倒霉，但是他_____。

   （5）这个普普通通的乡村教师的言行教育了我，_____。

2. 根据录音内容复述大意。

20 三个母亲

（一）阅读课文

最难的一道题

人生有许多难题，女儿是我最难的一道题。

当小生命刚刚在孕育，我就开始了无穷无尽的担心：发育是不是健康？智力会不会有问题？五官不端正、相貌丑怎么办？

等到女儿平安落地，我又开始了无穷无尽的操心：渴了吗？饿了吗？冷了吗？热了吗？今天怕她长得太胖，明天又怕她个子长得不够高，还要担心她缺碘、缺钙……

等到把女儿送进幼儿园，新的挂心马上又来了：没有挨小朋友打吧？阿姨不会训她吧？不会比别的小朋友笨吧？没有什么坏习惯坏毛病吧……

不知从什么时候开始，年轻的家长们开始觉得正规的幼儿园教育已经不能满足孩子们的需要了。他们给孩子找家庭教师，报名上各种各样的业余班。凡是别的孩子有的，自己的孩子就不能缺了。其实，很多家庭的经济条件并不是很好的。我也是这个潮流中的一员，我给孩子报了四个业余班：小提琴班、绘画班、合唱班，还有英语班。我不仅要牺牲休息日陪女儿去"上班"，而且自己也要跟着学，为的是回家能给女儿辅导。

真正让我费心的是，眼看着女儿一蹦一跳地消失在小学校那扇高高的铁门里：她的学习成绩好不好？品德行为好不好？同学关系好不好？老师对她如何评价？学校的教学水平怎么样……要知道，这一切都会影响女儿今后的一生啊！

现在，让我最揪心最累心的时刻到来了！女儿今年考初中——懂得现代生活程序的人都知道，这是孩子一生当中最紧要的关头。因为若考不上一所重点中学，就意味着将来考不上高中，上不了大学，就根本甭想进入有知识有文化的知识分子行列。我的看法可能有点儿太绝对，但摆在你面前的事实就是"一步赶不上，步步赶不上"。谁敢放松今天而把希望寄托在将来呢？其实，我的孩子各方面的表现都很好，年年被评为三好生。许多家长都对我说："要是我的女儿能像你女儿一样，我就什么心都不操了。"可是这怎么可能呢？孩子毕竟是孩子，尤其是我的女儿，最大的弱点就是经不起压力，有时成绩会大起大落。因此，我一刻也不能放松啊，也不敢让女儿放松。每天下班回家，连口气都不喘，马上给女儿检查作业、布置作业。看到她很累的样子，心里也很疼爱，但嘴上不能软，不能放松。在这关键时刻，稍微一放松，就可能会留下终生的遗憾啊！

一个母亲的操心是无穷无尽的，即使女儿上了重点中学，还有高中、大学，还要读硕士、博士、博士后，还要找工作干一番事业，还要操心的是：她能不能找个好丈夫？家庭是否和睦幸福？他们以后的孩子会怎么样……母亲为儿女操一辈子心，直到生命的尽头。

我相信天下的母亲，全与我"心心相印"。现代生活竞争如此激烈，连我们大人都感到力不从心，将来的孩子们啊，他们会是怎样的呢？

这真是最难的一道题，我们总不能代替他们生活吧？再说，我们没有权力说我们的选择就一定对，一定好，一定能使他们幸福。

但是，这道题多难也得无穷无尽地做下去。

（作者：韩小惠。有删改）

练习

1. 根据课文内容，选择一个最恰当的答案。

（1）"我"认为女儿是最难的一道题，是因为：

A. 女儿太麻烦，让人很费心。

B. "我"最疼爱"我"女儿。

C. "我"是一个母亲，母亲永远会为孩子操心的。

（2）许多家长让孩子上各种各样的业余班，因为：

    A. 他们希望孩子全面发展。

    B. 唯恐别人的孩子有的，自己的孩子没有。

    C. 他们有许多钱，愿意以这种方式给孩子花钱。

（3）女儿考初中最让"我"揪心累心，这是因为：

    A. 考初中是孩子一生中的一个紧要关头，耽误不得。

    B. 女儿的功课不太好，"我"怕她考不上重点中学。

    C. 女儿觉得太累，压力太大，不想学了。

（4）一个母亲的操心是无穷无尽的，是指：

    A. 要把孩子培养成有用的人才就要操心。

    B. 母亲要为儿女操一辈子心，直到操不了心的时候。

    C. 社会发展很快，竞争激烈，母亲不得不操心。

2. 根据课文内容回答问题。

（1）"我"在孩子成长的每个阶段是怎样关心孩子的？

（2）"我"是不是个特殊的母亲？

（3）"我"的女儿是不是特别难教育？

（二）会话课文

北京有没有夜生活

（晚饭后，韩国的朴先生和翻译林先生在聊天。）

朴先生：阿林，我想问问，北京有没有夜生活？

林先生：哎呀，你还真把我问住了。首先，得弄清楚"夜生活"是什么意思。对这个词，不同的人有不同的理解。我小时候从我母亲那儿听到过这个词。

朴先生：那你母亲怎么解释这个词呢？

林先生：我母亲没解释过，但她说过这样的话："你看隔壁的芳兰，那脸色就像过夜生活的女人，不健康。""你看你大表哥的女朋友，那打扮就像过夜生活的女人，不正经。"

朴先生：你母亲的意思，是说她们都不是好女人啦？

林先生：虽然不能这么说，但是"夜生活"在人们的观念里是和"纸醉金迷"、"腐朽的生活方式"连在一起的。

朴先生：在我们国家，夜生活是白天生活、工作的继续，是不可缺少的一部分。特别是公司的职员们，下了班总要去酒吧喝喝酒，去卡拉OK唱唱歌，或是去咖啡厅、舞厅……除了工作，大家还要联络感情、交往，融洽上下级的关系。

林先生：我们中国丈夫可是一下班就回家，与老婆孩子同欢乐，而且是谁下班早谁去接孩子做饭。

朴先生：难怪大家都说中国丈夫世界第一呢！那么，你们就真的不过夜生活了吗？

林先生：怎么说呢，我们下班后也有娱乐生活。

朴先生：就是嘛，现在北京的迪厅、咖啡厅、舞厅、健身房、娱乐中心也不少啊。

林先生：是这样的，过去我们是"一日三餐，睡觉上班"，和过去相比，现在的娱乐生活已经相当丰富多彩了。但我们一般不把这叫做"夜生活"，我们使用的字眼是"休闲"、"娱乐"、"健身"。

朴先生：本质是一样的吧？

林先生：还不好这么说。

朴先生：噢，你谈到"休闲"、"健身"，我看你们的报纸上介绍，休闲生活不再是西方人的专利，北京人，尤其是北京年轻人，在社会发展的过程中，也在创建自己的休闲方式。

林先生：这是很自然的，青年人最有活力，最富有创造性和创新精神嘛。

朴先生：青年人也最少保守，他们最不愿意过那种单调、重复的日子。

林先生：现在青年人的休闲娱乐也改变了那种以家庭为中心的局面，而是以彼此交往、沟通感情、互相联络为目的。

朴先生：有文章介绍说，14～17岁的青年人多是运动型的，打保龄球、游泳，女孩子偏爱健美操；18～23岁的青年更注重文化内涵，像听音乐、看画展、参观博物馆；23～28岁的青年，他们的休闲更注重职业方面的信息交流、人际关系……

林先生：看来，你比我这个中国人还了解情况。其实，各个年龄层、各种休闲方式，也不见得分得那么清楚、那么细。

朴先生：那当然。我因为想了解北京的夜生活，特别注意了一下这方面的介绍。说了半天，你还没回答我开头提的问题呢。

林先生：我还要调查调查，再查查词典，尤其是新出版的《现代汉语词典》修订本怎么说。

朴先生：好，我可等着你的答案呢。

练习

1. 分角色进行对话练习，注意语音语调。

2. 根据内容会话回答问题。

（1）过去中国人对"夜生活"有什么看法？外国人又怎么看？

（2）为什么青年人的休闲活动越来越丰富多彩？

（3）北京青年的休闲活动有什么年龄层次的差异？为什么？

(三) 听力课文

两代之间

小乌鸦学会了飞行，就要告别母亲远走高飞了。老乌鸦的心情很复杂：又高兴又舍不得。既想让孩子长本领，又怕孩子太单纯没经验，在外面的大世界里挨欺负受伤害。她把小乌鸦叫到跟前，温和而耐心地嘱咐说："孩子，你是一只聪明的小乌鸦，现在飞得那么好，一定能周游世界的。这一点，你要有信心啊！但是，你毕竟还是太小了，没有经验。为了保险，有些话，妈妈必须提醒你。如果遇到坏人，有了危险，你会用得着的。"

小乌鸦焦急地恳求说："妈妈，您有什么重要的话就快说吧，可别说起来就没完……"

"孩子，你要记住，不管是在土豆地里，还是在玉米地里找食的时候，如果有人在胳膊底下夹着东西，或者手里拿着什么向你走来时，你要马上飞走，千万不要犹豫。他们拿的有可能是什么新式武器，他们会把你打伤的。"

"我记住了，妈妈。现在可以飞了吗？"小乌鸦问。

"我还要告诉你，"老乌鸦继续用长者那种带有丰富经验的语气说，"如果有人在街上或田野里向你走来，并且弯下腰去，那你也要马上飞走。可不能粗心大意满不在乎。这个人弯下腰去，很可能是要捡石头来打你。好孩子，到了外面，你可要学会辨别善和恶呀！如果这个人既没在胳膊底下夹什么东西，也没弯腰去捡什么的话，那就一定没有什么危险了。"

"妈妈，这些我都记住了。"小乌鸦认真地说，"可是，如果这个人很狡猾，他把石头放在口袋里，我该怎么办呢？"

"快滚吧！"老乌鸦喊道。

"妈妈，还有，如果那人拿的是面包什么的，要喂我，我该怎么办呢？"小乌鸦追问道。

"滚！滚！滚！在这个世界上，你比我还懂得多吗？"

生 词

1	乌鸦	（名）	wūyā	crow
2	周游	（动）	zhōuyóu	to travel round

练习

1. 根据录音内容，用自己的话完成下列语段。

　　（1）看到小乌鸦就要远走高飞了，老乌鸦的心情_____。老乌鸦嘱咐小乌鸦_____。

　　（2）老乌鸦告诉小乌鸦，如果_____，_____，千万要当心。

　　（3）最后，老乌鸦生气了，她让小乌鸦"滚！滚！滚！"，因为小乌鸦问她_____。

2. 讲一讲这个寓言故事，并说说它的寓意。

21 整 容

(一) 阅读课文

无限的爱

一位妇人带着两个很小的孩子坐公共汽车。下车之后，车开走了，她才发现有个孩子没跟下来。妇人急了，将手上的孩子交给一个陌生人，就拼命地去追公共汽车。追了一两站，车居然真被她追上了。她把孩子拉下车往回跑，跑到原来的地方，发现交给人的孩子又不见了。原来陌生人把孩子送到派出所去了。妇人一路哭到派出所，看见孩子，不哭了，回身就打了身边的孩子一巴掌："都怪你没下车，差点儿把弟弟也丢了。"警察看不过去，说那妇人："明明是你自己的错，先把那个孩子落在车上，又把这个孩子交给陌生人，你自己有没有脑子啊！你是不是比较爱那个，不太爱这个啊？"

"我哪个都爱，有什么好比较的！"妇人很不服气地说。

有个台湾朋友，生活并不富裕，却连生五个小孩。做母亲的眼看着女儿一个接一个地生，怎么劝都没用，气得逢人就说："我女儿总有一天是要累死的。"

有一次外出旅行，由女儿开车，一个孩子抱在怀里，一个孩子捆在前座，三个大点儿的关在后座由老太太照管。一路上五个孩子大哭小叫，老太太头都要炸了，却见女儿在高速公路上，一边开车，一边回头盯着捣蛋的孩子笑。

"你专心开车，回头看什么？"老太太不高兴地说。

"我看他们好可爱。"

老太太后来对我说："要是有一天，我女儿出了车祸，绝对不是技术不好，而是爱得太多。"

有一次，到一个朋友家做客，女主人一边为大家倒茶，一边说大孩子该出门约会了。果然，话刚说完，大孩子就从自己的房间里出来，匆匆冲出门去。

吃饭时，她一边端茶，一边对丈夫说："该开演了。"原来当天晚上，他家的老三在学校参加文艺演出。

饭后聊天，她一边为大家切水果，一边说："老二该到家了。"跟着就见老二进门。

"好像三个孩子全在你的算计中。"我笑道。

"不是在算计中，是挂在心里面。"她指指自己的心，"我这个做妈的，没办法把自己拆成三份，但是可以把心分成三份。"

"每个孩子三分之一？"

"不，每个孩子都百分之百。"

常听做父母的问孩子："你更爱爸爸，还是更爱妈妈？"

常听子女不平地问父母："你们更爱哥哥、姐姐，还是更爱我？"

也听过夫妻吵架，一方质问对方："你到底爱我，还是爱你妈？"

问题是，爱像蛋糕吗？这边切多一点，那边就剩少一些？

曾在电视上，看见一位贫苦的非洲母亲，搂着她的一群儿女说："我很穷，幸亏我有许多子女，我给他们每个人百分之百的爱，爱就是生命。"

我们虽然只有一个身体，却有无限的爱。我们常不得不放下一群羊，去找另一只丢失的羊，如同那位母亲，扔下一个孩子，去找另一个，再回头找这一个。

也许这就是爱的矛盾吧。我们与其恨自己有太多的爱，却只有一个身体、一个生命，不如说："谢谢上帝，虽然只给我一个身体，却能让我有许多爱，爱自己、爱亲人、爱朋友、爱大地、爱生命。"

练习

1. 根据课文内容判断正误，并说明理由。

(　　)（1）一位妇女带着两个很小的孩子外出。

(　　)（2）下了地铁，她才发现有个孩子没下车。

（　　）（3）她把手中的孩子交给警察就去追公共汽车。

（　　）（4）妇人比较爱先丢了的那个孩子。

（　　）（5）一位台湾朋友一个接一个地生了五个孩子。

（　　）（6）这位朋友的母亲似乎不太喜欢孩子。

（　　）（7）爱不是蛋糕，不是这边切多了，那边就少了。

（　　）（8）我们因为只有一个身体，所以也就只有一份爱。

2. 根据课文内容回答问题。

（1）没下车的孩子和妇人带着的孩子谁大一点儿？

（2）较小的孩子是男孩儿还是女孩儿？

（3）谁把孩子送到了派出所？为什么？

（4）警察为什么批评那个妇人？

（5）妇人到底更爱哪个孩子？

（6）老太太是那五个孩子的什么人？

（7）那位非洲母亲能给孩子们什么？

（8）你认为父母会对孩子有偏爱吗？

（二）会话课文

悄悄话

罗杰：这几天你怎么老恶心？

艾妮：我有了。

罗杰：你有什么了？

艾妮：你真傻！我怀孕了。

罗杰：真的？你怎么知道的？

艾妮：上午刚去医院检查的。

罗杰：几个月了？

艾妮：都两个月了。

罗杰：太棒了！我就要当爸爸了。

艾妮：瞧你那傻样儿！我说杰，我是不是应该喝点儿"丽人口服液"了？那不是一种美容营养品吗？

罗杰：听说"丽人口服液"是纯中药制成的。用中药来美容，是当代美容业的一大进步，也是对中华古老医学的开发利用。

艾妮：噢，是中药制成的，那我怀孕喝好吗？

罗杰：那还真得问问大夫，这期间可不能随便吃药。你想吃酸的还是辣的？

艾妮：怎么了？

罗杰：没听说过吗？酸儿辣女。

艾妮：谁说的？我就不信。

罗杰：信不信由你。哎！你喜欢男孩儿还是女孩儿？

艾妮：我喜欢男孩儿。让他像你一样，大高个儿，宽肩膀儿，多帅呀！你呢？

罗杰：我喜欢女孩儿，咱们女儿长得一定像你，弯弯的眉毛，大大的眼睛，还有两个酒窝儿，多漂亮呀！

艾妮：我说杰，孩子的营养我负责，这取名儿的事儿就交给你了。

罗杰：那哪成啊，这取名儿可是大事儿，还是一块儿商量吧。

艾妮：让我想想。要是男孩儿就叫甜甜吧。

罗杰：要是女孩儿呢？

艾妮：叫蜜蜜好不好？表示咱俩的生活甜甜蜜蜜。

罗杰：要是双胞胎呢？

艾妮：一下生两个真太好了，一个叫德，一个叫才，德才兼备嘛！

罗杰：这名字像男的，要是女孩儿叫什么好呢？

艾妮：一个叫美，一个叫丽，美丽无比，永不分离。

罗杰：你说要是生的是一男一女，怎么取名儿呢？

艾妮：儿子叫可可，女儿叫乐乐，怎么样？

罗杰：那不成了可乐了吗？

艾妮：糟糕！成饮料了。

整 容 21

罗杰：依我看，儿子叫爱妮，女儿叫爱杰。

艾妮：爱妮像女孩的名儿，而且和我的名字同音了。

罗杰：我的意思是我爱你，你爱我，咱俩恩恩爱爱，白头到老。

艾妮：意思是不错，可叫起来不顺嘴儿。

罗杰：让我再想想。那这样儿吧，儿子叫爱和，女儿叫爱平。

艾妮：这俩名字取得真好。爱和、爱平，合起来就是爱和平。

罗杰：我们学习汉语，我们爱好和平！

（作者：鲍久遂。有删改）

练习

1. 分角色进行对话练习，注意语音语调。

2. 完成对话。

A：艾妮说"我有了"是什么意思？

B：＿＿＿＿＿＿＿＿＿＿。你们国家在谈论这方面的事时，也有什么特别的说法吗？

A：＿＿＿＿＿＿＿＿＿＿。

B：罗杰为什么问艾妮想吃酸的还是想吃辣的？

A：＿＿＿＿＿＿＿＿＿＿。在你们国家，给孩子取名儿有什么讲究吗？

B：＿＿＿＿＿＿＿＿＿＿。

（三）听力课文

礼 物

今天是老奶奶的生日。

她早早地起了床，等待着送信的到来。如果送信的骑车来了，她能从自己住的小房间的窗子瞧见。平时，她很少有信寄来。如果有了，楼下的六岁男孩儿小平会跑着给她送上楼来。

尽管大女儿兰兰平时很少写信来，但是她相信兰兰会惦记着她，不会忘记她的生日的。兰兰调到本市的教育部门工作后，依然很忙；丈夫去年也当上了副市长。兰兰还因对母亲十分孝顺而获得了市政府的奖励。

老奶奶还有一个心爱的小女儿玲玲。玲玲没有结过婚，同母亲生活在一起，在一所小学里教书。有一天晚上，她对母亲说："妈，我已经讲好了，请一个小保姆来照顾您几天。明天我不得不去住医院了……"

第二天早上玲玲就去了医院，但她再也没有回家来。兰兰赶回来参加了妹妹的葬礼，并安排小保姆长期住在家里照顾妈妈。

兰兰后来曾回来看望过母亲一次，但她丈夫从来没回来过。

老奶奶今天整八十岁。今天她穿上了最好的衣服。"也许，也许兰兰能回来吧！"老奶奶心想。因为毕竟八十岁的生日是具有特殊意义的日子。万一兰兰回不来，她也会收到一份礼物的。她望着窗外，眼光竟像孩子一样兴奋：她是多么盼望能和女儿一起过生日啊！

老奶奶喜欢什么样的礼物呢？一双拖鞋或一件毛衣？也许是一个台灯？

她靠近窗户坐着，瞧着。终于，送信的骑着自行车出现了。她的心不由得跳起来。她听见小平跑向大门口的声音，接着，听到他上楼的脚步声。"奶奶，奶奶！"小平叫着，"我拿来了您的信！"

"没有邮包吗，小平？"

"没有呀，奶奶。"

老奶奶顿时感到一阵难言的痛苦，心里却又暗暗安慰自己：也许邮包会寄来得晚一点儿。

她手里拿着三封信：一封是老朋友寄来的，一封是玲玲的同学寄来的，还有一封——那不是一封信，而是一张汇款单，上面只简单地写了一句话：

我太忙，您自己买一样喜欢的东西吧。兰兰

这就是八十岁的老奶奶盼望了很久的礼物！老奶奶眼前一片模糊，双手颤抖起来，那张汇款单轻轻地飘落到了地上……

21 整 容

生 词

1	孝顺	xiàoshun	（动）	to show filial obedience	附
2	奖励	jiǎnglì	（动）	to reward	二
3	保姆	bǎomǔ	（名）	housekeeper, maid	三
4	葬礼	zànglǐ	（名）	funeral	附
5	汇款单	huìkuǎndān	（名）	money order	

专有名词

1	小平	Xiǎopíng	name of a person
2	兰兰	Lánlan	name of a person
3	玲玲	Língling	name of a person

练习

1. 根据录音内容复述大意。

2. 听录音填空。

（1）今天是老奶奶_____岁的生日。

（2）如果_____骑车来了，她能从_____瞧见。

（3）如果她有信，楼下的男孩儿_____会给她送上楼来。

（4）她希望收到_____寄来的礼物，当然更希望她_____。

（5）_____是副市长。

（6）她的小女儿叫_____，她已经_____。

（7）今天她收到了_____封信，一封是_____寄来的，一封是_____寄来的。

（8）兰兰只给妈妈寄来了一张_____。

22 童年读书梦

（一）阅读课文

今天你读书了吗

1995年，联合国科教文组织把每年的4月23日定为"世界读书日"，提出让世界上每一个角落的每一个人都能读到书。朋友，你知道这个日子吗？你爱读书吗？你周围的朋友爱读书吗？

有学者说，读书应该是生命的一种需要，我们来到这个世界上就有这种需要。

中国是一个有着五千年文明的国家，我们的祖先有着一种始终充沛的生命力，顽强地进步向上，永不停止，自强不息。为此，我们的文明才能延续到今天并发扬光大。世界上的一些国家现在尊重或不尊重我们，和经济当然有一定的关系，但归根结底，它尊重你是因为你是一个有五千年文明的国度，不尊重你，是你放弃了这个文明。

蔡元培做北大校长时，曾经说过，大学是做大学问者的地方，是人格自我完善的地方，不是职业介绍所。我们活在这个世界上，要爱护生命，不只是不让它生病，更重要的是要有一个健康的心灵。所以我们需要思考一个问题：我活在这个世界上该如何完善我自己。

读书，对我们首先就是一个自我完善的过程。如果不读书就把人类几千年积累的文明抛弃了。我们要用人类文明的宝贵财富，来增强我们的勇气和力量，让我们活得更有意义。

我们生活在这个世界上，会遇到很多困难和痛苦，我们可以请教有智慧的人，但更重要的还是要到书本中去找答案。当我们面对困难和痛苦时，常常有两种态度：一种是破罐子破摔，自己折磨自己，让自己更加痛苦；另一种是找到让自己振作起来的途径。读书则是最好的选择，读书可以使自己的境界得到提高，慢慢地自己会排除困难和痛苦。

古今中外，只有书籍，几千年不变地承载着人类的智慧和经验。读书可以净化心灵，赶走浮躁，读一本本好书，就是在积累一生的财富。书籍是全人类的营养品，生活里没有书籍就好像没有了阳光；智慧里没有书籍，就好像鸟儿没有了翅膀。

为此，读书不应该只在4月23日这个特定的日子才读。人人读书，终身学习，这应该成为每个人的自觉意识。让读书成为生命的一种需要，一种习惯。

那么，我们就从现在开始，认认真真地做个读书人，以自己的行动影响我们的孩子，带动周围的朋友，让生活中的每一天都成为"读书日"！当"人人读书"、"天天读书"的理念也能像"全民养生"、"全民运动"那样普及时，我们的生活将更加丰富多彩，我们五千年文明的延续才更有希望。

最后，期盼着有更多的人能互相提醒：今天你读书了吗？

练习

1. 根据课文内容，选择一个最恰当的答案。

（1）联合国科教文组织把每年的4月23日定为读书日，是为了：
A. 让大家在这一天都要读书。
B. 让大家知道读书应该是生命的一种需要，是一种文明的习惯。
C. 让大家知道不读书就跟死去一样。

（2）人活在这个世界上，如何完善自我？
A. 读书，对我们是一个自我完善的过程。
B. 要爱护生命，不能让身体生病。
C. 读大学，做大学问。

（3）为什么要读书？
A. 不读书就把人类几千年的文明抛弃了。
B. 要用人类文明的宝贵财富让我们生活得更有意义。
C. 为了让别人尊重我们。

（4）这篇课文提醒我们：

　　A．今天你要读书啊！

　　B．今天是读书日啊！

　　C．人人都要读书，天天都要读书。

2. 根据课文内容回答问题。

（1）"世界读书日"是哪一年定的？定在哪一天？谁定的？

（2）中国五千年的文明怎样才能延续下去并发扬光大？

（3）当遇到困难和痛苦时，我们应该向谁请教？

（4）为什么说书籍是全人类的营养品？

（二）会话课文

三堂"绝"课

助　教：钱教授，您曾说过，在中国教育史上有三堂"绝"课，请您具体讲一讲好吗？

钱教授：第一堂是西南联大的刘文典先生的《文选》课。刘先生讲课形式很自由，很活跃。有一次上课，他刚讲了二十多分钟，就突然宣布要提前下课，改在下星期三晚上七点半继续上课。原来下周三是农历十五，他要在月光下讲《月赋》。你想得到吗？

助　教：啊，真是让人想不到。

钱教授：你想想，在草地上，学生们围成一圈，他老人家端坐其中。当头一轮明月，风清月白的美好夜晚，先生讲着《月赋》，展现出月亮与人间永久的魅力，这有多么美妙啊！

助　教：听您这么一说，我好像也和学生们一起，坐在月光下的草地上，太古典了，真称得上一绝！

钱教授：第二堂是四川大学蒙文通教授的考试课。

助　教：听说蒙教授的考试课，不是老师出题考学生，而是学生出题问老师。

钱教授：正像你说的那样，蒙教授是根据学生提出的问题给分数。

助　教：学生提出问题，老师打一个分数就考完了吗？

钱教授：那各有各的情况。有的问题提得不太好，给一个分数就让你离开了。如果你问得好，老师会请你坐下来陪他喝茶。然后对你的问题细细地评论，还会与你有问有答。更有趣的是蒙先生是在竹林中的茶馆里考试。

助　教：听说这个茶馆就在大学旁边的望江楼公园里。

钱教授：是的，考试的形式、环境都非常自然。学生是又紧张又兴奋又期待。期待着自己能留下来陪老师喝茶。

助　教：蒙老师的考试不受固定形式的限制，学生得到的不仅是知识，还有老师的真性情。钱老师，第三堂绝妙的课，您亲自听到了，对吧？

钱教授：这是我的幸福！在我年轻的时候，听到了林庚先生的最后一课。当时我刚留校当助教。那天上课，他充满感情地大声讲道："什么是诗？诗的本质就是发现。诗人要永远像婴儿一样，睁大好奇的眼睛，去看周围的世界，去发现世界的新的美。"全场鸦雀无声，大家都在静静地听，静静地思考。先生足足讲了两个多小时，讲完后，刚走下讲台，就站不住了……回到家就病倒了。

助　教：我看过一些评论，说林先生是拼着性命上完这最后一课的，称得上是"天鹅的绝唱"。林庚先生那句话的关键词是"好奇"和"发现"。首先要保持婴儿第一次看世界的好奇心，才会有不断的新的发现，新的创造。

钱教授："老一代"的老先生们非常看重：在生命的过程中，能不能不断创造与更新，从而获得生命的真正价值，也才能享受到生命的真正的欢乐！

助　教：谢谢您的介绍。这三位老先生做学问和传授知识的方式，对学生是一种无形的感染和熏陶。他们在不知不觉中教会了学生享受学习、享受考试、享受生命。

（作者：钱理群。有删改）

练习

1. 分角色进行对话练习,注意语音语调。

2. 两人一组进行问答练习。

(1) 那次课上,为什么刘文典先生刚讲了二十分钟,就突然宣布提前下课?

(2) 蒙文通教授的考试有什么特点?

(3) 林庚先生对"诗的本质"有什么特别的看法?

(4) 为什么说林庚先生的最后一课是"天鹅的绝唱"?

(5) 三位老先生的教学,对教师和学生会有什么影响?

(三) 听力课文

傅斯年的最后一笔稿费

1950年12月的一个冬夜,一代国学大师,曾经当过北京大学、台湾大学校长的傅斯年还在赶稿子。虽然穿着棉衣,可他还是冻得一个劲儿地发抖。妻子催他早点儿休息,他说"我正为董作宾先生办的杂志赶文章呢。等拿到稿费以后,你赶快去买几尺布和一些棉花,为我做一条棉裤吧"。想到丈夫的腿一向怕冷,现在的裤子太单薄了,妻子不再劝丈夫休息。

令人想不到的是,几天之后,傅斯年就因病去世。生前好友、学生来到傅斯年家中悼念,久久不愿离去。傅斯年的妻子难过地讲起丈夫几天前深夜赶稿子:"若不是他说要用稿费做棉裤,我也不会让他那么辛苦……"。大家听了,没有不流泪、叹气的。坐在一旁的董作宾站了起来,掏出一个装钱的信封,塞给傅斯年的妻子说:"这就是那笔稿费,先生嘱咐我交给您的。先生跟我讲了,自从您嫁给他,没过上什么好日子,总是很节省,这笔稿费是留给您补贴家用的。他说给自己做棉裤,完全是借口。"

"不,这才是先生最后的稿费。"一个学生站起来,放在桌上一沓钱,说:

"几天前,傅先生听说学校里有个贫困学生交不起学费,就掏钱帮助了他。我们知道先生清贫,不肯收他的钱。但他说没关系,这是刚刚收到的稿费,还不知该怎么用呢。没想到才几天,先生就……"

原来,傅斯年先生为了怕妻子心疼自己,才把给自己"做棉裤"当作赶稿子挣钱的借口;为了让上不起学的贫困生安心接受他的帮助,又扯了个谎,把平日自己存的钱说成还不知怎么用的稿费。到了生命的最后,先生惦记的仍是亲人和学生。这位国学大师虽然生活清贫,但他对周围人的爱,始终是那么博大。

(作者:张小平。有删改)

生 词

1	稿费	gǎofèi	(名)	payment for an article or book written	
2	国学	guóxué	(名)	sinology, studies of Chinese culture	附
3	大师	dàshī	(名)	great master, master	二
4	棉衣	miányī	(名)	cotton-padded jacket	
5	棉花	miánhua	(名)	cotton	三
6	裤子	kùzi	(名)	trousers, pants	二
7	单薄	dānbó	(形)	thin	附
8	去世	qùshì	(动)	to die, to pass away	一③
9	悼念	dàoniàn	(动)	to mourn, to grieve over	三
10	流泪	liú lèi		to shed tears	三
11	嘱咐	zhǔfu	(动)	to enjoin, to tell, to exhort	三
12	补贴	bǔtiē	(动、名)	to subsidize; subsidy	二
13	沓	dá	(量)	pile (of paper, etc.)	
14	清贫	qīngpín	(形)	poor	
15	撒谎	sā huǎng	(动)	to lie, to tell a lie	三
16	亲人	qīnrén	(名)	family member	一③

专有名词

1	傅斯年	Fù Sīnián	name of a person
2	北京大学	Běijīng Dàxué	Beijing University
3	台湾大学	Táiwān Dàxué	Taiwan University
4	董作宾	Dǒng Zuòbīn	name of a person

练习

1. 听录音判断正误，并说明理由。

（　）（1）傅斯年先生深夜赶稿子，没穿棉衣，冻得一个劲儿地发抖。

（　）（2）傅斯年先生赶稿子是为了用稿费给自己做一条棉裤。

（　）（3）傅斯年的妻子非常后悔让傅斯年深夜赶稿子。

（　）（4）董作宾告诉大家，傅先生说用稿费给自己做棉裤是借口。

（　）（5）傅先生用自己平日存下的钱给贫困学生交学费。

（　）（6）学生知道傅先生生活清贫，当时没有接受傅先生的钱。

（　）（7）傅先生把刚收到的稿费拿去帮助了贫困学生。

（　）（8）傅先生撒谎都是为了让家人和被帮助的学生安心。

2. 根据录音内容回答问题。

（1）傅斯年穿着单薄的裤子赶稿子，妻子劝他休息了吗？为什么？

（2）傅斯年因病去世后，到他家中悼念的有哪些人？

（3）董作宾拿出稿费给了谁？说了什么？

（4）一个学生拿出的那沓钱，是傅先生的稿费吗？傅先生拿这笔钱做了什么？

（5）国学大师傅先生到了生命的最后一刻，他心疼的、惦记的是什么？

23 爱恨交加话手机

（一）阅读课文

让生活节奏慢下来

近一年来，我遇事、做事，甚至坐着读书看报，都会格外着急。

骑车上班，我急急火火，匆匆忙忙。有一次就不小心，撞倒过一个骑车的小姑娘，幸亏她伤得不重，只在腿部擦伤了一块儿皮。还有一次，特危险，差点儿撞着一辆快速行驶的豪华轿车。那司机绝对不客气，冲我瞪着眼嚷道："不想活啦！……"我一个劲儿道歉——谁让我这么顾前不顾后的呢。

工作时，我拼命催自己，把要做的事尽快干完，结果出了不少偏差，有的还挺严重。公司开会时，领导对我提出严厉的批评，要求我迅速改正，加强责任心。业务开展得也不顺利，到了业绩排到倒数第一的地步。我又急又恼，担心失去工作，心情越来越沮丧、焦虑，以至常常失眠。

在家里，我该轻松了吧？我也急。有一次，在厨房切菜时，切到了手指。幸亏刀不太锋利，只伤到了指甲。我打开电视，可看一会儿就关了——没兴趣看；广告也烦人。电脑我也没心情多浏览，觉得没有吸引我的内容。

监督孩子学习时，我时常心里起急。有一次，见孩子写的字不端正，歪歪扭扭的，我一下子火冒三丈，骂孩子太笨，没出息。孩子不敢言语，委屈得直掉眼泪。妻子一听，也火了，责怪我教育孩子太粗暴，没耐心，我跟妻子又是一场大战……

我到底急什么呢？小时候，妈妈多次对我说，"一寸光阴一寸金，寸金难买寸光阴"。于是，急，成了我珍惜时光的借口。我以快为荣，以慢为耻。随着社会的急剧变化，我一天比一天感到时间紧迫，精神压力也一天比一天大。我老觉得比不上别人，追求的目标总达不到。

一天，我看了一个《什么是幸福》的电视节目，主持人的一番话使我受到启发：我整天心急火燎地做事，是得不偿失的。俗话说，欲速则不达。我强烈地意识到，我得把生活节奏慢下来。因为，急，一旦失去了"稳"字作保障，就会产生一连串儿的灾祸。

于是，我改变了生活方式：骑车，我慢点儿骑，以安全为重，不再出交通事故。工作，以成效为重，业务进展顺利了。在家里，我放松心情，与家人和睦相处；上网、看电视、听音乐……，我心态平和，心情也愉快了。总之，无论遇到什么急事，我都告诫自己：别急，要镇静，车到山前必有路。

就这样，我的生活节奏慢下来了，生活完全变了样。慢生活，看起来多花了时间，实际上效果更好。这样的慢生活非常适合我，我喜欢。

(作者：张小晖。有删改)

练习

1. 根据课文内容回答问题。

   （1）因为心急，"我"骑车上班时，路上出过什么事故？

   （2）公司领导为什么批评"我"？"我"的心情怎样？

   （3）在家里"我"感到轻松吗？有哪些表现？

   （4）"我"为什么觉得生活节奏应该慢下来？

   （5）"我"是怎样改变生活方式的？效果如何？

2. 根据课文内容判断正误，并说明理由。

   （　）（1）骑车上班时"我"遇到过一个不遵守交通规则的司机。

   （　）（2）"我"的工作业绩很好，公司领导不应该批评"我"。

   （　）（3）在家里，"我"的心情也很不好。

   （　）（4）孩子觉得委屈，是因为没有犯严重的错误。

   （　）（5）"我"心急，是因为小时候妈妈常批评"我"不珍惜时间。

   （　）（6）如果没有"稳"字作保障，心急就会产生不良后果。

   （　）（7）生活节奏慢下来以后，"我"感到非常满意。

（二）会话课文

买不买车

许教授：永新，你哪天从国外回来的？还回去吗？

永　新：许老师，您好！我回来没多长时间。我已经在国内找好工作了，快上班了。我正考虑买不买车呢。

许教授：近几年，城市化速度很快，有钱的人也多了，很多人都想买汽车。

永　新：不过，开车难也成了有车族头疼的大问题。有人形容开车像打仗似的，尤其是上下班时间，马路上各种车辆排起了一条条长龙，堵得厉害。

许教授：是啊，除了开车难，还有停车难的问题。开车的都为找停车位花费很多时间，有的还因为停车的事发生纠纷。我本来也打算买辆车，现在也不想买了。

永　新：不买车也不是解决开车难、停车难的根本办法。我看微博上不少人想出了好办法。比如：限号行驶、开辟公交专用道、减少路口红绿灯、增加过街天桥、调节停车费……

许教授：这些建议都很宝贵。我觉得交通管理部门还应该严格执法，对严重违反交通规则的人要重罚。要让司机和行人都认识到违反交通规则，不管是对自己，还是对他人，都会造成严重后果，甚至付出生命的代价。

永　新：可不是嘛。前几天，我经过一个超市，见一辆白色小汽车，占了自行车道不说，司机还跟驾驶室外边的人说话。那个人趴在车窗上，几乎把自行车道全给占了。这万一被哪个没留神的车撞过去，后果真是不堪设想。

许教授：这就说明很多人还没养成遵守交通规则的好习惯。所以解决交通问题要靠政府和百姓共同努力。

永　新：交通意识是要培养的。我在国外养了一条小狗，从买来那天起，我就训练它不乱过马路。有一次，我想试试它的"交通意识"，红灯亮时，我故意催它过去，可它往后退，就是不过去；绿灯一亮，我没拉它，它立刻就过去了。

许教授：因为好习惯是可以养成的。人人都应该养成严格遵守交通规则的良好习惯。

永　新：看来，我也先不买车了？

许教授：过一段时间再说吧。我呢，还是老办法，上班坐公交车和地铁，平时外出，或是骑车，或是走路。听说有些国家鼓励骑自行车，乘客可以带自行车坐火车和上飞机呢！

永　新：是的。前两天，我见报上报道，国内为了鼓励绿色出行，缓解交通压力，许多城市都设立了公共自行车租赁点。

许教授：是这样。以后我去远的地方，或是去外地旅游就可以租自行车了。好吧，咱们以后有时间再聊。

练习

1. 分角色进行对话练习，注意语音语调。

2. 根据会话课文回答下列问题。

（1）许教授为什么不想买汽车了？

（2）永新是怎样培养小狗的"交通意识"的？

（3）你认为有哪些好办法可以解决堵车的问题？

（三）听力课文

智慧芯片

据说将来有这么一天，你可以排队进入一间屋子，轮流把脑袋搁在一张特殊的台子上。这时，一位白衣人出现了。只见他手拿一件亮闪闪的东西，慢慢伸向你的头。见此情景，你或许会浑身发抖，甚至尖叫起来。"别怕。"白衣人小声说，同时手上三弄两弄，便笑眯眯地宣布："好了，完事了。"

你尽快离开房间，按着规定，皱起眉头一思考，哎呀，脑子果然有了重大变化，简直就像换了一个新的超智慧的脑子。刷刷刷，你想要什么来什么，来的都是系统、全面、准确的信息。比如你在心里默念一声"物理"，所有的物理公式、定律、成果等，便纷纷出现在脑海里。比老师讲的还好，比书上印的还全，甚至还有清晰的视频。这是怎么回事？原来白衣人刚给你做了个手术，在你的脑子里安装了智慧小芯片。虽然只有半个指甲那么大，却顶几百个图书馆。你还傻站着干什么？赶紧把课本、作业本、词典什么的，都丢掉吧。永别了，学校！永别了，考试！不必学习的日子多美好！

然而，在你无比快乐之后，你可能又渐渐地感到沮丧。因为你知道的事情，别人也都知道。彼此毫无交流的必要。比如你刚唱了一句"小城故事多"，旁边一个小伙子接着就唱第二句"充满喜和乐"，还告诉你这是邓丽君唱的《小城故事》，多没意思！大家脑子安装的都是芯片，这哪里是人脑，一概都是电脑！

你或许后悔了，找到白衣人，要求改一下。白衣人会说："改不了了，或是维持现状，或是把芯片拆掉。"而一旦拆掉芯片，就得恢复学习，你愿意吗？

（作者：刘齐。有删改）

生词

1	芯片	xīnpiàn	（名）	chip	三
2	皱	zhòu	（动）	to wrinkle up	三
3	眉头	méitóu	（名）	eyebrow	
4	默念	mòniàn	（动）	to read silently	
5	清晰	qīngxī	（形）	distinct, clear	三
6	指甲	zhǐjia	（名）	nail	二

7	永别	yǒngbié	（动）	to part forever	
8	无比	wúbǐ	（动）	to be incomparable	二
9	彼此	bǐcǐ	（代）	each other, one another	二
10	现状	xiànzhuàng	（名）	status quo	二

专有名词

| 1 | 邓丽君 | Dèng Lìjūn | name of a famous Chinese singing star |
| 2 | 《小城故事》 | 《Xiǎo Chéng Gùshi》 | *The Story of a Small Town*, a popular song by Teresa Teng |

练习

1. 根据课文内容回答问题。

（1）当"你"进入一间屋子之后，白衣人是怎么做的？"你"的心情怎样？

（2）当"你"离开房间，按规定做了以后，脑子发生了什么？

（3）为什么"你"的脑子发生了变化？

（4）为什么"你"可能会很快感到心情沮丧？

（5）"你"能要求白衣人恢复原来的样子吗？

（6）如果将来的某一天，真的可以在头部安装智慧芯片，你愿意吗？

2. 复述课文，下列词语可以帮助你表达。

据　　轮流　　浑身发抖　　宣布　　按　　脑子　　比如

比……还……　　视频　　安装　　智慧　　芯片　　指甲　　沮丧

交流　　后悔　　维持现状　　拆　　一旦……就……

24 重读西藏

（一）阅读课文

神秘的西部高原历险记

笔者和三位好友怀着"探险"的心理，闯入了神秘的西部高原。几经生死，亲身经历了一系列的"高原怪事"，今天先讲两件，也许能给旅游者提供一点小小的经验。

令男人"大肚子"的水

吉普车在海拔五千多米的巴颜喀拉山上艰难地开着，我们来到《西游记》里讲述的"子母河"边。

据说，当年唐僧到西天取经，路过这里时，因为和猪八戒误喝了子母河的水，肚子马上就大起来。一位老妇人解释说，这里是女儿国，无论是谁，只要喝了子母河的水就会怀孕。

又饥又渴的我们，就在子母河边一边大口吃着方便面，一边"咕嘟嘟"灌了半肚子的子母河水。当时谁也没把这当回事。

出人意料的是，当天晚上我们的肚子竟然真的"大"了起来。不仅感到胸闷，呼吸困难，四个大男人个个像孕妇一般，肚子胀得圆鼓鼓的，喘气、说话、走路都很困难，那滋味真比死还难受！

四个人挣扎着爬起来，忙找司机送我们去医院抢救。大家推测：子母河水里肯定含有有毒的矿物质！

还是司机有经验。他听了我们的讲述，解释说，"大肚子"跟子母河水没关系，这是高原缺氧引起的。因为我们跑了一天的车，又饥又渴又累，吃饱喝足后，倒头大睡。由于氧气不足影响肠胃消化，肚子就胀起来了！肚子一大，就更感到呼吸困难，异常难受。不用去医院，更不需要治疗，活动活动，好好休息一下就行了。临走司机还连连嘱咐："在高原上，再好的食物也不能多吃，再饿也只能吃六七分饱。记住了吗？"

和大狗熊较量

因为空气稀薄，汽油燃烧缺氧，车子经常熄火，故障不断。当翻越喀拉昆仑山时，它终于趴在那儿不动了。

趁司机修车的工夫，我们就在附近的小山上转转。当时做梦也没想到，我们几个人已经被一群大狗熊悄悄包围了。等大家反应过来时，人与大狗熊相距不到四十米。

冲在最前面的那只熊，突然腾地一下站立起来。嚯（huò）！比我们谁都高，少说也有三四百斤重！只听它一声吼叫，扬起肥大的熊掌朝路边的山石击去，一声巨响，山石碎裂，乱石横飞。我们几个人一商量，马上跟着碎石一起向山下滚去。原想这样可以脱险，没想到，那些狗熊也跟着我们滚了下来。

站稳后，人熊各在一方。危难中，我们想起了带着的猎枪。"叭"地一声枪响，这枪是朝天空放的，是为了吓退"熊兵"。它们惊呆了，果然停止前进。不料，几分钟后，它们就明白过来，继续向我们逼近。"叭"，又是一枪，这次效果更差，它们只稍稍退了几步，便继续向我们逼来。就在这危急时刻，几名边防军战士听到枪声，骑马赶来，这时人多势众，小伙子们在马上一阵喊叫，熊群才极不情愿地慢慢离去。

边防军说，他们经常和狗熊打交道。有一天晚上，一头大黑熊突然闯进了住处。因为不能开枪，一位战士就拿起脸盆乱敲起来，黑熊还真害怕了，逃到隔壁的厨房里。它看见锅灶上的一笼馒头，高兴地大吃起来。直到吃饱喝足，才在敲脸盆的"欢送"声中离去。

（作者：雪城。有删改）

练习

1. 根据课文内容判断正误，并说明理由。

( )（1）我们喝了子母河的水后，肚子真的"大"起来了。
( )（2）子母河水里果然有有毒的矿物质。
( )（3）司机赶忙送我们去医院抢救。
( )（4）大夫告诉我们肚子胀与子母河水没有关系。
( )（5）在高原上，再好的东西、再饿都不能多吃。
( )（6）我们坐了一辆好久没检修的车子，所以一路上故障不断。
( )（7）一群大狗熊趁我们不注意把我们包围了。
( )（8）最前面的狗熊站起来有一人多高。
( )（9）为了脱险，我们跟着碎石滚下了山。
( )（10）滚下山后我们才脱了险。
( )（11）用力敲脸盆、众人大声喊叫都能让狗熊害怕。
( )（12）最后，还是枪声吓跑了大狗熊。

2. 讲一讲这两个小故事。

（二）会话课文

您做人的原则是什么

（陈先生是上海的著名画家，他的油画曾多次在国内外引起过轰动。现在他正投资拍摄电影，记者在他拍片期间采访了他。）

记者：请问，您做人的原则是什么？
画家：善良，荣辱不惊。还有……我想这两个够了，不要太多。
记者：交朋友的原则呢？
画家："忠"字。人家对我忠，我对别人也要忠，以诚相待，不欺骗别人。
记者：您穿衣服的原则——

画家：大方。我想"大方"两个字足够了。

记者：吃饭有没有原则？

画家：爱吃什么就吃什么，别想得太多。

记者：用钱的原则呢？

画家：爱买什么就买什么，该用的时候就用。

记者：如果您看见一样非常好的东西，您特别喜欢，可您没钱，没能力购买，这时，您是把这个愿望搁在心里，还是向朋友借钱去买？

画家：不借钱，看过就算了。等有钱的时候，有能力的时候，那就毫不犹豫地去买。

记者：一个穷朋友来借钱，并且很可能还不了你，你会不会借钱给他？

画家：那要看他拿这个钱做什么用了。如果他非常需要，帮助别人摆脱困境，我会帮助。一般情况下，没必要去做这样的事。

记者：您说您待朋友是一个"忠"字，如果您的朋友骗了您，对您不忠，您会有什么反应？

画家：是我接近的朋友，我会非常生气，一定要和他讲清楚；是一般朋友的话，就避开。

记者：对讨厌的人，您怎么办？

画家：离得远一点儿。

记者：要是这种人不请自来呢，您会把他关在门外吗？

画家：做人起码的态度是客气，要给人家面子。对这样的人，不必太认真，不必开门见山，只需要礼貌就行了。

记者：朋友请您赴宴，在一盘菜里，您发现了一根头发，这时，您会怎么办呢？

画家：要给主人面子，不声不响算了。

记者：您有做儿子和做父亲的双重体验，当您的长辈要求您去做您不愿做的事，您会怎么办呢？

画家：孝顺要放在第一位。天下的父母都是为了孩子好。如果不愿意做，可以去思考，可以跟父母商量。

记者：在您的记忆中，您打过孩子吗？

画家：打过的。

记者：后悔吗？

画家：有一点儿后悔。

记者：道歉吗？

画家：道歉不必了。

记者：一位漂亮女子爱上了您，可您不爱她，您会怎么处理这件事？

画家：我会很客气地讲清楚，会很尊重她。对这样的人，一定要尊重。

记者：如果您爱上了一个女子，但不知道她的心意，您会用什么方式让她知道您的感情呢？

画家：我会去了解她，知道她的想法，在适当的时候向她表白。

记者：您看见一只皮箱，会联想到什么？

画家：重要的东西。

记者：如果您看见一条漂亮的裙子呢？

画家：会想到一双女孩子的鞋子。

记者：看到旗袍呢？

画家：会想到线条，女人的线条。艺术家总是以自己职业的眼光去看待生活。

记者：您最喜欢的口头禅——

画家：性格决定命运。我经常说这句话，这是我生活经历的总结。

（作者：淳子。有删改）

练习

1. 分角色进行对话练习，注意语音语调。

2. 根据课文内容回答下列问题。

（1）记者向画家提出了哪几个方面的问题？

（2）画家认为做人、交朋友最重要的是什么？

（3）在生活中，画家的眼光、思考与一般人一样吗？举例说明。

（三）听力课文

放回猫头鹰

春节期间，我和妻子回农村家乡过年。

大年初二那天，我和妻子，还有哥哥的孩子小健，沿着村后的一条小路散步。忽然，小健高兴地叫了起来："猫头鹰！猫头鹰！"我们抬头向周围的树上找时，小健已经抱着一只猫头鹰跑过来了。那小东西正在发抖，样子很可怜。小健把它放在地上，它竟蹲在地上一动不动。我们这时才发现，它的身上有好多血，显然是被人打伤的。

妻子是个环境保护主义者，看到猫头鹰受了伤，伤心得流下了眼泪，难过地说："把它抱回家去吧，不然，它会死的。回去好好照顾它，也许还有希望。"

回到家，小东西的眼睛紧紧地闭着，身体也是凉的。妻子赶紧找来药水，给它洗伤口，上药。一会儿，小东西慢慢地睁开了眼睛，又圆又大，身上也不那么凉了。妻子高兴得手舞足蹈，一家人也都笑了。

第二天，小猫头鹰开始活动了。一个劲儿地往黑暗处钻。我们怕它再次受到伤害，就把它放进一只纸箱里。此后的几天，我们都按时给它洗伤口，换药。妻子每次吃饭，都挑出最好的肉片给它吃。小东西一天比一天活跃，伤口也一点点长好了。

一个星期之后，小猫头鹰伤完全好了。一双大眼睛闪着光，拍打着翅膀在屋里飞来跳去，样子十分可爱。我们都舍不得离开它。但我们十分清楚，大自然才是它真正的家，应该把它放回大自然。

放它的那天，一家人站在门口跟它照相，好像在举行告别仪式。妻子更是舍不得，抱着它跟它说话；那小东西也懂事似的不停地用脑袋蹭妻子的手，把大家都逗笑了。我们把它抛向天空，它在空中转了两圈，竟没有离去，又落到妻子的肩上。我们都被感动了，难怪有人说动物是通人性的。我们再一次把它抛向天空，它才恋恋不舍地飞走了。

第二天我们要回城了。临出门，一只猫头鹰又落在了我家门前的大树上。

我和妻子一眼就认出了它，妻子又兴奋又激动。善良的邻居们却不太高兴，说大白天飞来一只猫头鹰不吉祥，都劝我们晚几天再走。有人甚至要去拿枪来打它。吓得妻子赶快把小猫头鹰赶跑了。

我们到今天仍然惦记着那只猫头鹰，担心人们对它的误解。但我们深信，善良的人们逐渐会明白：保护动物就是保护我们人类自己。而且我们还要说，为了生存，请放下你手中的武器！

生词

1	猫头鹰	māotóuyīng	（名）	owl	一③
2	药水	yàoshuǐ	（名）	liquid medicine	一③
3	伤口	shāngkǒu	（名）	wound	二
4	仪式	yíshì	（名）	ceremony, rite	二
5	人性	rénxìng	（名）	normal human feelings	三
6	恋恋不舍	liànliàn bù shě		to be reluctant to part with	附
7	误解	wùjiě	（动）	to misunderstand	二

练习

1. 根据录音内容，复述大意。

2. 根据录音内容，用自己的话进行语段表达。

（1）那只小猫头鹰正在发抖，＿＿＿＿＿＿。＿＿＿＿＿＿，显然是被人打伤的。

（2）妻子看到受伤的猫头鹰很难过，＿＿＿＿＿＿，＿＿＿＿＿＿，不然＿＿＿＿＿＿。

（3）小东西一天比一天活跃，它的伤口也＿＿＿＿＿＿。

（4）我们决定把小猫头鹰放回大自然，临放飞以前＿＿＿＿＿＿，＿＿＿＿＿＿。

（5）第二天，猫头鹰又回来了，＿＿＿＿＿＿，但是邻居们＿＿＿＿＿＿。

（6）我们至今还惦记那只猫头鹰，我们希望＿＿＿＿＿＿。

25 远离吸毒

(一) 阅读课文

四把椅子的风波

天气太热了，崔奶奶扇着扇子，独自坐在大树下的椅子上乘凉。

邻居康秀英没什么事，来到崔奶奶住的院子串门。康秀英一边和崔奶奶聊家常，一边细细地打量崔奶奶坐的红木椅子，心里非常喜欢，禁不住称赞起来："崔奶奶，您坐的这把椅子真不错，又结实又好看。"崔奶奶说："结实是结实，就是太重了。我已经八十多岁了，搬都搬不动。"康秀英又问："您有几把这样的椅子？"崔奶奶说："一共有四把。这几把椅子还是我当年结婚的时候父母给买的呢。"康秀英一听，便动了心，再三恳求崔奶奶把四把椅子卖给她，再买几把轻便的椅子。崔奶奶看在邻居的面上，不好拒绝，就答应了。

第二天上午，康秀英早早地来到崔奶奶的家，按照约定，把300元钱和自己使用过的一把藤椅交到崔奶奶手里，然后运走了崔奶奶的四把红木椅子。

不久，崔奶奶的儿子从外地出差回来，不见四把红木椅子，便问崔奶奶红木椅子哪儿去了。崔奶奶就把卖椅子的事一五一十地告诉给了儿子。儿子一听，就责怪起母亲来："您怎么不等我回来商量商量就把椅子卖了呢？您知道那几把椅子值多少钱吗？按眼下的行情，这四把椅子至少值2000元！"崔奶奶听了，后悔极了。

崔奶奶立即来到康秀英家，说明来意，要求康秀英补上1700元钱。康秀英却说，买卖双方自愿，不能反悔。崔奶奶一气之下，告到法院，要求康秀英补足钱数，否则就把300元钱退还给康秀英，收回自己的四把红木椅子。

法院受理了这个案件。经过法庭调查，判决撤销这桩买卖，双方各自把已取得的钱物退还给对方。法院为什么做出如此判决呢？法院依据"民法通则"，认为这一民事行为是无效的。因为崔奶奶由于缺乏经验,不了解市场上同类椅子的价格,轻易地把价值上千元的椅子卖给了康秀英,因而遭受了重大损失。而康秀英获得了超出正常情况下数倍的利益。这一买卖行为违反了民法通则的公平、等价有偿原则。这一不公平的买卖行为在一年之内,可向法院请求变更。

崔奶奶对法院的判决表示满意,康秀英也未提出上诉。四把椅子的风波就这样平息了。

(作者:潘已申。有删改)

练习

1. 根据课文内容判断正误,并说明理由。

( )(1)康秀英到崔奶奶家是为了买崔奶奶的椅子。

( )(2)崔奶奶因为椅子太重便轻易地把椅子卖给了康秀英。

( )(3)康秀英是在双方同意的情况下取走椅子的。

( )(4)崔奶奶的儿子认为椅子卖得太便宜了,所以责怪母亲。

( )(5)崔奶奶的四把椅子很值钱,因为椅子非常漂亮。

( )(6)法院判决崔奶奶和康秀英的买卖行为无效。

( )(7)康秀英付出的钱大大低于市场同类产品的价钱,所以属于不正当得利。

( )(8)如果是不公平的买卖行为,不管多长时间,只要你告到法院,法院就会受理。

2. 讲一讲这个故事(300字左右)。

(二) 会话课文

老玛丽,是你呀

吉奥姆:(忽然见到了玛丽)哎呀!老玛丽,是你呀!咱们有五年没见了吧?

玛　丽：是啊！五年了，你一点儿都没变，还是原来的样子。（忽然想起）哎，你刚才叫我什么来的？

吉奥姆：我叫你"老玛丽"呀！

玛　丽：老玛丽？（掏出镜子照了照）五年没见，我真的显老了吗？

吉奥姆：哪儿的话！你越长越年轻了。

玛　丽：真的吗？谢谢！可你刚才为什么叫我"老玛丽"？

吉奥姆：哦，咱们现在不是在中国吗？中国人称呼比自己大的朋友，不都是在姓前边加上一个"老"字吗？像什么"老张"啊、"老王"啊……叫你"老玛丽"不是显得亲热吗？

玛　丽：去你的！那是你们男人之间的称呼，而且对二三十岁的人无论如何不能用"老"来称呼。对姑娘更不能这么称呼。哪个姑娘愿意别人说自己老呢？

吉奥姆：我可听中国人说过"老姑娘"。

玛　丽：虽说中国人也说"老姑娘"，可那是指年龄大还没有结婚的妇女。对年轻姑娘可不能这么叫。对了，这"老姑娘"也只能背地里说，可不能当着人家的面老姑娘长、老姑娘短地叫。那还不把人家给气死呀！

吉奥姆：那为什么呢？上次我去我的汉语老师家，老师就指着自己的女儿对我说："这是我的老闺女。"那姑娘挺年轻的，还朝我笑了笑，一点儿也没有不高兴呀？

玛　丽：这是两回事。有些地方，中国人把自己最小的女儿叫"老闺女"，和年龄大小没关系。"老闺女"不等于"老姑娘"。

吉奥姆：照你这种说法，有些中国人是不是也把自己最小的儿子叫"老儿子"呢？

玛　丽：你算说对了，在中国，有些父母常把大儿子叫做"老大"，把第二个儿子叫"老二"……把最小的儿子叫"老儿子"。

吉奥姆：噢，是这样。还有一件事我不明白，为什么中国人管我叫"老外"呢？

玛　丽：这还不明白？因为你不是中国人，中国人就叫你"老外"。

吉奥姆：这又是什么意思呀？

玛　丽："老外"是中国人对外国人的一种既随便又亲热的称呼。我的一个朋友就很喜欢这个称呼，他在自己的背心上还印了"老外"两个字，走在街上，谁见他谁叫他老外。

吉奥姆：你说"老外"是中国人对外国人的一种称呼，可有一次，在商店里，我见到一对中国夫妻买录音机，那男的指着上面的外文字母说："这是外国的，咱买这个。"那女的立刻说："这是英文，意思是'中国制造'，你真是个老外！"你看，女的说男的是"老外"！

玛　丽：那是说男的外行。外行就是对某一方面的事一点儿也不懂。"老外"在这里就是外行的意思。哎，吉奥姆，刚才你急急忙忙地要去哪儿呀？

吉奥姆：我去老郭家。老郭就是郭文先生，有名的书法家、语言学家，你听说过这个人吧？

玛　丽：那还用说。不过你见到郭先生可别叫"老郭"，你得叫"郭老"。

吉奥姆："郭老"？你怎么把"老"放在姓后边了？

玛　丽：在中国，习惯上尊称声望高的老年人为"某老"；如果你在姓前边加"老"就显得不严肃，没礼貌。

吉奥姆：看来，我又"老外"了，真没想到一个"老"字有这么大学问。

（作者：刘德联、高明明。有改动）

练习

1. 分角色进行对话练习，注意语音语调。

2. 根据课文内容回答问题。

（1）吉奥姆为什么称玛丽为"老玛丽"？

（2）玛丽为什么不喜欢吉奥姆这么称呼她？

（3）中国人怎样运用"老姑娘"这个词语？

（4）"老姑娘"和"老闺女"意思一样吗？

（5）在中国，"老儿子"是指父母生的第一个儿子吗？

（6）在中国，人们怎样运用"老外"这个词？

（7）"老郭"和"郭老"的用法有什么不同？

（三）听力课文

3号院的秘密

9月3号晚6点，黄村路边一个高个儿男青年和一个矮个儿男青年一起招手打的，很快，一辆个体出租汽车停在他们面前。"师傅，西四去不去？"高个儿问。"上车吧。"司机点头。

出租车拐进粉子胡同，在3号院停下。高个儿说了一句在这儿买空调，就独自进了3号院。不一会儿，他从里面出来，对矮个儿青年说，还差300元钱，问矮个儿带没带。矮个儿说没带。于是二人转向司机说："师傅，能不能先借给我们，等我们买完空调还坐你的车回黄村，到那儿连车钱一块儿给你。"

司机听客人说得如此诚恳，就掏出300元钱给了他们。高矮两青年一起下车，请司机稍等，便进了院子。

五分钟、十分钟、二十分钟过去了，司机左等右等也不见二人出来。他再也坐不住了，就从车上下来，进了3号院。到里面一看，一个人也没有。又见面对大街的一个小门儿半开着，才知道自己受骗了，于是开车直奔派出所。

派出所对案件发生的时间、地点及手段进行了分析研究，发现这件事跟前几天一个出租车司机反映的情况完全一样，决定无论如何要抓住这两个坏人，就派小王和小李到案件发生的3号院附近监视。

10月9号晚6点，小王发现一辆红色出租车停在3号院前，从车上下来一个男青年进了3号院。此人的外表很像被骗司机所说的那样。小王立即让小李截住这辆车，自己追到院子里，问高个儿男青年干什么来了。那高个儿显出惊慌失措的神情，回答说是买空调，说完转身就走。此时小李已问清司机是从黄村开来的。车上的矮个儿见事情不妙，刚要跑，一下子就被小李抓住。两个男青年被带到了派出所。

经审查，这两个男青年是本市人，没有职业，由于吸毒，没钱买海洛因，便合伙骗钱。他们认为每次骗得不多，司机不会当回事，所以并不害怕。没想到刚骗了两三个司机就被拘留了。

（作者：韩景童、王杰。有删改）

生 词

1	招手	zhāo shǒu	（动）	to beckon, to wave	一③
2	监视	jiānshì	（动）	to keep watch on	三
3	截	jié	（动）	to stop	三
4	审查	shěnchá	（动）	to examine, to investigate	二
5	合伙	héhuǒ	（动）	to form a partnership	三

练习

1. 根据录音内容，用自己的话完成下列语段。

（1）9月3日晚6点＿＿＿＿＿＿，司机让他们上了车。

（2）出租车很快拐进粉子胡同，＿＿＿＿＿＿，不一会儿＿＿＿＿＿＿，二人下了车。

（3）司机等了很长时间不见二人出来，＿＿＿＿＿＿，到里面一看，＿＿＿＿＿＿，司机开车去派出所报案。

（4）派出所对案件进行了分析研究，＿＿＿＿＿＿进行监视。

（5）10月9号晚6点，小王＿＿＿＿＿＿，小王立即＿＿＿＿＿＿，高个儿男青年＿＿＿＿＿＿。车上的矮个儿青年＿＿＿＿＿＿。

（6）经审查，＿＿＿＿＿＿。

2. 根据录音内容复述大意（200字左右）。

26　价　值

（一）阅读课文

1. 义演

音乐厅举办的为"希望工程"募捐义演的音乐会正在进行。全场座无虚席，一大批观众买的是站票。三百多位艺术家参加义演，分文不取。优美的歌声回荡在大厅里，场内不时爆发出热烈的掌声……

为什么会有如此众多的人参加义演、观看演出呢？原来在音乐会举办的前两天，记者在报上刊出了《帮帮这些孩子们》的文章，文章报道了边远地区的许多儿童因贫困而失学的情况，希望引起社会的关注；同时刊出了为"希望工程"募捐举办义演的消息。

这篇报道见报后，编辑部不断接到读者的来信和打来的电话。

一位不知姓名的外地读者寄来了一封信和200元钱。信是这样写的：

读了《帮帮这些孩子们》的报道，特别是看了报上的照片，心里很不是滋味。我非常同情这些孩子们。我希望这些孩子们在政府和全社会的帮助下重返课堂。我马上就要离开这里，不能观看义演了。随信寄去200元钱，算是我的一份爱心吧。

一个当兵的人

一位退了休的女士在电话中对记者说："看了你们的报道，我深受感动，感谢你们对社会的责任感。我决定每年从自己的一点儿积蓄中拿出300元钱资助农村失学儿童。我的退休金不多，虽然帮不了更多的忙，也算尽一份心意吧……"当记者表示想采访她时，她说："你们不要采访我，不要问我的名字，想想那些生活困难的孩子，真是够可怜的……"这位女士在电话中哭了起来。

平平淡淡的小故事，表达了实实在在的一份情义。

2. 跳舞

母亲不认识字，我当兵四年，她很少给我来信。一天，我收到她让妹妹写来的信。信中说："由于父亲常去跳舞，咱家正面临着危机。"我很奇怪：像父亲那么老实的农民，怎么会喜欢上了跳舞？原来事情是这样的——

现在我们老家的农民，生活富裕后，就想改变平平淡淡的生活，于是大家集资建了个舞厅。起初，不管别人怎么劝父亲去学跳舞，他都不去，说："我这老胳膊老腿的还学跳舞，还不让人笑掉了牙！""人家能学会，你怎么就学不会？"别人这样鼓励他。就这样，父亲进了舞厅。没想到去了几次，笨手笨脚的父亲居然学会了。从此，他每天晚上就像上班似的准时到舞厅。他不但自己跳，还教新来的人，成了一个真正的舞迷。开始时，妹妹还表示理解，认为父亲活动活动身子也好。时间一长，便对父亲有看法了，担心地对母亲说："爸爸整天往舞厅跑，会不会有了第三者？你看他，又戴领带，又擦皮鞋，每天早上照镜子的次数比我还多。"母亲一听，坐不住了，写信让我劝劝父亲：跳舞可以，可别学坏。妹妹还说她正每天暗暗监视着父亲。

我很快给母亲和妹妹回了信，劝她们不要多心。我说，父亲心地善良，为人忠厚，村里人谁不知道？父亲学跳舞是好事，又开心，又活动身体。你们应该支持他，信任他……

不久，妹妹果然来信告诉我调查结果：跳舞的都是上了年纪的大叔大婶，没发现第三者。还说，她和母亲在父亲的影响下也在学跳舞，学得可起劲儿了。

看完信，我笑了。

（作者：张景双、王孝建。有删改）

练习

1. 根据课文内容，选择一个最恰当的答案。

   （1）文章报道了边远地区的许多儿童因贫困而失学的情况。
      "因贫困而失学"的意思是：
      A. 由于贫困不能上学　　　　B. 由于贫困不愿上学
      C. 由于贫困很晚才上学　　　D. 由于贫困无法继续上学

   （2）读了《帮帮这些孩子们》的报道，特别是看了报上的照片，心里很不是滋味。
      "很不是滋味"的意思是：
      A. 很生气　　　　　　　　　B. 很难过
      C. 很不舒服　　　　　　　　D. 很痛苦

   （3）我这老胳膊老腿的还学跳舞……
      "老胳膊老腿"的意思是：
      A. 年纪大了身体不灵活　　　B. 胳膊和腿太老了
      C. 胳膊和腿很疼　　　　　　D. 胳膊和腿上有伤

   （4）还不让人笑掉了大牙！
      这句话的意思是：
      A. 把人家的牙笑掉了　　　　B. 让人发笑
      C. 让人高兴　　　　　　　　D. 让人讥笑

   （5）爸爸整天往舞厅跑，会不会有第三者？
      "第三者"的意思是：
      A. 指帮助丈夫做事的人
      B. 指跟夫妇中的一方有不正当男女关系的人
      C. 指跟丈夫关系密切的人
      D. 指跟妻子关系密切的人

2. 根据课文内容回答问题。

   （1）《帮帮这些孩子们》这篇文章和为"希望工程"义演的消息刊出后，在社会上产生了什么样的反响？举例说明。

（2）母亲为什么让妹妹给"我"写信？

（3）"我"对父亲跳舞是什么态度？

（二）会话课文

永久的魅力

（小朱的照相馆远近闻名。一天，《人像摄影》杂志的记者采访了他。）

记者：你的照相馆为什么叫"360度"？

小朱：360度是一个圆，顾客是圆的中心；照相馆内四面都可以利用；还有一个原因，我拍摄时总爱上下左右前后拍。360度比较形象地体现了我的拍摄方式。

记者：凭感觉，我觉得你不像个经商的人，可是你成功了。你成功的关键是什么？

小朱：是绝对保证质量。虽说宣传很重要，但我至今没去登广告。我相信商业社会没有广告不成，但我更相信"酒香不怕巷子深"。

记者：前几年你从东风照相馆辞职后去了广告公司，干得挺好的，怎么又辞职当上了个体户？

小朱：我觉得广告公司虽然好，但从心理上感到受限制。搞个体，更能发挥自己的才能，随心所欲地干自己的事业。

记者：在摄影艺术上，你追求的是什么？

小朱：我所追求的是让照片既有时代感，又有永久性。我不过分赶时髦，照片也不叫"明星照"。我认为把每个人都拍成明星的样子会伤害人的个性。

记者：可是现在许多照相馆都在搞"明星照"这类的照片，并且拥有一定的市场。

小朱：我认为这种市场很快会过去。因为这种照片追求的是形式上的东西，这不是真正意义上的摄影，看多了会令人感到乏味，甚至觉得可笑。我认为摄影应抓住每个人不同的感觉，拍出每个人的个性来。

记者：你很强调"自己的个性"，那么拍摄中你是怎样做的呢？

小朱：我一般不强调"包装"，因为我拍的是他本身，不是别人。在我这里，顾客一般都是自己带衣服来，我主要是根据每个人情况的不同（比如胖人与瘦人），运用灯光、色彩、角度等技术手段表现人物的美。

记者：你最近的生意如何？

小朱：非常好。从上午一直到晚上七八点钟，平均每天四五十个，没有淡季，顾客全是预约。许多人都是回头客。有一家人在我这里拍过六七次"全家福"。

记者：你的生意这么好，说明你的摄影技术好，顾客信任你。提高摄影技术也不是很容易的吧？

小朱：俗话说，冰冻三尺非一日之寒。提高摄影技术水平，要靠自己肯学习、钻研。我刚开始独立摄影时，常碰到意想不到的问题，比如，有一次，一位年轻的姑娘拿着相片责问我："你怎么把我拍成白发老太太了？"我一看照片，确实她的头发雪白一片。我分析是头发上用光太强，而脸上的亮度不够造成的。我为她重新拍照，洗出来一看，效果非常好。

记者：除了摄影，你还有什么其他爱好呢？

小朱：我还喜欢绘画、书法、音乐。我的绘画作品还获过奖呢！我觉得这些业余爱好对摄影很有帮助。

记者：愿你的事业获得更大的成功。

小朱：谢谢。

（作者：丰硕。有删改）

练习

1. 分角色进行对话练习，注意语音语调。

2. 根据课文内容回答问题。

（1）小朱的照相馆为什么叫"360度"？

（2）小朱的照相馆与其他照相馆在摄影方面有什么不同？

（3）小朱的生意怎么样？

（4）小朱是怎样对待摄影艺术的？

（三）听力课文

一辈子也发不了财

星期天的早晨，自由市场非常热闹。张爷爷的菜车前围满了顾客。车上的小葱、芹菜那么干净、新鲜，让人看着心里就痛快。

虽说张爷爷六十多岁了，就认识三个半字，可卖起菜来真不含糊。只见他两手称着菜，同时心里算着价钱，嘴里报着数，卖得还真快，不到一个小时，半车菜就卖出去了。

忽然身后有个小伙子走过来，接过秤说："爸，您先喘口气，吃饭去吧，我来卖。"这是他上高中的儿子小力，今天不上学，替爸爸卖菜来了。张爷爷见儿子终于肯卖菜了，自然高兴，把秤交给小力，转身走了。

张爷爷吃完早饭，点上一支烟，边慢慢走边哼着"星星还是那颗星星，月亮还是那个月亮……"向自由市场走去。

忽然，他愣住了。虽然离自己的菜车还挺远的，可他立刻发现自己的菜车前买菜的人已寥寥无几。走到菜车前时只剩下一个老太太正挑来挑去。再一看车上的菜，还和刚才走的时候一样。

这是怎么回事？买菜的怎么都从小力的菜车前跑啦？他悄悄来到儿子身

后，只听小力说："老太太，你到底要不要？别瞎挑好不好？"那老太太忍着气说："我想挑个小捆儿的，有半斤就够。"小力说："你到别的地方买去吧，我这儿没小捆儿的。"老太太恳求说："你打开一捆儿，我就要半斤，一捆葱我一个人几天也吃不了。"小力无可奈何地打开一捆儿，抓到秤上一称，多了，往下拿一点，又少了，就一根一根地往上添。

张爷爷越看越生气，走过去，夺过秤，添上一把，捆好，给了老太太，对小力说："让你在这儿卖金子哪！"老太太给六毛钱，张爷爷说："多啦。八毛一斤，半斤四毛。"小力忙说："我一块二一斤卖的。"张爷爷一听就火了："谁让你涨到一块二的？"小力说："我刚才看了一下，卖小葱的就咱们一份，别说一块二，一块三也有人买！"张爷爷说："你懂什么，一过中午菜就变样了！"小力不服气，小声说："您呀，一辈子也发不了财！"

"八毛一斤。"老太太边走边向认识的人念叨。张爷爷的菜车前又围满了人。

（作者：王宗全。有删改）

生词

1	葱	cōng	（名）	shallot	三
2	芹菜	qíncài	（名）	celery	
3	含糊	hánhu	（形）	careless, perfunctory	附
4	秤	chèng	（名）	scales, steelyard	附

专有名词

小力　　Xiǎolì　　a person's first name

26 价 值

🔍 **练习**

1. 听录音判断正误,并说明理由。

(　　)(1)张爷爷卖菜时,买的人很多。

(　　)(2)张爷爷上过学,算账快,所以菜卖得很快。

(　　)(3)儿子小力向来喜欢卖菜,趁星期天不上学,到市场替爸爸卖菜。

(　　)(4)张爷爷吃完早饭回到菜市场时,发现自己的菜没卖出去多少。

(　　)(5)老太太想买小捆儿的菜,因为捆儿大的,她几天也吃不完。

(　　)(6)小力很热情地给她挑了小捆儿的菜。

(　　)(7)张爷爷对小力说"让你在这儿卖金子哪",意思是"你应该去卖金子"。

(　　)(8)小力卖菜时买菜的人变少了,是因为他卖的价钱比张爷爷卖的贵。

(　　)(9)小力卖得贵的原因是他误认为张爷爷也卖一块二一斤。

(　　)(10)小力对爸爸说:"您一辈子也发不了财!"意思是说爸爸不懂得赚钱的方法。

2. 根据录音内容回答问题。

(1)顾客为什么愿意买张爷爷的菜?

(2)为什么小力卖菜时顾客变少了?举例说明。

(3)张爷爷为什么生气?他跟小力卖菜的方法有什么不同?

(4)小力赞成爸爸的卖菜方法吗?为什么?

3. 根据录音内容复述大意(200字左右)。

27 干得好不如嫁得好吗

（一）阅读课文

圈 套

我患肝病住院的时候，病友们在议论哪位护士小姐漂亮的同时，也常常把几位主治医师进行比较。有人认为张医生水平高，有人感到高医生最可亲。而同病房17床的大李却总是与我们看法不同。大李说："高医生水平最差，态度也不好。"大李与我因患传染性肝炎同时住进医院，一个月过去了，我病情好转，大李的情况却不太妙，脸和眼珠也越来越黄。

有一次，大李和我正在下棋，高医生来查房，见此情景顿时火冒三丈："17床，你怎么回事儿？让你卧床休息，你不但不听，还影响16床……"

大李睁大眼睛说："大夫，你能不能想个办法把我的转氨酶降下来？我觉得你的治疗方案有问题。"

高医生说："早就告诉你了，要注意休息，病要慢慢养，你不但不听，反而说我的治疗方案有问题，难道你比大夫还大夫吗？你在单位肯定也是个刺儿头！"

"你这是血口喷人！"大李拍着床铺大声争辩道："我年年是先进工作者，是单位的骨干力量！"

高医生说："你声音这么大干什么？这儿不是你家，愿意在这儿待着就住着，要不就另请高明。你有本事，到北京治去，去解放军302医院！"

看到他俩越来越激动，我赶紧过去和稀泥。高医生说："17床，告诉我你们单位的电话号码，我马上给你们单位打电话，让领导来管教管教你。"

第二天，高医生没来查房，大李单位的领导却来了好几个。大李讲述着自己的病情，痛苦得流下了眼泪，我也陪着他难过。领导把我们安慰了一番。

这时，高医生来了，他对大李说："17床，现在你们领导也来了，我要好好跟你们领导谈谈，是你这个病人不配合还是我们的治疗方案有问题。"

半个小时后，大李的领导们回到病房，对大李说："这个高医生水平是不行，刚刚还把我们批了一顿，嫌领导不关心你。算了，大李，咱们明天就转北京302医院……"

大李出了口气："我早就想换个地方了，这个医院，花钱买气生。"第二天，大李就转到了北京302医院。

一个月过去了。在一次同护士长聊天时，我说："高医生这人心眼儿挺好的，就是有时爱发火。"护士长说："高医生治了二十多年肝炎，最有经验。而且对不同的病人用不同的办法。病人都像小孩子，有的要劝，有的要哄，有的要厉害，有的甚至要骗。像转到302医院的大李，那是查出了癌细胞，病情恶化，必须马上转院治疗，但又不能让大李知道了病情有负担，高医生可是动了一番脑筋……"

啊，原来如此！我顿时惊呆了。脑海里，一个月之前的情景像电影一样重演了一遍。原来这一切都是高医生精心设下的"圈套"啊！

又过了一个月，我身体康复，办理了出院手续。高医生把我送出病房，再三嘱咐："16床，人活着只有一次。今后生活要有规律，这种病不能太累了，医生只能治病，不能治命。"

我向高医生深深鞠了一躬，不禁又一次想起大李来。啊，健康真好啊——眼泪不由得流了下来。

（作者：胡子宏。有删改）

练习

1. 根据课文内容，选择一个最恰当的答案。

（1）见此情景顿时火冒三丈。

这里"火冒三丈"的意思是：

A. 非常激动　　　　　　　　B. 气得要命

C. 火有三丈高　　　　　　　D. 气得跳起三丈高

（2）难道你比大夫还大夫吗？

这里"比大夫还大夫"的意思是：

A. 比不上大夫　　　　　　　B. 比得上大夫

C. 不如大夫　　　　　　　　D. 比大夫还强

（3）你在单位肯定也是个刺儿头！

这里"刺儿头"的意思是：

A. 爱说话的人　　　　　　　B. 故意找麻烦的人

C. 刺激头头的人　　　　　　D. 最厉害的人

（4）你这是血口喷人！

这里"血口喷人"的意思是：

A. 说话太恶毒，诬蔑好人　　B. 喷人一脸血

C. 满口骂人话　　　　　　　D. 嘴里喷出了血

（5）要不就另请高明。

这里"另请高明"的意思是：

A. 我技术水平低　　　　　　B. 另找个医术好的大夫

C. 有的是好大夫　　　　　　D. 赶快离开这里

（6）我赶紧过去和稀泥。

这里"和稀泥"的意思是：

A. 缓和矛盾　　　　　　　　B. 劝架

C. 用水和泥　　　　　　　　D. 把他俩拉开

2. 根据课文内容回答问题。

（1）17床的大李对高大夫的印象怎么样？

（2）高大夫对大李的态度怎么样？

（3）高大夫为什么要把大李单位的领导请来？

（4）这篇课文的题目为什么叫"圈套"？

（二）会话课文

1 评委们的话

《光明日报》王先生——

"干得好不如嫁得好"与"嫁得好不如干得好"的争论，反映了当代女性在工作事业与家庭生活这两者之间感到的困惑，也反映了社会与个人、理想与现实之间的矛盾，体现了她们不同的幸福观、价值观。

最理想的是既干得好又嫁得好，最糟糕的是二者都不好。这大概没有疑问。问题出在假如真的要在二者之间做一选择，该选择什么？我个人还是更赞成、更提倡首先要"干得好"。道理很简单，这体现着一种女性的主体意识，只有把幸福牢牢地把握在自己手里，而不是完全或一半寄托在他人身上，才会获得真正的幸福。这是我们社会应该提倡的一种价值观念。

朱女士，您的看法呢？

中国电影家协会朱女士——

我们单位有好多年轻朋友，听说我来当"嫁得好"与"干得好"辩论的评委，就哈哈大笑地说："这还用得着辩论吗？当然干得好不如嫁得好了。"我问他们为什么，他们说："就拿拍电影来说吧，我们要实现自己的艺术追求、艺术探索。可老板为了赚钱让你加武打、加爱情戏，你怎么办？如果我嫁得好，我有这个经济基础，我就有条件实现我事业上的理想。"至于我自己，一辈子都是干出来的，但在我干的背后，丈夫给了我很大的支持。可以说，"嫁得好"确实很重要。

北京大学刘先生——

看来，朱女士自己就是既"干得好"又"嫁得好"。

"干得好"与"嫁得好"，可以说是一个永恒的话题。它首先是一个人的看法。同样一个人，同样一件事，嫁得好不好、干得好不好，因人而异，是一种自己的感受。而把这个问题作为社会话题的时候，情况就复杂多了。它涉及幸福观和价值观的问题。我们的社会需要宣扬什么，这就不仅仅是个人的问题了。正因为如此，这个辩论题是不错的，和以往的题目比较起来，更贴近生活，更道出了人们的心声。

2 群众的议论

男士1：我想听听王老师的意见，您作为父亲，是希望自己的女儿"干得好"呢，还是"嫁得好"呢？

男士2：我首先希望我女儿"嫁得好"，要不，她干得再好我心里也不踏实，她回家总跟我哭怎么办？

男士3：希望女同胞们都嫁得好也干得好！可你们要都干得好，男士们还有什么指望啊？

女士1："嫁得好"跟"干得好"就像一个人的两条腿，干吗非得让一条腿长一条腿短呢？其实嫁得好就是对男士要求高了。

女士2：我想问问男同胞，怎么不讨论讨论干得好不如娶得好呢？

男士1：啊呀，作为男士，还是得先干得好，要不，受气啊！

女士3：女士当然要干得好，否则，都光想嫁得好，男人还不得累死啊？

女士4：就算是为了"嫁得好"，也得干得好啊！

练习

1. 分角色进行对话练习，注意语音语调。

2. 读读下面的句子，注意读出不同的语气。

（1）最理想的是既干得好又嫁得好，最糟糕的是二者都不好。

（2）问题出在假如真的要在二者之间做一选择，该选择什么？

（3）这还用得着问吗？当然干得好不如嫁得好了。

（4）正因为如此，这个辩论题是不错的，和以往的辩论题比较起来，更贴近生活，更道出了人们的心声。

（5）您作为父亲，是希望自己的女儿"干得好"呢，还是"嫁得好"呢？

（6）我想问问男同胞，怎么不讨论讨论干得好不如娶得好呢？

3. 概括总结一下评委和群众各有几种看法。

（三）听力课文

一种境界

梁先生乘坐的飞机在快要降落时，差点儿坠毁，飞机上的人们面临了一次死亡。在他们平安着陆时，记者采访了梁先生："您当时在想什么？"梁先生告诉大家："我一直在想我的脚。"这个回答太令人失望了，也太不浪漫了。但这确实是真的。

原来，梁先生乘飞机的那一天，手提行李从家里出来时，一不小心把脚扭了一下。脚肿了起来，又酸又疼，连走路都使不上劲儿，更不要说像空中小姐要求的那样"拼命地向前跑"了。所以，在当时，为了生存，梁先生首先想到的是他的脚。

当然，梁先生说，在当时也曾模糊地想到即使真的死了，也无所遗憾，因为他所经历的人生让他满足了。一个朋友插话说："除了死亡没经历过，什么都经历过了。那么,当死亡到来时,为什么不从容、镇静地去面对呢!"这倒真是一种境界了。

"您当时没想夫人和孩子吗?"

"没顾上!"

"没留下什么话吗?"

"没有。"

"为什么?"

"因为我觉得我死不了。"

也许人真的是生有时,死有地。不该死的时候,就是到了地狱门口,也没人给你开门。梁先生还告诉记者,当感到飞机的轮子实实在在地接触到大地的那一刻,人们不约而同地鼓起掌来。

当机长走出驾驶室的时候,幽默地对大家说:"今天我好像不大方便说'欢迎你们再次乘坐我们的航班'这句话了,但我还是要说,欢迎你们再次乘坐我们的航班!"大家再一次热烈鼓掌。记者又问:"梁先生,回到家要不要给家里人讲这段经历呢?"

"当然。"

"是不是要增加点儿什么,或减少点儿什么,所有内容、想法都讲吗?"

"当然,讲全过程。"

"那么,您夫人会怎么说?"

"那还用问?她会埋怨我:'看看是不是,你的心里根本没有我!'"

这时,记者笑着为梁先生解释:"如果感情真的很深,那么,一方珍惜生命,便是对另一方最大的负责、最实际的爱。"

梁先生点点头:"可以这么说。"

生 词

| 1 | 境界 | jìngjiè | (名) | state, realm | 三 |
| 2 | 插话 | chā huà | (动) | to interpose (a remark, ect.), to get in a word | |

3	不约而同	bù yuē ér tóng		to happen to coincide	附
4	机长	jīzhǎng	（名）	aircraft commander, captain of an airplane	
5	航班	hángbān	（名）	scheduled flight, flight (number)	二

练习

1. 根据录音内容复述大意。

2. 听录音填空。

（1）在他们平安_____时，记者_____了梁先生。

（2）脚_____了起来，又_____又_____，_____走路_____使不上劲儿，更不要说_____空中小姐要求的_____拼命地_____前跑了。

（3）在当时也_____模糊地想到_____真的死了，也_____遗憾，他所经历的_____，让他_____了。

（4）_____死亡到来_____，为什么不_____、_____地去面对呢！

（5）梁先生，回到家_____给家里讲这段_____呢？

（6）_____感情真的很深，_____，一方_____生命，便是对另一方最大的_____、最的_____爱。

28 中庸的修养

（一）阅读课文

杏　坛

　　坐落在泗（sì）水旁，曲阜孔庙前的杏坛，或许是中国最为独特、最为动人的古迹了。它历经了2500多年的风风雨雨，仍保留着自己最根本的颜色。就像孔林前那些或断或折或枯的古柏，虽已历经沧桑，却仍顽强地吐着自己本来的新绿。这最根本的颜色，就象征着中国第一位教师孔子的精神风貌。

　　我们已经无法确切地知道，孔子在中国建起第一座杏坛的初衷，但是一部影响了中国人文精神的《论语》，开篇第一句便是"学而时习之，不亦说（yuè）乎"，这句话告诉我们，孔子与他的弟子们在教与学中得到了无比的快乐。

　　开始时的那个杏坛，大约很小，或在孔子贫寒的家里，或在泗水边的树林中。老师与学生们席地而坐，开始了自由自在的教与学。从小贫寒的孔子，领着一群百姓的孩子，建起一座独立的杏坛——中国第一所民办学校。不管年龄大小，也不管贫寒贵贱，都可以平等地、自由自在地进来学习。

　　孔子三岁丧父，十六七岁丧母，坎坷的童年让他更加明白掌握自己命运的重要。为此，在那"学在官府"的年代，孔子能在民间建起为百姓教书的杏坛，并教育出许多有用之才，这是何等的功绩！

　　孔子教导学生，一定要有独立的人格，要敢于坚持真理，发出自己的声音，这才是"君子儒"。君子可以失去官位、财产，甚至生命，但是不能失去人格。从孔子做官，到一次又一次地拒官、辞官，就可以看出孔子做官是有原则的。那就是要与君王平等地以仁爱之心施仁爱之政。

　　本来，可以安安稳稳做官的孔子，为了追求理想，为天下人求得安乐，不惜与学生乘着吱吱嘎嘎（zhīzhīgāgā）的牛车周游列国，经历了风风雨雨的四十年，那吱吱嘎嘎的牛车，也就成了一座流动的杏坛，孔子与他的学生们也由此磨炼了自己的本事和德行，并从中悟出了人生的重于泰山的价值。

公元前484年，六十八岁的孔子结束了十四年的流浪生活，回到自己的祖国（鲁国），开始了最后阶段的教学生涯。过了一年，孔子的儿子伯鱼去世，孔子没有停止教学。又过了两年，孔子最心爱的学生颜回病故。再过一年，公元前480年，孔子另一位深爱的学生子路战死于卫国。七十二岁的孔子怀着深深的悲痛继续教学。公元前479年4月，已经身患重病的孔子，还拄着拐杖给学生子贡上课。七天后，孔子病逝，享年七十三岁。

孔子去世后，就埋葬在泗水边。清清的泗水流不尽老师对学生、对杏坛的留恋。孔子也得到了人间最真挚最长远的爱戴。学生们都来给孔子守灵，百姓们也想着这位教过他们子弟的老师，在这里种树，甚至把家也搬到了孔子的墓地周围。四面八方的学生来这里祭拜老师，带来各种树苗，现在这里已绿树成荫了。

孔子走了，留下了一座四季常青的杏坛。

（作者：李木生。有删改）

附：孔子简介

孔子（公元前551—公元前479年），名丘，子仲尼，出生于鲁国陬邑（zōuyì）昌平乡（今山东省曲阜市）。逝世后，葬于曲阜，即今日孔林所在地。

孔子是春秋末期的思想家、政治家、教育家，儒家学派的创始人，是世界著名的文化名人。孔子编写了中国第一部编年体史书《春秋》，整理过《诗经》、《尚书》等古代文献。

孔子是中国第一位在民间办学的老师，相传他有"弟子三千，七十二贤人"。《论语》是由孔子的弟子们记载的一部"孔子言行录"，是儒家的经典。

孔子主张"仁政"，认为"仁"即"爱人"，提出"己所不欲，勿施于人"，"己欲立而立人，己欲达而达人"等论点。

孔子注重"学"与"思"的结合，提出"学而不思则罔，思而不学则殆"，"温故而知新"等观点，一生坚持"学而不厌，诲人不倦"。

练习

根据课文内容回答下列问题。

1. 杏坛坐落在什么地方?它有多长的历史了?
2. 孔庙前大路两旁的千年古柏,有着什么样的颜色?这种颜色象征了什么?
3. 为什么说孔子和他的弟子们在杏坛得到了无比的快乐?
4. 孔子办学的特点是什么?他怎样教导学生?
5. 为什么说孔子与学生们乘坐的牛车,是一座流动的杏坛?
6. 介绍一下孔子晚年的教学情况。
7. "四季常青的杏坛"有什么象征意义?

(二)会话课文

传统文化与软实力

(在一次关于"传统文化与软实力"的研讨会后,学者金先生接受了《东方》杂志记者的采访。)

金先生: 我们现在经济发展了,比以前有钱了,却并不觉得快乐。做老板的不快乐,员工不快乐,大家都不快乐。

记　者: 有钱了,却没有幸福感,这一点是哪儿出了问题,问题出在哪儿呢?

金先生: 在这三十多年的发展中,我们把经济当作了目的,其实经济只是手段,不应该是目的啊!我常常说,如果所有人都在做生意,什么都是买卖关系、金钱关系,想想就非常可怕。

记　者: 老百姓说没有钱是万万不能的。

金先生: 但钱不是万能的。我们常常把手段当成了目的。现在都说要有尊严感、幸福感。这说明在经济取得成就后,人们开始思考:大家究竟还缺少什么?

记　者: 您认为我们已经开始思考这个问题了吗?

金先生：是的，我们终于认识到这个问题的重要性了。最新的国家规划中提出"文化软实力"问题。

记　者：我也注意到了，规划中提出要推动文化大发展大繁荣，提升国家文化软实力。

金先生：不再只提"GDP"的增长了，这是以前没有的。

记　者：我们怎么走以后的路呢？

金先生：把经济"兑换"成幸福。中国现在是富起来了，但如果不把软实力提升上去，就成不了一个强国。老百姓也不会获得尊严，不会有幸福感。

记　者：怎样才能实现这样的"兑换"呢？根本的解决之道在哪里？

金先生：还是在教育。要提高全民的素质。

记　者：我们知道您一直很关心教育，花了很大的精力普及传统文化，也取得了相当的成果。您怎么看中国传统文化对现代社会建设的贡献呢？

金先生：关于这个问题，温总理曾向季羡林老先生请教，季先生说，中国传统文化对世界有两大贡献：一个是"天人合一"，一个是"和谐"。后来，"和谐"就写进了政府工作报告中。传统文化里需要我们去学习的东西很多，可以讲"仁"，"仁"就是爱人；可以讲"己所不欲，勿施于人"，意思是自己不愿意的、不喜欢的，不要强加给别人。

记　者：听说在联合国总部大厅里有一副镶嵌（xiāngqiàn）画，画中的题词是《圣经》中的一句话，中文意思是"你不愿意别人怎样对待你，你就不要这样对待别人"。这句话被称为是处理国家关系的"黄金法则"。

金先生：《圣经》中的这句话与孔子的"己所不欲，勿施于人"正是人类多样文明的共同积淀，都被推崇为人类道德的"黄金法则"，这就是软实力啊！

记　者：只有大家都"己所不欲，勿施于人"，世界才能实现"民主、自由"，这是东西方的共同理念。

金先生：传统文化是咱们中国很重要的软实力。不能什么都拿来做买卖，像人格、尊严……是不能卖的。如果拿去卖，就是"不仁不义"了。不能只讲价钱，更要讲价值。

练习

1. 分角色进行对话练习，注意语音语调。

2. 两人一组进行问答练习。

（1）现在经济发展了，人们就幸福了吗？
（2）为什么说钱不是万能的？
（3）怎么把经济"兑换"成幸福？
（4）孔子说的"己所不欲，勿施于人"是什么意思？
（5）我们说的传统文化和文化软实力有什么关系？举例说说。

（三）听力课文

知与不知

有一次，孔子对他的学生说："子路呀，让我来告诉你，什么叫知识、什么叫智慧，那就是：你遇到问题时，知道的就说知道，不知道的就说不知道。这就是智慧，这就是知识。"

孔子的"知之为知之，不知为不知，是知也"告诉我们，在做学问、做人的过程中，应该有一个老老实实的态度，千万不要不懂装懂，更不能弄虚作假欺骗人。

我们的生命是有限的，而学习知识是无限的。真正有智慧的人，他会知道自己的知识是有限的，也就永远不会停止学习知识。而且，不知道就说不知道，这不但不会失去什么，反而会得到别人的信任。而一个不懂装懂的人，他不仅会失去宝贵的学习机会，而且他装出来的"懂"，迟早有一天会被别人发现，反而更会失去面子。

古希腊哲学家苏格拉底（公元前468—公元前399年）在"知之为知之，不知为不知"上，有着和孔子相同的哲学观。曾有个青年人认为自己比苏格拉底还聪明，还有知识。有一天，苏格拉底问这个年轻人："你认为是先有鸡还是先有鸡蛋？"青年毫不考虑地回答："当然是先有鸡蛋啦，鸡是从鸡蛋里孵化出来的。"苏格拉底又问："鸡蛋是鸡下的，没有鸡，鸡蛋从哪里来呢？"青年想了想说："那还是先有鸡！"苏格拉底继续追问："你刚才已经说过，鸡是从鸡蛋里孵化出来的，没有鸡蛋，鸡从哪里来呢？"青年抱怨说："你怎么提这么奇怪的问题呢？那么，我来问问你。"苏格拉底说："请问吧。"青年幸灾乐祸地问："你说说是先有鸡还是先有鸡蛋？"苏格拉底回答："我不知道。"青年笑了："看起来，你和我差不多啊！"苏格拉底毫不犹豫地说："完全不一样。你是不知道但是说自己知道，我是不知道就说不知道，这是智慧啊！"

　　苏格拉底的"以不知为知，非知；以不知为不知，为知"的观点有着很深的哲学道理，和孔子一样，都说出了知与不知的真谛。

（作者：张峰。有删改）

生词

1	之	（代）	zhī	used between an attribute and the word it modifies	三
2	为	（动）	wéi	to be, to mean	一③
3	有限	（形）	yǒuxiàn	limited, finite	二
4	无限	（形）	wúxiàn	infinite, limitless	二
5	孵化	（动）	fūhuà	to hatch, to brood, to incubate	附
6	非	（动）	fēi	to be not	

专有名词

| 1 | 希腊 | Xīlà | Greece |
| 2 | 苏格拉底 | Sūgélādǐ | a philosopher of ancient Greece |

练习

1. 听录音，判断下列句子正误。

（　　）（1）知道的就说知道，不知道的就说不知道，这就是智慧。

（　　）（2）不懂装懂或是弄虚作假，这不仅害人也害己。

（　　）（3）生命是有限的，而学习知识是无限的。

（　　）（4）装出来的"懂"不被发现，就不会失去面子。

（　　）（5）苏格拉底和那个青年都不知道先有鸡还是先有鸡蛋，所以，他们是一样的。

（　　）（6）苏格拉底毫不犹豫地说自己不知道，是因为他无知。

（　　）（7）如果告诉别人自己不懂，就会失去别人的信任。

（　　）（8）苏格拉底和孔子都说出了"知与不知"的哲学道理。

2. 根据录音内容回答问题。

（1）在做学问、做人的过程中，老老实实的态度是怎样的？

（2）不懂装懂或弄虚作假，会造成什么后果？

（3）为什么说苏格拉底和孔子都说出了"知与不知"的哲学道理？

29 孔乙己

(一) 阅读课文

1 科举制度

中国的科举制度从隋朝开始,是封建社会选拔官吏的一种制度。历史上不少优秀官吏,都是通过科举考试选拔上来的。如宋朝的包拯(zhěng)、文天祥等。但到明、清时候,参加科举考试,必须写一定格式的八股文,这种形式死板的文体,严重地束缚了人们的思想。不少读书人为了做官,整天死读书,练不出任何真正的本领,成为科举制度下的牺牲品。由于科举制度的积极性越来越小,终于在清光绪三十一年(1905年)被废除了。

明清时候,凡是参加省以下各级考试的读书人,都称为童生,考中者称秀才。如果一辈子连秀才也考不上,尽管白发苍苍,人们仍要称他为童生。秀才可以参加省一级的考试,又称乡试,考中者为举人,第一名称解元。举人可以参加三年一次的全国考试,在京城举行,称为会试,考中者为进士。进士中的第一名称为状元,第二名称榜眼,第三名称探花。考中进士的人就可以做官了。

2 范进中举

《儒林外史》中有个叫范进的读书人,从20岁就开始参加科举考试,考了二十多次也没考中。到后来,头发都考白了才考中一个秀才。

范进因为一心想做官,就整天地读书。他除了读书之外,别的什么都不会做,所以家里越来越穷,穷到将要讨饭的地步,连参加考试的钱也都是借的。

范进考上秀才以后,第二年又接着考举人。发榜那天,母亲对他说:"已经有好几天没米下锅了,家里还有一只下蛋的母鸡,你把它抱到集上卖了吧。然后，买些米回来，我饿得眼睛都看不见东西了。"

范进急忙抱了鸡，来到集市上，他东张西望，寻找买鸡的人。这时，一个邻居跑来对他说："快回家吧，你考中了举人，家里一屋子的人等着你呢！"范进哪里相信，只当是邻居拿他取笑，便装作没听见，低着头往前走。邻居见他不理，走上去就要抢他手里的鸡。范进说："你抢我的鸡干什么？你又不买。"邻居说："你中了举人，快回家吧，报喜的还等着要喜钱呢。"范进说："求求你了，这鸡可是救命的，我老娘还等我买米回去下锅呢。你拿我开心干什么？快回去吧，别耽误了我卖鸡。"邻居见他不信，一把抢过鸡就往他家跑，范进喊着追回家。

进门一看，墙上果然贴着大红喜报。他走近看了一遍，又念了一遍，两手一拍，大声笑道："啊，我中了！我中了！"两眼一翻，身子便往后倒下，昏了过去。他老娘赶忙叫人用凉水往他脸上喷。好不容易才醒了过来，但他仍旧拍着两手不停地笑道："我中了！我中了！"疯跑着出了大门。报喜的和邻居们都吓呆了。范进跑着跑着，一跤跌进池塘里，爬起来以后，头发也披散开了，一身的泥水，满脸满手的黄泥。他还是一个劲儿地疯跑，拍着手喊着"我中了"！谁也拉不住他。他可怜的老娘哭道："中了一个什么举人，就成了这副模样。"

范进考中了举人，可是他疯了。

（选自《儒林外史》。有删改）

练习

1. 根据课文内容回答问题。

（1）什么是秀才？什么是举人？什么是进士？

（2）范进是个什么样的人？他为什么疯了？

（3）范进和孔乙己都是科举制度的牺牲品，这两个人物哪些地方是一样的？哪些地方不一样？

2. 讲一讲范进中举的故事。

(二) 会话课文

老二分大碗茶

（新春佳节，记者采访了北京大碗茶商贸集团公司的总经理。）

记　者：总经理先生，咱北京人对大碗茶的感情可挺深的，听说你们公司要在春节期间，重摆"老二分大碗茶"，不知你们是怎么考虑的？现在买一根冰棍都得五毛一块了。

总经理：我们这个集团公司就是靠二分钱一碗的大碗茶起家的。本公司的名字就叫大碗茶，大碗茶是群众的需要。为了名副其实不忘本，也为了春节喜庆，我们继续摆出"老二分大碗茶"茶摊儿。

记　者：真的只收二分钱吗？二分钱还值钱吗？这样干不就赔本了吗？

总经理：一碗就收二分钱，这就叫"薄利多销"。只要多销，就能够本儿，还会赚点儿。十多年来，我们就是这么发展起来的。

记　者：现在贵公司还开设了闻名中外的老舍茶馆，还有大碗茶酒家，听说在深圳也有你们的商业大楼……

总经理：是的。这都是靠十多年来成千上万南来北往的顾客一碗碗地喝出来的。所以我们要继续发扬"老二分"精神……

记　者：外国人说顾客是上帝，你们——

总经理：我们说顾客是我们的衣食父母，如果没有顾客，就没有我们的今天。所以，我们要向这些衣食父母还情、报恩，这也是人之常情嘛。

记　者：我还想问一句，这二分钱一碗的茶，会是真正的茶吗？

总经理：当然是茶啦。这一点您放心，保证"货真价实"。二分钱也是钱啊，二分钱一碗的大碗茶喝起来也要热乎乎，有茶味儿、有茶色儿。

记　者：确实不错。不过，这和贵公司的老舍茶馆的价钱相比，可是一个天上，一个地下，相差十万八千里啦。

总经理：这就叫一分钱一分货啦。现在人民生活水平提高了，要求的标准也大不一样了。老舍茶馆比较高档一些，从某种意义上来说，它也是我们国家和首都的一个窗口。不少外国的总统、总理都光顾过老舍茶馆。

记　者：听说，为了弘扬咱们的茶文化和扶植民族艺术，老舍茶馆每周有三个下午为消费者举办"戏迷乐"活动。顾客可以在这里一边喝茶，一边欣赏京剧清唱和民族乐曲什么的。请问，参加这样的活动收费高吗？

总经理：每位只收5元茶水钱。

记　者：这样，一般顾客还都能接受。不过，我还是担心，你们会不会"虎头蛇尾"？比如，时间一长，赔了，是不是就收摊了？

总经理：您的担心不无道理。可做生意就得有赔有赚啊。何况，现在我们有了一个经济实力雄厚的集团公司，俗话说"堤内损失堤外补"嘛。还有一句名言，叫"赔本儿赚个吆喝"。什么叫吆喝？用今天的话说，就是广告嘛。

记　者：哈哈，"老二分大碗茶"茶摊儿，就是贵公司的一个活广告啊，您真不愧是中国式的企业家。

总经理：不敢，不敢。朋友们都说我是"坐板凳的总经理"。我每天都要到茶摊儿上去为顾客"沏茶倒水"呢。

（作者：崔悦民。有删改）

练习

1. 分角色进行对话练习，注意语音语调。

2. 根据课文内容回答问题。

（1）"老二分大碗茶"是什么意思？

（2）为什么要发扬"老二分"精神？

（3）课文里的"一个天上，一个地下"是什么意思？

（4）"戏迷乐"活动是怎么回事？

（5）为什么说"老二分大碗茶"是一个活广告？

3. 以记者或总经理的身份介绍一下"老二分大碗茶"。

(三) 听力课文

喝 茶

很多人来看我都爱问:"你有什么爱好?吃什么?喝什么?玩什么?可抽烟喝酒?"我回答,不抽烟,不喝酒,最喜欢的就是喝茶,也可以说这是我唯一的嗜好。我不喝冷饮,什么冷饮我都觉得比不上热茶。家里人和朋友、学生,夏天总爱让我吃冷食,我是坚决不吃。夏天用热毛巾擦汗,喝热茶,身上的热气、热汗很快就出来了,那才凉快呢。一位老专家特别赞成我喝热茶,并讲了很多科学道理。

我们演员大多不习惯喝冷饮,这和要保护嗓子有关系。

我的邻居里,有一位快90岁的老大夫,是北京有名的老中医。现在还骑车上下班,硬朗得很。他个子不高,精神十足,满面红光,说话声音响亮,是我的老观众。隔那么一阵,老先生就要爬上我的四层,来问问我的身体。别看快90了,出来进去就跟小伙子一样。我很感激他对我的照顾和关心。就是看他那么大年纪爬楼,很过意不去。可老先生说:"咱们是邻居,我应当来看看你。"

我问老先生怎么保养得这么好。老先生笑起来了,说:"我什么都吃,不挑食。米、面都喜欢。我是山东人,吃面食更多些。吃瘦肉、青菜……"我问:"您有什么嗜好吗?"他看着我毫不犹豫地说:"嗜好就是喝茶,夏天也喝热茶,不吃那些冷食冷饮。什么茶都喜欢,红茶、绿茶、花茶。有时睡觉前也喝浓茶,什么都不影响,照样睡得那么香。"

看来,我的喝茶习惯和这位中医老先生是一样的。

但我有一个外国朋友,她连生小孩、坐月子,都喝冰水。小孩生下来就喝冰箱里的牛奶,孩子大人也都很健康。人家有人家的习惯,也有人家的道理。不过,外国朋友也特别称赞、欣赏咱们的茶文化,对咱们的茶馆儿还特别感兴趣。一位古巴朋友说,茶对所有的人来说,似乎并不陌生,但茶馆儿对他们古巴人来说却是一个陌生的词。他到成都旅行时,亲眼看到处处有茶馆儿,马路边上、公园里头……老年人比较多,也有年轻人。人们在那儿一边喝茶,一边打扑克;一边喝茶,一边聊天。人们在茶馆里,一方面是为了喝茶,一方面也是为了交际,喝茶就是一种文化了。

每个民族、每个人都有自己的传统、自己的习惯。我的习惯是喝热茶,喝浓茶。但我也知道现在的冷饮品种很多,营养很丰富,爱喝冷饮的也应该保持自己的习惯。

朋友来了,我既有热茶,也有冷饮,任大家挑,想喝什么就喝什么。

(作者:新凤霞。有改动)

生词

1	十足	shízú	(形)	full, out-and-out	二
2	过意不去	guòyì bú qù		to feel sorry	附
3	保养	bǎoyǎng	(动)	to take good care of one's health	二
4	茶馆儿	cháguǎnr	(名)	teahouse	三

专有名词

古巴　　Gǔbā　　Cuba

练习

1. 听录音内容回答问题。

(1)"我"的唯一嗜好是什么?有什么道理?

(2)"我"喝茶的习惯与那位北京老中医一样不一样?举例说明。

(3)外国朋友和"我"的习惯有什么不同?"我"是不是认为外国人的习惯对健康不利?为什么?

(4)外国朋友对中国的茶文化是什么态度?

2. 听录音填空。

（1）我不喝_____，冷饮我都觉得_____热茶。

（2）夏天用_____擦汗，喝热茶，_____的热气、热汗很快就_____了，那_____凉快呢。

（3）我们演员_____不习惯喝冷饮，_____和要保护_____有关系。

（4）隔那么_____，老先生就要爬_____我的四层，_____问问我的身体。

（5）_____看他那么大年纪爬楼，很_____。

（6）他看着我，_____犹豫地说："_____就是喝茶，夏天_____喝热茶，不吃_____冷食冷饮。"

（7）_____睡觉前也喝_____，什么都不_____，_____睡得那么香。

（8）_____我有一个外国朋友，她_____生小孩子、坐月子，_____喝冰水。小孩生_____就喝冰箱里的牛奶，孩子大人也都很_____。

（9）_____古巴朋友说，茶_____所有的人_____，似乎并不_____，但_____对他们古巴人来说_____一个陌生的词。

（10）我也知道现在的冷饮_____很多，_____很丰富，爱喝冷饮的也应该_____自己的_____。

30 雷雨（节选）

(一) 阅读课文

征母启事

一家妇女杂志刊登了这样一个启事：丁勇，22岁，某中学教师，为报答父亲养育之恩，愿公开征母……

启事刊登之后，立即在社会上引起强烈震动。

丁勇的父亲丁怀民是小学教师。年轻时，因家里生活贫困，虽然相貌英俊，却找不到媳妇。一年春天，村里来了个讨饭的女人，经劝说，嫁给了丁怀民。第二年便生下儿子丁勇。不料，当丁勇刚刚学走路的时候，丁怀民的妻子忽然不见了。后来才知道，妻子原来有丈夫，还有两个孩子，当知道老家的日子已经好过时，心一横，便离开了丁家。丁怀民怕儿子有了后母受委屈，一直守着孩子没有再成家。

丁勇替父征婚并非一时冲动。他明白父亲就是为了自己才在孤独和寂寞中过了二十多年。现在他已经有了女朋友小金，一旦结婚，父亲更会感到孤单。丁怀民知道征母启事后，理解儿子的心意，并没说什么。

一天中午，一位瘸腿老人来到丁家。丁勇把老人让进屋里。老人对丁怀民说，本村有个叫花春芳的女人，几年前，这个女人的丈夫在一次交通事故中不幸去世。为了侍候瞎眼的婆婆和残疾的公公，她没有嫁人，带着个女儿过着艰难的生活。老人希望丁怀民不妨去见见这个女人。瘸腿老人走后，丁怀民心里不平静了。他是多么渴望有这样一位贤惠的妻子啊！

星期天，禁不住儿子的劝说，丁怀民骑上自行车，来到花春芳的家。院门没关，里面一个老头正低头干活，丁怀民向老人招呼了一声。老人抬起头来，

30 雷雨（节选）

丁怀民不禁一愣：这不是到自己家来过的那个瘸腿老人吗？

老人赶忙走过来，对丁怀民说，他没把这事告诉儿媳妇，怕她不同意，让他跟儿媳妇先聊聊天。两个人正说着话，一个中年女人背着一袋米走进院子。按着老人的吩咐，丁怀民说自己是路过这里找水喝的。于是，三个人坐下聊起了家常。丁怀民心想：自己果然遇见了一个有情有义的好女人。

可是两天后村里的红娘去说时，却遭到花春芳的拒绝。

其实，花春芳未尝不想找个男人，对丁怀民印象也不错，只是考虑自己一走，待自己如同亲生女儿的公婆怎么办呢？

丁怀民饭吃得少了，觉睡不香了。丁勇看在眼里，急在心里，便把这事告诉了未婚妻小金。小金想了想便对丁怀民说："咱们要是把花春芳的公婆也一起接过来，她不就没牵挂了吗？"话一出口，丁家父子愣了好半天，他们没想到小金是如此开通。

花春芳知道了丁家的态度后，终于答应了这门婚事。就在十月一日这天，丁家在一片欢笑声中迎来了花春芳一家三代。

（作者：刘郎。有删改）

练习

1. 根据课文内容判断正误，并说明理由。

（　　）（1）丁勇经父亲同意后在杂志上刊登了征母启事。

（　　）（2）丁勇的父亲丁怀民年轻时因家里贫穷，所以找不到媳妇。

（　　）（3）到村里来讨饭的那个女人恰好没结婚，便嫁给了丁怀民。

（　　）（4）妻子走后，丁怀民为了儿子，一直没结婚。

（　　）（5）丁勇担心自己结婚后，父亲更会感到孤单，所以想出了征母的办法。

（　　）（6）瘸腿老人瞒着女儿花春芳来到丁怀民的家。

（　　）（7）瘸腿老人走后，丁怀民毫不犹豫地去找花春芳。

（　　）（8）通过跟花春芳聊天，丁怀民觉得花春芳确实是个好女人。

（　　）（9）回村后，丁怀民请一个叫红娘的人去提亲，却遭到花春芳的拒绝。

（　　）（10）花春芳不同意嫁给丁怀民的原因是因为嫌丁怀民家穷。

（　　）（11）多亏了丁勇的未婚妻小金思想开通，花春芳才答应嫁给丁怀民。

2. 根据课文内容回答问题。

（1）丁怀民是在怎样的情况下跟讨饭女人结婚的？

（2）丁勇为什么要刊登征母启事？

（3）花春芳的公公为什么瞒着花春芳去找丁怀民？

（4）花春芳为什么终于答应了嫁给丁怀民？

（二）会话课文

人是衣裳马是鞍

（在时装店橱窗前，许老师和三十多年前教过的学生裴安妮偶然相遇。）

裴安妮：（一个劲儿打量许老师）您是许老师吧？

许老师：你……你是——

裴安妮：我是裴安妮。我1974年来中国学习汉语，那时您教我报刊阅读……

许老师：噢，想起来了，怪不得那么面熟呢！你是来——

裴安妮：我是来中国办事的。许老师，您是来买衣服的吧？

许老师：对。哎，你怎么知道我是来买衣服的？

裴安妮：看看您的穿戴就知道您多半是来买衣裳的。再说，您不是正要进时装店吗？

许老师：今天是星期日，我没什么事，就想到服装店转转，有合适的衣服买两件。

裴安妮：许老师，您现在的打扮可比三十多年前漂亮多了。我记得那时中国人的衣服颜色大都是黑、白、绿、蓝、灰几种，连姑娘们的衣服都很少有鲜艳的。现在可是大变样了，什么款式、花色的都有，西装呀，牛仔裤呀，T恤衫呀，还有不少人穿名牌，真漂亮！

许老师：时代不同了。那时人们穿衣服朴素是最重要的，"奇装异服"可不行。这既有经济原因，也有观念问题。改革开放后，生活富裕了，观念更新了，穿衣服也自然讲究起来。

裴安妮："人是衣裳马是鞍"嘛，在我们国家，中老年人比青年人更注重穿衣、打扮。

许老师：现在中国的中老年人也越来越讲究。中老年人穿戴、打扮得漂亮一些，就显得年轻，要不就显得老态龙钟。不过在穿着上还是青年人更讲究。就拿我女儿来说吧，她几乎是非名牌不穿。她说名牌虽说比较贵，可是质量好、样式新。我儿子也爱买名牌，他说人家穿高档服装，自己不穿，就好像比人家矮了半截。

裴安妮：这就是一种观念。有的人认为，服装显示一个人的地位、身份。

许老师：有些高档时装店专门经销名牌服装，价格低则数百元，高则数千，甚至上万元。就这样，也有不少人买。

裴安妮：所以服装店里的顾客总是那么多。

许老师：当然也有很多青年人爱买价钱便宜的普通服装，什么夹克衫呀，运动服呀，各种休闲装呀，文化衫呀，品种很多。

裴安妮：这就是俗话说的"萝卜白菜，各有所爱"。

许老师：如果收入不算高，就不可能总买名牌。就是收入很高，有些青年人也不买名牌。我们邻居的一个小伙子就说：穿衣服，也就图个新鲜，多买几件衣裳，轮换着穿，不喜欢穿了就扔。

裴安妮：他是把合算、实用放在了首位。（看了一下表）许老师，不耽误您买衣服了，再见！

许老师：再见！

练习

1. 分角色进行对话练习，注意语音语调。

2. 根据课文内容回答问题。

   （1）三十多年前和现在相比，中国人在穿衣服上有哪些变化？为什么会发生这么大的变化？

   （2）中国的青年人在穿衣服上观念一样吗？有什么不同？

3. 用第三人称概括地谈谈中国人在穿衣服上的变化（200字左右）。

（三）听力课文

三十年后的寻找

3月2日这天，是罗光明35岁生日，他做梦也没想到，这天他找到了失散三十多年的亲生母亲，实现了多年的愿望。

这天下午四点多钟，小罗在自己办的公司忙了一天，心想，今天是自己的生日，没什么事，就早点回家了。真巧，刚到家，电话铃就响了。他抓起电话，里面传来一位中年妇女的声音："请问，罗光明在家吗？"

"我就是。您是哪位？"

"我是派出所的夏春英。告诉你一个好消息，你母亲找到了！"

"真的？"

小罗简直不敢相信自己的耳朵。他激动、兴奋，眼泪差点儿流出来。

"她在哪儿呢？身体好吗？现在生活怎么样？……"他一连提出一串儿问题。

"她在房山，身体很健康，生活也很好。"老夏对他的询问一一作了回答，这才使小罗的心情略微平静一些。

这事还得从2月13日青年报上刊登的那篇文章说起。那篇文章是老夏写的,她为台湾的一位老先生找到了失散46年的女儿。看了这篇报道,小罗不由得想起了自己的童年。他三岁时父母离婚,他由父亲抚养。父亲在外地工作,他就一直生活在奶奶身边。后来奶奶和父亲相继去世,他无依无靠,非常想念母亲。他曾多次寻找,到过母亲工作过的单位,去过母亲待过的工厂,甚至到公安部门查过户口资料,可都没有找到。

这次老夏收到他寻找母亲的信后,查阅了大量资料,去过很多单位,终于找到了小罗的母亲。为了准确,在通知小罗之前,老夏还专门来到小罗母亲的家。当老夏告诉老人亲生儿子在找她时,她哭着说:"在这孩子上幼儿园和小学的时候,我曾多次去看他,可他总是躲避我,不愿意见我,后来就断了来往。没想到这一断就是三十年啊……"

母亲找到了,小罗恨不得立刻飞到她身边。第二天上午,他开车直奔房山母亲的家。听到院子里儿子的喊声,母亲流着泪快步迎出来。小罗见到满头白发的母亲,喊着"妈妈",扑到母亲的怀里……

(作者:李君。有删改)

生 词

1	失散	shīsàn	(动)	to be seperated from and lose touch with each other
2	抚养	fǔyǎng	(动)	to raise, to bring up
3	迎	yíng	(动)	to move towards, to greet, to welcome

专有名词

1	罗光明	Luó Guāngmíng	name of a person
2	夏春英	Xià Chūnyīng	name of a person
3	房山	Fángshān	Fangshan, a district in the southwest of Beijing
4	台湾	Táiwān	Taiwan

练习

1. 根据录音内容,用自己的话完成下列语段。

（1）罗光明35岁生日这天,_____,真巧,_____,简直_____。

（2）小罗看过老夏发表在青年报上的文章后_____。_____,相继去世。_____没找到。

（3）老夏为了帮助小罗寻找母亲_____,终于_____,并专门_____。

（4）母亲找到了,小罗_____。第二天上午_____。

2. 听录音判断正误,并说明理由。

（　）（1）罗光明生日那天,老夏打电话告诉他,母亲找到了。

（　）（2）罗光明知道母亲的下落后,心情格外激动。

（　）（3）老夏帮助一位台湾妇女找到了失散多年的母亲。

（　）（4）父母离婚后,小罗一直由爷爷奶奶抚养。

（　）（5）小罗曾多次寻找过母亲,但没有找到。

（　）（6）小罗上幼儿园时常常见到母亲。

词语总表

B				
棒	bàng	（名）		17
宝贝	bǎobèi	（名）	二	19
保姆	bǎomǔ	（名）	三	21
保养	bǎoyǎng	（动）	二	29
彼此	bǐcǐ	（代）	二	23
标本	biāoběn	（名）	三	19
补贴	bǔtiē	（动、名）	二	22
不顾	búgù	（动）	二	17
不约而同	bù yuē ér tóng		附	27
C				
惭愧	cánkuì	（形）	三	16
插话	chā huà	（动）		27
茶馆儿	cháguǎnr	（名）	三	29
秤	chèng	（名）	附	26
匆忙	cōngmáng	（形）	三	19
葱	cōng	（名）	三	26
D				
沓	dá	（量）		22
大师	dàshī	（名）	二	22
大有可为	dà yǒu kě wéi		附	18
单薄	dānbó	（形）	附	22
悼念	dàoniàn	（动）	三	22
地道	dìdao	（形）	三	18
多半	duōbàn	（副）	二	19
F				
非	fēi	（动）		28
孵化	fūhuà	（动）	附	28
辐射	fúshè	（动）	三	18
抚养	fǔyǎng	（动）	三	30
腐败	fǔbài	（形）	二	18
G				
稿费	gǎofèi	（名）		22
国籍	guójí	（名）	二	18
国学	guóxué	（名）	附	22
过意不去	guòyì bú qù		附	29
H				
含糊	hánhu	（形）	附	26
航班	hángbān	（名）	二	27
合伙	héhuǒ	（动）	三	25
核	hé	（名）	三	18
吼	hǒu	（动）	三	17
化石	huàshí	（名）	二	19
汇款单	huìkuǎndān	（名）		21
获奖	huò jiǎng	（动）	二	18
J				
机长	jīzhǎng	（名）		27
监视	jiānshì	（动）	三	25
奖励	jiǎnglì	（动）	二	21
截	jié	（动）	三	25
警惕	jǐngtì	（动）	三	18
境界	jìngjiè	（名）	三	27
居民	jūmín	（名）	二	16
K				
裤子	kùzi	（名）	二	22
L				
恋恋不舍	liànliàn bù shě		附	24
流泪	liú lèi		三	22

105

M

忙碌	mánglù	（形）	三	19
猫头鹰	māotóuyīng	（名）		24
眉头	méitóu	（名）		23
棉衣	miányī	（名）		22
棉花	miánhua	（名）	三	22
默念	mòniàn	（动）		23
母校	mǔxiào	（名）		19

P

趴	pā	（动）	三	17

Q

亲人	qīnrén	（名）	一③	22
芹菜	qíncài	（名）		26
清贫	qīngpín	（形）		22
清晰	qīngxī	（形）	三	23
去世	qùshì	（动）	一③	22
拳头	quántou	（名）	三	17

R

人性	rénxìng	（名）	三	24

S

撒谎	sā huǎng	（动）	三	22
珊瑚	shānhú	（名）		19
伤口	shāngkǒu	（名）	二	24
审查	shěnchá	（动）	二	25
生物角	shēngwùjiǎo	（名）		19
失散	shīsàn	（动）		30
十足	shízú	（形）	二	29
实习	shíxí	（动）	一②	19
俗语	súyǔ	（名）	附	18

T

腾	téng	（动）	三	16

W

为	wéi	（动）	一③	28
委员	wěiyuán	（名）	三	18
文凭	wénpíng	（名）	三	19
乌鸦	wūyā	（名）		20
无比	wúbǐ	（动）	二	23
无限	wúxiàn	（形）	二	28
误解	wùjiě	（动）	二	24

X

现状	xiànzhuàng	（名）	二	23
孝顺	xiàoshun	（动）	附	21
芯片	xīnpiàn	（名）	三	23
辛勤	xīnqín	（形）	三	19
血统	xuètǒng	（名）		18

Y

药水	yàoshuǐ	（名）	一③	24
仪式	yíshì	（名）	二	24
迎	yíng	（动）	三	30
永别	yǒngbié	（动）		23
有限	yǒuxiàn	（形）	二	28
圆珠笔芯	yuánzhūbǐxīn	（名）		19

Z

葬礼	zànglǐ	（名）	附	21
招手	zhāo shǒu	（动）	一③	25
正规	zhèngguī	（形）	二	19
之	zhī	（代）	三	28
指甲	zhǐjia	（名）	二	23
终身	zhōngshēn	（名）	二	18
周游	zhōuyóu	（动）		20
皱	zhòu	（动）	三	23
嘱咐	zhǔfu	（动）	三	22
租	zū	（动）	一②	16

专有名词

北京大学	Běijīng Dàxué	22
布鲁克林	Bùlǔkèlín	18
《春蚕》	《Chūn Cán》	18
邓丽君	Dèng Lìjūn	23
董作宾	Dǒng Zuòbīn	22
房山	Fángshān	30
傅斯年	Fù Sīnián	22
古巴	Gǔbā	29
《家》	《Jiā》	18
景阳冈	Jǐngyáng Gāng	17
兰兰	Lánlan	21
《林海雪原》	《Línhǎi Xuěyuán》	18
玲玲	Língling	21
罗光明	Luó Guāngmíng	30
纽约	Niǔyuē	18
沙博理	Shā Bólǐ	18
山东	Shāndōng	17
《水浒传》	《Shuǐhǔ Zhuàn》	17
苏格拉底	Sūgélādǐ	28
台湾	Táiwān	30
台湾大学	Táiwān Dàxué	22
武松	Wǔ Sōng	17
希腊	Xīlà	28
夏春英	Xià Chūnyīng	30
《小城故事》	《Xiǎo Chéng Gùshi》	23
小力	Xiǎolì	26
小平	Xiǎopíng	21
中国政协	Zhōngguó Zhèngxié	18

语言游戏答案

第18课 "入境问禁"、"入国问俗"、"入乡随俗"

第24课 早（枣）离（梨）江（姜）西（西瓜）

第25课 墙上的钟既然不是电子钟，已经一个月了，应该停止走动。老王和小李进屋时钟却正常地走着，又没别人来过，肯定是胖子自己上了弦它才走的。可见胖子说的是谎话，报的是假案。

第26课 谜语故事答案：双手

第29课 扇子

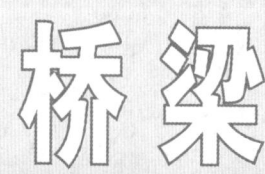

BRIDGE 实用汉语中级教程（下）
A PRACTICAL INTERMEDIATE CHINESE COURSE (II)

主　编　陈　灼

副主编　王世生

编　者　（按姓氏笔画）

　　　　王世生　左珊丹　沈志钧　陈　灼

　　　　舒春凌

英文翻译　曾宪宇

北语对外汉语精版教材
BLCU CHOICE TEXTBOOKS

桥梁

陈灼 主编

第三版 | Third Edition

实用汉语中级教程（下）

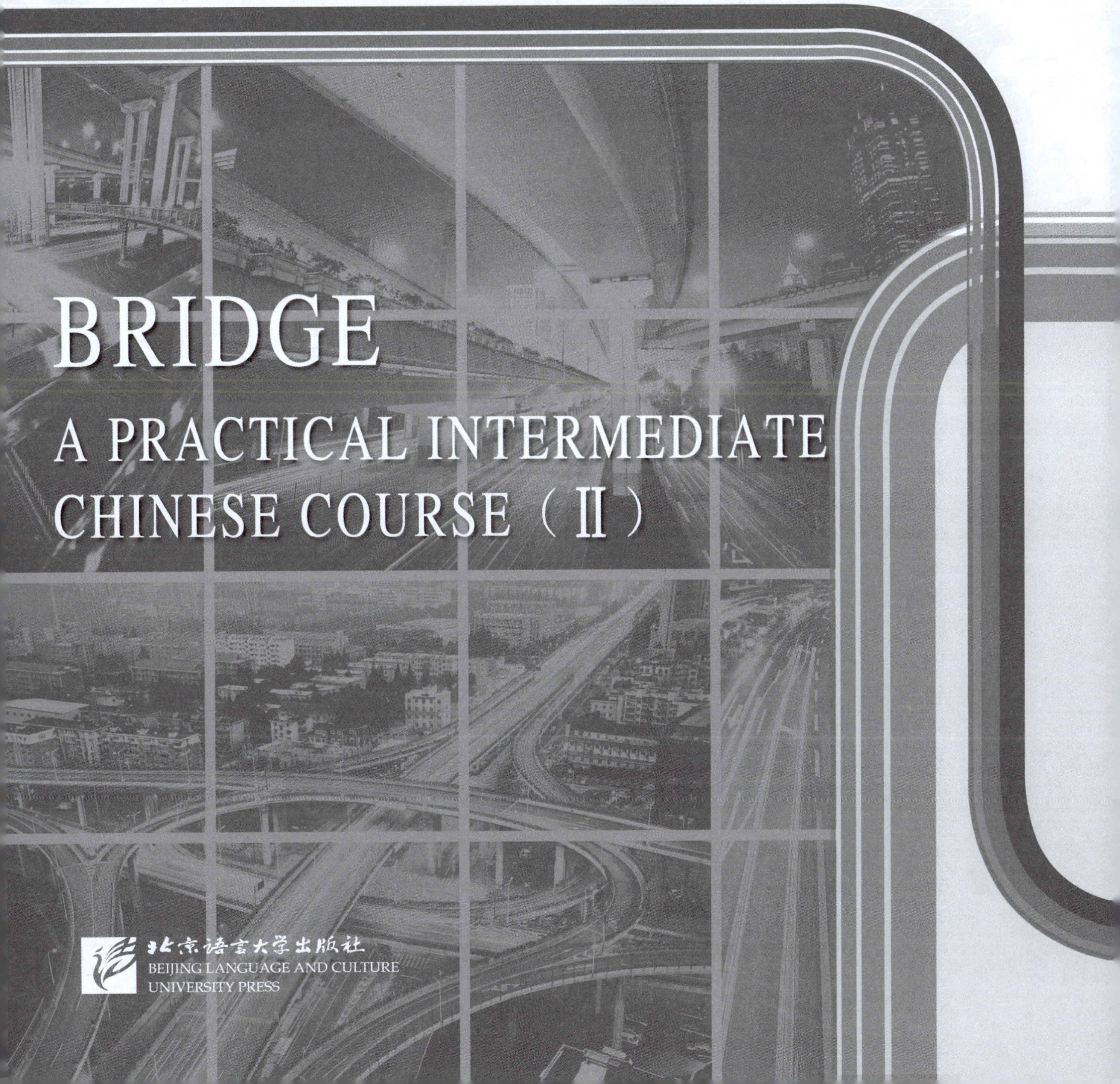

BRIDGE
A PRACTICAL INTERMEDIATE CHINESE COURSE（II）

北京语言大学出版社
BEIJING LANGUAGE AND CULTURE UNIVERSITY PRESS

图书在版编目（CIP）数据

桥梁：实用汉语中级教程. 下册 / 陈灼主编. — 3 版
（修订本）. — 北京：北京语言大学出版社，2012.12（2025.8重印）
ISBN 978-7-5619-3434-0

Ⅰ.①桥… Ⅱ.①陈… Ⅲ.①汉语—对外汉语教学—教材 Ⅳ.①H195.4

中国版本图书馆 CIP 数据核字（2012）第 310175 号

书　　名：	桥梁：实用汉语中级教程（下） QIAOLIANG: SHIYONG HANYU ZHONGJI JIAOCHENG (XIA)
责任印制：	邝　天
出版发行：	北京语言大学出版社
社　　址：	北京市海淀区学院路 15 号　　邮政编码：100083
网　　址：	www.blcup.com
编 辑 部：	8610-8230 3647/3592/3395
国内发行：	8610-8230 3650/3591/3648
海外发行：	8610-8230 0309/3365/3080
读者服务部：	8610-8230 3653/3908
网上订购：	8610-8230 3653（国内）/ 3668（海外）service@blcup.com
印　　刷：	河北赛文印刷有限公司
经　　销：	全国新华书店
版　　次：	2012 年 12 月第 3 版　　2025 年 8 月第 7 次印刷
开　　本：	889 毫米 ×1194 毫米　1/16　　印张：26
字　　数：	457 千字
书　　号：	ISBN 978-7-5619-3434-0 / H·12224
定　　价：	82.00 元（含课本、扩展学习手册）

凡有印装质量问题，本社负责调换。电话：010-82303590

出版说明

《桥梁——实用汉语中级教程》(上、下)(以下简称《桥梁》)1996年出版第一版,2000年进行修订、出版第二版,至今已有十几年的时间。十几年来,《桥梁》以其编排的科学性、实用性,成为国内对外汉语课堂上广为使用的一套中级汉语主干教材,同时也走进了新疆少数民族地区和国外的汉语课堂。作为我社的精品教材,自出版至今,《桥梁》发行量已逾18万套,为18万人搭起了通往高级汉语和中国文化的"桥梁"!

随着社会的发展,教材中的某些内容及包装形式已显过时,在对使用者广泛调研的基础上,我们启动了第三版的修订工作。编者对过时内容进行了修订,用适合当下话题的内容更换了过时的课文和相关内容;针对原版的主、副课文的使用情况,调整教材的体例,将原来的上、下册各一分为二:课本和扩展学习手册,以便于师生灵活选择使用和携带;重新进行设计包装,新的版面美观、清晰,录音MP3随书包装,更方便使用。

第三版《桥梁》进行了大幅度的修订,我们希望将一个保留了原版特色、优势,同时又崭新、亮丽的《桥梁》呈现给广大师生,愿它为更多的学习者架起汉语学习的桥梁,架起联通世界与中国的桥梁!

北京语言大学出版社

2012年8月

第三版修订说明

《桥梁——实用汉语中级教程》(以下简称《桥梁》)于1996年由北京语言大学出版社出版第一版,距今已有16年之久。这期间,世界和我国的社会生活发生了巨大变化,对外汉语教育事业更有了长足的发展。为适应发展变化的形势,并受北京语言大学出版社之邀,我们对《桥梁》进行了本次修订。

为了保持《桥梁》的特色、优势以及稳定性,修订版的编写理念、原则、指导思想不变(请参阅第一版的"编写说明"),与此同时,对基本框架做了部分调整。主要有以下几点:

一、调整、撤换了部分课文

随着社会的发展,有些课文的内容略显过时,因此,我们将其中的7篇删去,增加7篇适合当下话题的新课文及语法、词汇、练习等相关内容。

二、调整体例

修订版《桥梁》仍分上、下册,30篇课文总数不变,但在形式、体例上有所调整:将上、下册各分为"课本"和"扩展学习手册"两部分。

● 1. 课本

"课本"包括课文、生词、词语搭配与扩展、语法例释及与课文相关的练习及交际性综合练习,是课堂教学的主要内容。

● 2. 扩展学习手册

原版中的阅读课文、会话课文、听力课文及相关练习,构成"扩展学习手册",教师可根据教学实际选择使用。

这种体例的调整,一方面是为了使课堂学习重点突出,另一方面,可以更灵活机动地实施当初设置副课文的目的——引导学生在学习完正课文的内容,并对其所列的词汇、语法结构等项目进行理解、操练后,进一步围绕限定的结构、功能、文化等项目进行听说读写的扩展练习与综合训练。因此,扩展学习手册是对主要学习内容的重现、补充、拓展和深化,它提供的语言环境、创造的语言氛围,是一种语言学习的熏陶,利于学生"习得"语言。

三、重新标注词汇等级

在"加强科学性、系统性"方面,修订版《桥梁》汲取最新科研成果,以《汉语国际教育用音节汉字词汇等级划分》（中华人民共和国教育部、国家文字委员会发布，北京语言大学出版社2010年10月出版）为重要依据和参照，控制生词量和教材的难易度，确定词汇、语法的讲练重点。根据统计，一级（初级）词汇占9.1%，二级（中级）词汇占28.7%，三级（高级）词汇占27.2%，附录词汇占5%，生词上纲率为70%。

四、努力处理好结构、功能、文化三者的结合

在文化教学方面，更加注重传统文化的介绍，如增加了儒家文化以及汉字文化（"网"、"和"、"名"等）的内容。同时，也注重关注当下话题，如博客、手机、低碳等。

五、加强练习

根据多方面调查以及专家、同行的意见，增减了部分练习方式。为方便教师和学生使用，上下册将各配练习册一册，课本中练习的答案将附在练习册书后。

《桥梁》的此次修订，北京语言大学出版社在各方面给予了大力支持。刘珣教授结合教学实践，给教材提出了宝贵意见，责任编辑刘艳芬对修订版的框架设计提出了建设性意见，并付出了辛勤的劳动。在此，我们一并致以谢意！

关于教材中所采用文章，我们已设法征得大多数作者的同意，但由于诸多原因，仍有个别作者未能取得联系，我们除表示歉意和感谢外，还希望原文章作者能与我们联系，以便商议支付使用费等事宜。

编　者

2012年端午

第一版编写说明

《桥梁——实用汉语中级教程》是为学习汉语言专业二年级的留学生编写的,是"中级汉语"主干课的教材,被列为国家汉办规划教材。也可供学完现代汉语基本语法并已掌握2500个左右汉语词的其他汉语学习者使用。

一、编写原则

1. 注意交际性原则

本教材从主课文的选篇、副课文的匹配,到练习题的设计,都是以培养学习者的交际能力为目标,结合功能、文化项目,围绕教育、职业、婚姻家庭、经济、法律、道德、文化、交通、健康、环境等10个题材范围进行编写的。

本教材的构思、总体框架设计,吸取了功能教学法圆周式安排教学内容的精神,但在编写过程中,考虑到教材整体的纵横关系和难易程度,根据学习者需求和教学实际,有的题材循环了两次,有的循环了三次(小循环四到五次)。

2. 加强科学性和系统性

(1)汲取最新科研成果。本教材以《汉语水平词汇与汉字等级大纲》(国家对外汉语教学领导小组办公室汉语水平考试部编,北京语言学院出版社出版,1992年)、《汉语水平等级标准和等级大纲》(试行)(中国对外汉语教学学会汉语水平等级标准研究小组编,北京语言学院出版社出版,1988年)和《中高级对外汉语教学等级大纲》(孙瑞珍主编,北京大学出版社出版,1995年)为重要依据和参照,控制生词量和难易程度。

(2)紧扣上述三个大纲筛选词汇和语法的讲练重点。以丙级词汇和语法项目为主,有目的有计划地重现、扩展、深化部分甲、乙级词汇和语法项目的内容,并根据话题范围,吸收一定比例的丁级词、超纲词和相关的语法点进入训练系统。

(3)力求提高重现率。重现是第二语言教学的重要原则。本教材对重点讲练词汇、结构、常用句式、功能项目以及话题内容等,都根据交际训练的需要,安排了多个方面、多种类型的重现,并贯穿于教程的始终。

二、内容构成与教学建议

1. 内容构成

本教材分上下两册,共30课。每册书后附有生词总表。

每课书由正课文、生词、词语搭配与扩展、语法例释、副课文、练习六部分组成。

（1）正课文　在力求题材广泛、体裁多样的同时，注意到时代感与稳定性的统一，科学性与趣味性的有机结合，中外文化的对比与交流。

（2）生词　注有词性、汉语拼音、词汇等级；并配有英文翻译。

（3）词语搭配与扩展　根据词汇的词性、义项的不同，设置了不同的搭配框架，以帮助学习者掌握汉语词汇的搭配规律的特点。

（4）语法例释　语法内容的编排，以教学要求和学习者的难点为出发点，兼顾语法体系和语言知识的系统完整，注重实用性和针对性。讲练的语法内容，根据课文的需要以"点"的形式出现。对于较难较复杂的语法项目，采取化整为零、细水长流的方式，分别解决。例如，"把"字句（1）、（2）、（3），"被动句"（1）、（2）、（3）、（4），等等。

（5）副课文　副课文是对正课文的重现、补充、阐述、拓宽和深化。每课都配有阅读、会话、听力副课文各一篇。目的是便于直接围绕限定的结构与功能、文化项目进行听说读写的综合训练。使用时一定要有别于听力、口语、阅读的单项技能训练课。例如，本教材的听力课文配有录音，主要是为学习者课下"听"而设计的。教师可通过让学生"写"或课上回答问题，检查"听"的效果。

（6）练习　语言能力、语言交际能力是通过操练、实践获得的。为此，我们在练习的模式设计上，注意了启发性、交际性的原则，采用了一些汉语水平考试的题型。练习内容分为三类：一类是理解性、记忆性的机械性训练；一类是半机械性、半交际性训练；第三类是交际性训练。机械性训练是前提、基础；交际性训练是练习系统的核心，是沟通课堂教学与真实交际的桥梁。本教材中，每篇课文所设计的交际训练，都是从示例、提示的作用出发，以期引发学生结合现实生活进行活用，从而顺利地到达自由交际的彼岸。

● 2. 教学建议

一般的进度，一周（6课时）一课书；较长的课文，三周学习两课。上下两册一学年学完。本教材内容信息量大，覆盖面广，具有一定的弹性，便于使用者根据教学实际灵活掌握。本书配有录音，为自学者提供了方便。

三、祝你成功

《桥梁》的作用在于过渡、沟通。本教材为学习者架起了一座从基础阶段过渡到高级阶段的桥梁。我们希望它能帮助你克服重重困难，达到理想的目标。我们也希望本教材在沟通中国与世界的交流方面起到一点作用。祝你成功！

本教材继承、吸收了众多汉语中级教材，特别是《中级汉语教程》（北京语言学院出版社，1987年）的长处和经验，同时，我们在第二语言教学理论、框架设计、选材、训练体系等方面进行了新的探索，做出了努力。但由于水平、时间所限，肯定会有需要探讨和进一步提高、完善之处，欢迎使用本书的教师、读者批评指正。

在本书编写和出版过程中，曾得到国家汉办，北京语言学院，北京语言学院汉语学院、文化学院和北京语言学院出版社等各级领导及同行们的大力支持和热情帮助。中级汉语教研室的老师们积极试讲、研讨。系领导王晓澎副教授、孙德金老师也提出了很好的意见和建议，并给予我们极大的鼓励。鲁健骥教授（前出版社社长兼总编辑）在审稿过程中，对"词语搭配与扩展"等项提出了宝贵的修改意见。李杨教授自始至终关心本书的编写，并对部分初稿提出过宝贵的意见。在此，我们一并致以衷心的谢意。

本教材的课文大多选自报刊或电视广播，根据教学需要，对原文进行了删改，并在文后注上作者的姓名。关于版权，我们已设法征得了绝大多数作者的同意。但其中部分文章或段落，由于诸多原因，如转载转录、作者不详，我们未能与作者取得联系，在此表示歉意和感谢。

编　者

1995 年初夏

第一版序

陈灼老师把她为外国人主编的中级汉语教程命名为《桥梁》，其用意在于为学习者架起一座从基础阶段过渡到高级阶段的桥梁。

外国人学习汉语，入门也许不难，越学越觉得不容易却是常有的事。学习者在基础阶段掌握了不少语法规则，进入中级阶段，随着所学词汇量的增长，说出或写出的句子，却时常出错，表达不当也多有发生，这些很令学习者茫然。这是因为随着词汇增多，句式也变得细密繁难，语境更复杂，语言得体性要求也随之提高。加之民族心理、社会背景，以及文化传统诸多因素的渗入，语言学习出现了爬坡现象。这似乎是学习任何一种第二语言，在向中级阶段迈进时，或多或少总会遇到的麻烦。

因此，外国学生在掌握了约2500个生词之后，如何进一步提高语言水平，着重从哪些方面进行训练，才能克服进入中级阶段所遇到的学习困难，避免陷入困境，不断地提高交际能力，一直是对外汉语教学界教材编写和课堂教学所着意要解决的问题。《桥梁》一书的编者深入钻研了第二语言习得理论，探讨学习者的学习规律，在教材的框架设计、选材目光、训练体系等方面进行了有益的探索，使新编的教材耳目一新。

目前，我国的对外汉语教材面对学习者的严格选择和教材之间的存优汰劣，竞争不能说不激烈，要推陈出新，受到使用者的欢迎，也须绞尽脑汁，颇费思索。我以为《桥梁》一书在以下几点颇出新意：

一、教材采用主课文匹配副课文的办法，每一课有阅读、会话、听力副课文各一篇，以此直接围绕教材所限定的结构、功能及文化项目进行听、说、读、写的综合训练。一本教材的得失优劣，能否受到学习者的欢迎，主课文是至关重要的一项。课文内容应新鲜有趣，有文化内涵，适合成年人的口味，符合学习者的文化品位。语言应该是规范的，但不是学院式的语言或人造语言，应尽量做到准确、生动、实用。切忌内容幼稚，语言干瘪，故作幽默，博取噱头。本教材在这方面做出了努力。

二、教材所出词汇及语法以《大纲》的丙级词汇和语法项目为主，并根据选题范围，吸收一定比例的丁级词，甚至大纲以外的词和语法现象进入训练系统。这样灵活处理，有所本，但又不拘泥，着眼点正在于培养学习者的交际能力，使课文的编写不至于因词汇与语法的局限，而干涩，而拗口，而影响交际。

三、在基础阶段学习者虽掌握了汉语的基本句型，但对句式内部成分的隐层语义关系并不十分了然。他们不知道词语的不同义项所具有的不同的语法功能，以及由此带来的不同的搭配。教材中"词语搭配与扩展"一项正是据此而设计的。在语法例释一项，注重词的用法，根据课文需要以"点"的形式出现。"点"分三种：体系型语法点（属传统语法体系内容）、自主型语法点（虚词及难于把握的词的用法）、格式型语法点（常用格式的用法）。这样安排也是针对中级汉语学习者的需要，体现了语义语法的特点，是很讲究实用的。

四、练习拉开层次，有助于学习者掌握语言，提高交际能力，特别是篇章表达能力。从理解记忆性的练习，到半机械半交际性的练习，到交际性练习。练习的编排是体现编者匠心的，当然也加大了编写难度。一部教材能否使学习者达到编者所预期的学习目标，练习是重要的保证。练习的量、练习内容的覆盖面、练习项目的设计安排、练习方式的多样化，既能检验教学者，又可检查学习者。如果练习做完了，做对了，学习者就基本掌握了本课的学习内容，这应该说是一份好的练习。本书编者在这方面做出了努力。

"由行家编写教材"，是第二语言教学中应该恪守的一条不成文的规定，因为他们既有丰富的教学经验，又有编写教材的理论素养和文字能力。《桥梁》一书的编者们都是长期从事对外汉语教学，特别是中、高级汉语教学的有经验的教师，他们了解中级阶段学生学习的难点，懂得对症下药。他们吸取众多中级汉语教材的优点与长处，扬长避短，突出自己的特色，使这部中级汉语教材得以问世。编写一部好的对外汉语教材，所付出的辛劳，个中的甘苦，局外人是难以了解的。至于教材编成后到底好用不好用，应该由使用者去评说。我相信，这部教材会成为一座真正的桥梁，在基础汉语和高级汉语之间，起到应起的过渡与沟通作用。我相信这是一座坚固、平稳、通畅的桥梁。

赵金铭
1996.4.10

目　录

16	公文包丢失之后				1
	课文	生词	词语搭配与扩展	语法例释	练习
			委托|保管|刊登|履行|辩论|违背|真实|主动|维护	并|由……而……|因而|以……为……|则|本来|反而|固然	

17	地球的主人				16
	课文	生词	词语搭配与扩展	语法例释	练习
			面临|资格|差别|思考|报复|恐怖|折磨|维持	至于|自(从)……以来|如果……那么……就……|被动句（被₄）|总之|这样一来|只有……才	

18	老外房客				29
	课文	生词	词语搭配与扩展	语法例释	练习
			自愿|指引|罚|培养|持续|理念|相处	沉不住气|……出来（出来₂）|……起来（起来₃）|一……一……|于|按|偶尔|一……就……	

19	健忘的教授				46
	课文	生词	词语搭配与扩展	语法例释	练习
			惊人|征服|提醒|吸引|纷纷|转播|公平|抗议|对照|评价	由于|否则|不瞒……说|除非|一个劲儿|……上去|不禁	

20	三个母亲				63
	课文	生词	词语搭配与扩展	语法例释	练习
			温和|价值|意识|欺负|盲目|信仰|伤害|埋怨	专门|以便|不曾|东……西……|眼看|舍不得|一会儿……一会儿……|……来……去	

I

21	课文	生词	词语搭配与扩展	语法例释	练习
	整容				80
			别扭|耐心|反驳|疑惑|抱怨|惦记|气氛|渴望|奇迹	只……就……|何况|比得过|依然|暗暗|……长……短|一度|以及	

22	课文	生词	词语搭配与扩展	语法例释	练习
	童年读书梦				97
			投机|安装|代价|投入|遭遇|沉重|打击	实际上|迟早|那时候|既……更……|把……出来(把$_3$)|把……看成……(把$_4$)|谈不上|不知……(才)好	

23	课文	生词	词语搭配与扩展	语法例释	练习
	爱恨交加话手机				115
			答复|请示|储存|聚会|得罪|当面|汇报	索性|不管|而已|一概|碰钉子|尽快|无论|明明	

24	课文	生词	词语搭配与扩展	语法例释	练习
	重读西藏				133
			考验|体验|警惕|传染|预防|祝愿|消除|缓和	打招呼|之所以……是因为……|忽……忽……|距|赶忙|一口气|好在|要不然	

25	课文	生词	词语搭配与扩展	语法例释	练习
	远离吸毒				151
			赞扬|伺候|尝试|戒|注射|贿赂|采访|损害|丧失	虽说|有……有……|无论如何|好容易|不时|再三|有时……有时……|被动句(被$_5$)|恰好	

26	价值					168
	课文	生词	词语搭配与扩展	语法例释		练习
			争论｜歪曲｜聘请｜体现｜引用｜消耗｜加班｜绝对｜诬陷	桩（量词₂）｜一一｜……是……，就是……｜不好｜向来｜免得｜……得要命｜恨不得		

27	干得好不如嫁得好吗					185
	课文	生词	词语搭配与扩展	语法例释		练习
			辩论｜对立｜色彩｜摆脱｜充实｜承担｜头脑｜完善｜追求	就｜并非｜未必｜倘若｜何尝｜处处｜由此可见｜不至于		

28	中庸的修养					201
	课文	生词	词语搭配与扩展	语法例释		练习
			抑制｜端正｜奖励｜调节｜交往｜平衡	禁不住｜拿不准｜不……不……｜连连｜从而｜任意｜过于｜归根结底｜以……形式(方式)		

29	孔乙己					221
	课文	生词	词语搭配与扩展	语法例释		练习
			涨｜监督｜无聊｜脸色｜谈论｜责备｜配｜恳求｜聚集	往往｜在……(之)下｜幸亏｜……不得｜接连｜愈……愈……｜免不了｜暂时｜毫不		

30	雷雨（节选）					240
	课文	生词	词语搭配与扩展	语法例释		练习
			引诱｜冷静｜厌恶｜谅解｜守严厉｜指使｜弥补｜鼓动	略微｜一向｜偏｜未尝｜……也好……也好｜不妨｜无……无……｜怪不得｜暂且		

	词语总表					265

16 公文包¹丢失²之后

课文

去年三月的一天，李英和做公安³工作的老同学钱平一起去看电影。看完电影，退场时，他们发现一个座位下有个公文包，于是上前拾起。他们在那儿等了一会儿，见没人来找，就带着包离开了电影院。

他俩走到一个胡同口，打开了公文包。查清了公文包内的物品⁴后，李英把公文包交给钱平，委托⁵他保管，但不让他交给派出所⁶。

丢公文包的人叫周立华，是某厂的工人，近年来一直兼⁷做汽车生意。公文包内装有现金⁸、私人图章⁹及朋友林大福的汽车提货单¹⁰等，总价值80多万元。发现公文包丢失后，他十分焦急，立即在两家报纸上连续刊登¹¹寻包启事¹²，并表示对拾包人要重谢。很快，周立华便收到了匿名¹³电话，问"怎么谢"，希望将"重谢"具体化，并提出酬金¹⁴数为1.5万元。

一周后，周立华的朋友林大福从外地赶来。二人商量后，以林大福的名义¹⁵又在报上两次刊登寻包启事，明确表示愿付给还包者1.5万元。

几天后，李英就给周立华和林大福回了电话，双方约好当天下午三点在光华中学门口见面。

见面时，周立华发现公文包内的现金和某些物品已被取出，于是，双方发生争吵¹⁶，因此，周立华未付1.5万元酬金。这一切，被周立华派在远处等候¹⁷的人看见并¹⁸报告了附近的派出所。

因为周立华未付1.5万元酬金，李英便向区人民法院¹⁹起诉²⁰，要求周立华履行²¹交付酬金的承诺²²。区人民法院受理²³了这个案件²⁴。

经过调查后，区人民法院进行第一次开庭²⁵审理²⁶。双方委托的律师²⁷根据民事²⁸诉讼²⁹法³⁰第127条的规定进行法庭³¹辩论³²。原告³³委托的律师认为：这个案件的性质是由合同而产生的债务³⁴问题，被告³⁵应根据合同付酬金。

1

理由是被告在启事中作了承诺，原告根据被告的承诺向被告做出了送还丢失物品的决定，这样，此合同便确定下来；被告违背[36]承诺，因而形成了因为违反合同而产生的债务。原告律师还指出：被告不止[37]一次，而且在不止一种报纸上刊登寻包启事，表明了被告的真实[38]意思和焦急心情[39]。因此，原告有理由根据启事中的规定得到利益，被告有责任履行义务[40]；然而被告违背规定，以诈骗[41]为理由报告派出所，这不符合有关法律规定的诚实[42]、信用[43]原则。律师要求法院保护原告应获得的利益。

被告的律师则认为：根据法律规定，拾得物品应当还给失主[44]。因此，原告应该把拾得的公文包还给被告。有关法律还规定，乘人之危[45]，使对方在违背真实意思的情况下做出决定的行为[46]是无效[47]的行为，因此，启事中所提到的酬金问题是无效的。被告的律师进一步指出：一、原告李英在拾到公文包后在主观上没有主动[48]寻找失主的表示；二、原告在客观上是在等待有偿[49]还包；三、钱平本身[50]是个公安人员，应该懂得法律上对拾得物品如何处理的规定，但他却为李英保存公文包，并帮助李英向失主索要[51]酬金。钱平没有履行公安人员的义务，他的行为不符合他的身份。被告律师还对被告刊登启事的背景[52]作了介绍。他说，被告本来打算给拾包人3000元；但接到匿名电话后，觉得如果不答应对方提出的条件，拾包人就不会交还公文包，只好答应了拾包人的要求。见面时，被告曾要付给对方3000元表示感谢，但原告坚持要1.5万元，在这种情况下，被告才未付酬金给原告。

经过法庭辩论，区人民法院驳回[53]了原告的诉讼请求，原因是：原告李英拾到被告所丢失的物品后，没有根据拾得物品应当还给失主的法律规定，按照包内物品提供的线索[54]，积极寻找失主，反而在家等待寻包启事。这种行为，违背社会道德[55]。至于[56]两个被告在报纸上刊登的寻包启事中所提到的酬金，没有法律效力[57]，而且并不是失主的"真实意思"。

区人民法院判决[58]后，在社会上引起[59]了不同的议论[60]。一种看法认为，法院的判决是正确的，凡拾得的物品都应该无条件地还给失主，以维护[61]法律，维护社会道德。另一种看法则认为，法院的判决不太合理，因为现在人们的道德观念、价值观念已经发生了很大变化。拾金不昧[62]固然[63]是中华民族的传统美德[64],但在目前干什么都讲效益的情况下,拾到别人的物品要求得到报酬也不能算不道德。在人们的议论中,有一位法律工作者指出,被告在启事中的承诺也应当受到法律的制约[65],有关法律规定的诚实、信用的原则也应当遵守。

原告对法院的判决不服,表示要向市中级人民法院提出上诉[66]。"公文包丢失"的案件没有结束,人们的思考还在继续。为了适应和推动时代的发展,传统的观念、道德标准受到了挑战[67]。人们在思考中选择,这种选择,有时十分艰难[68]。

(选自《北京日报》,作者:刘晓辰。有删改)

生 词

1	公文包	gōngwénbāo	(名)	briefcase	
2	丢失	diūshī	(动)	to lose	三
3	公安	gōng'ān	(名)	public security	二
4	物品	wùpǐn	(名)	thing, article	二
5	委托	wěituō	(动)	to entrust	二
6	派出所	pàichūsuǒ	(名)	police substation	
7	兼	jiān	(动)	to hold two posts concurrently	二
8	现金	xiànjīn	(名)	cash	一③
9	图章	túzhāng	(名)	seal	
10	提货单	tíhuòdān	(名)	bill of lading	
11	刊登	kāndēng	(动)	to publish in a newspaper or magazine	三
12	启事	qǐshì	(名)	notice	二
13	匿名	nìmíng	(动)	to be anonymous	附
14	酬金	chóujīn	(名)	remuneration	
15	名义	míngyì	(名)	name	二

16	争吵	zhēngchǎo	（动）	to quarrel	三
17	等候	děnghòu	（动）	to wait	二
18	并	bìng	（连、副）	and	一③
19	法院	fǎyuàn	（名）	court	一③
20	起诉	qǐsù	（动）	to sue	二
21	履行	lǚxíng	（动）	to carry out	三
22	承诺	chéngnuò	（动）	to promise	二
23	受理	shòulǐ	（动）	to accept and hear a case	三
24	案件	ànjiàn	（名）	case	三
25	开庭	kāi tíng	（动）	to open a court session	
26	审理	shěnlǐ	（动）	to hear, to try	
27	律师	lǜshī	（名）	lawyer	二
28	民事	mínshì	（名）	civil	
29	诉讼	sùsòng	（动）	to bring a lawsuit (against sb.)	三
30	法	fǎ	（名）	law	二
31	法庭	fǎtíng	（名）	court, tribunal	二
32	辩论	biànlùn	（动、名）	to debate; debate	二
33	原告	yuángào	（名）	plaintiff	
34	债务	zhàiwù	（名）	debt	三
35	被告	bèigào	（名）	defendant	二
36	违背	wéibèi	（动）	to violate	三
37	不止	bùzhǐ	（动）	to be more than	二
38	真实	zhēnshí	（形）	real, true	一③
39	心情	xīnqíng	（名）	mood, state of mind	一②
40	义务	yìwù	（名）	duty, obligation	一③
41	诈骗	zhàpiàn	（动）	to swindle	三
42	诚实	chéngshí	（形）	honest	二
43	信用	xìnyòng	（名）	credit	二
44	失主	shīzhǔ	（名）	owner of lost property	

45	乘人之危	chéng rén zhī wēi		to take advantage of sb.'s misforfune	附
46	行为	xíngwéi	（名）	action	一③
47	无效	wúxiào	（动）	to be invalid	二
48	主动	zhǔdòng	（形）	initiative	一③
49	有偿	yǒucháng	（形）	paid	
50	本身	běnshēn	（代）	itself	二
51	索要	suǒyào	（动）	to ask for	
52	背景	bèijǐng	（名）	background	二
53	驳回	bóhuí	（动）	to reject	三
54	线索	xiànsuǒ	（名）	clue	二
55	道德	dàodé	（名）	moral	二
56	至于	zhìyú	（介）	as for	二
57	效力	xiàolì	（名）	effect	三
58	判决	pànjué	（动）	to judge, to sentence	三
59	引起	yǐnqǐ	（动）	to cause, to arouse	二
60	议论	yìlùn	（名、动）	comment; to talk, to discuss	二
61	维护	wéihù	（动）	to defend	二
62	拾金不昧	shí jīn bú mèi		not to pocket the money one picks up	
63	固然	gùrán	（连）	of course, admittedly	三
64	美德	měidé	（名）	virtue	三
65	制约	zhìyuē	（动）	to restrict	二
66	上诉	shàngsù	（动）	to appeal	三
67	挑战	tiǎo zhàn	（动）	to challenge	二
68	艰难	jiānnán	（形）	difficult, hard	二

专有名词

1	李英	Lǐ Yīng	name of a person
2	钱平	Qián Píng	name of a person
3	周立华	Zhōu Lìhuá	name of a person

| 4 | 林大福 | Lín Dàfú | name of a person |
| 5 | 中华民族 | Zhōnghuá Mínzú | the Chinese nation |

词语搭配与扩展

一 委托

[动~] 受……~｜打算~（他去）｜同意~……

[~宾] ~（给）老乡｜~同事（去办）

[状~] 已经~（给他）｜正式~（一个人）｜把……~（给他）

[~补] ~错了人｜~给朋友｜~过他一次

[~中] ~的目的｜~的人｜~的事

（1）张经理委托老李完成这项任务。

（2）出差期间，我把小狗委托给小赵照顾。

二 保管

[动~] 进行~｜接受~｜开始~｜继续~

[~宾] ~邮包｜~书信｜~电脑｜~电器

[状~] 可以~｜不~｜已经~｜认真~

[~补] ~得好｜~不了｜~一下｜~了一个月

[~中] ~的原因｜~的方式｜~的过程｜~的报酬

（1）咱们商量一下，这些资金由谁来保管。

（2）那些资料我只保管了一个月就转交给马强了。

三 刊登

[动~] 主张~｜放弃~（这个广告）｜决定~｜支持~（这条消息）

[~宾] ~广告｜~……启事｜~小说｜~照片

[状~] 常~｜尽量~｜要~｜随便~｜偶尔~

[~补] ~得及时｜~得早｜~在……上｜~了三次

[~中] ~的文章｜~的内容｜~的消息｜~的时间

（1）我几乎不看报上刊登的广告，我觉得大部分广告不真实。
（2）《学汉语》杂志这一期刊登了刘老师的两篇文章。

四 履行

[动~] 开始~｜准备~｜决定~｜需要~

[~宾] ~承诺｜~……义务｜~合同｜~手续｜~协议

[状~] 必须~｜尽快~｜严格~｜始终~

[~中] ~的手续｜~的义务｜~……的过程

（1）爱护和保护公共财产是每个人都应该履行的义务。
（2）你们没有履行合同的规定，应当赔偿我们的损失。

五 辩论

[动~] 组织~｜支持~｜重视~｜参加~｜展开~

[~动] ~开始｜~继续｜~提前｜~进行（了一小时）

[~宾] ~……的问题｜~……方案｜~（这个）题目

[状~] 热烈地~｜激烈地~｜正在~｜公开~｜可以~

[~补] ~清楚｜~完｜~下去｜~了一个上午｜~了三次

[~中] ~的内容｜~的性质｜~的理由｜~的地点

（1）通过这场辩论，大家统一了认识。
（2）关于经费问题，我们已经辩论过好几次了。

六 违背

[动~] 反对~（规章制度）｜不准~（原则）｜担心~（合同）

[~宾] ~……道德｜~……制度｜~……规定｜~诺言

[状~] 竟然~（原则）｜决不~……｜完全~……｜多次~……

[~补] ~不了｜~了一次

（1）你的行为违背了组织原则，应该受到批评。
（2）偷看别人的信件是违背道德的，也是违法的。

七 真实

[主~] 内容~｜消息~｜材料~｜背景~

［动~］觉得~｜显得~｜要求~｜不够~｜要~

［状~］很~｜不太~｜确实~

［~补］~极了｜~一点儿｜~得很

［~中］~的思想｜~的看法｜~的经历｜~的情况

（1）这个材料反映的情况是不真实的，要重新调查一下。

（2）《根》这部电影反映的背景是相当真实的。

八 主动

［动~］缺乏~（的精神）｜显得~｜做到~｜开始~（起来）

［~动］~接触｜~让座｜~向……道歉｜~选择（艰苦的工作）

［状~］十分~｜比较~｜应该~｜确实~

［~补］~极了｜~一点儿｜~起来｜~了一阵

（1）无论谁遇到困难，他都主动帮助解决。

（2）大学毕业时，孙利主动要求到最艰苦的地区工作。

九 维护

［动~］继续~（妇女的权益）｜要求~……｜希望~……｜加以~｜进行~｜要~

［~宾］~秩序｜~团结｜~和平｜~（合法）权利｜~……名誉

［状~］努力~｜共同~｜坚决~（他们的利益）｜以行动~（和平）

［~中］~的对象｜~的原则｜~的范围

（1）良好的社会秩序需要我们共同来维护。

（2）他这样做，是为了维护公司的名誉。

语法例释

一 ……并表示对拾包人要重谢

连词"并"可连接动词、动词性词组或分句，表示递进关系。多用于书面语。例如：

（1）昨天上午的会议讨论并通过了你们的建议。

（2）他们提出并找到了解决问题的办法，值得称赞。

（3）老马嘱咐我多安慰她，并要我多帮助她解决生活上的困难。

（4）吴坚的儿子在国外考上了一所名牌大学并获得了奖学金。
（5）张技术员给我推荐了几本书，并把他的工作经验传给了我。
（6）我们要求出售劣质皮鞋的东方商场向顾客道歉并赔偿经济损失。

"并"做副词时可用在"不、没、未、非"等否定词前边，以加强否定的语气，略含反驳和说明真实情况的意味。例如：

（7）作品的价值并不决定于字数的多少。
（8）他们说问题已经解决，实际上并非如此。
（9）他们两个不再争吵了，可问题并未解决。
（10）这个问题极其重要，但并没有引起人们的重视。

二 这个案件的性质是**由**合同**而**产生的债务问题

介词"由"与连词"而"构成"由……而……"格式，"由"后跟名词、动词或词组，表示原因，"而"引出产生的结果。常用于书面语。例如：

（1）你们必须赔偿由出售伪劣产品而给顾客造成的损失。
（2）由几代人的努力钻研而换来的这些成果是多么宝贵啊！
（3）市政府正在研究由旱灾而产生的群众吃水难问题。
（4）魏明举例说明了由丢失发票而带来的许多麻烦。
（5）他由感冒而引起了肺炎，正在治疗。
（6）由谁该履行义务而引起的争论持续了好几天。

三 被告违背承诺，**因而**形成了因为违反合同而产生的债务

"因而"，连词。常用于因果复句的后一个分句。前一个分句表示原因或理由，后一个分句表示推论、判断或结果。常用于书面语。例如：

（1）陈光这学期学习刻苦，因而学习成绩有了显著提高。
（2）小张朋友多，因而参加他结婚典礼的人也多。
（3）由于观点不一致，因而在讨论会上两个人争论得很激烈。
（4）我们没做过这项调查，因而有必要向经验丰富的人请教。
（5）由于高大夫是有名的治癌专家，因而找他治疗的癌症患者特别多。
（6）杜特莱先生热爱中国古代文化，又懂中文，因而来中国访问时购买了不少中国古书。
（7）李小红这次数学考试获得了第一名，因而受到了老师的表扬。

四 然而被告违背规定，以诈骗为理由报告派出所

介词"以"和动词"为"搭配构成"以……为……"格式。这里的"以……为……"相当于"把（拿）……作为（当做）……"，"为"的宾语是名词性成分。例如：

（1）普通话的语音是以北京语音为标准的。

（2）他以医疗为职业，对技术精益求精。

（3）从农村回来后，他以农村生活为题材，写了一个电影剧本。

（4）老三不喜欢自己的工作，常以生病为借口不去上班。

（5）方明以交通不便为理由，提出调动工作的申请。

（6）周教授以环境保护为题做了一次学术报告。

五 被告的律师则认为……

"则"，连词。常表示对比关系，有时有转折的意味，相当于"却"。多用于书面语。例如：

（1）今年春季南方雨水充足，北方则出现了干旱。

（2）中原公司的经济效益不错，而我们公司则越来越差。

（3）这篇文章篇幅不长，内容则十分丰富。

（4）多数商场的服务水平是一流的，但个别售货员则服务态度较差。

（5）小事情可以不计较，原则问题则不能让步。

（6）有问题可以通过法律来解决，毁坏对方财物的做法则是错误的。

六 被告本来打算给拾包人3000元

"本来"，副词。意思相当于"原先、先前"，后面有时和"但、可"相呼应。可用在主语前，也可以用在主语后。常用于口语。例如：

（1）村北边那块地本来是块荒地，现在成葡萄园了。

（2）我本来学习历史，但后来改学法律了。

（3）我本来想给他提意见，可一见面，又不好意思了。

（4）小张本来不想安空调，可他妻子非要安，他就决定安了。

（5）牛牛本来失学一年多了，由于得到"希望工程"的帮助，又重返校园了。

（6）父亲的腿本来摔得不太厉害，可是由于没有及时治疗，现在连路都走不了了。

七 ……**反而**在家等待"寻包启事"

"反而",连词。表示跟前面说的意思相反或出乎意料和常情之外,起转折作用。例如:

(1)我以为走这条路会近一点儿,没想到反而更远了。
(2)我讽刺了他几句,他不但没生气,反而笑起来。
(3)你不必跟她解释,一解释她反而会多心。
(4)老秦的病是找私人医生治疗的,病不但没治好,反而恶化了。
(5)这个故事叙述的是东郭先生救了狼,狼反而要吃他。
(6)朱力腿脚有残疾,走得反而比我还快。

八 拾金不昧**固然**是中华民族的传统美德

"固然",连词。用于转折复句的前一个分句,表示先承认或肯定某一事实;后一个分句常以"但是、可是、不过、然而"等词语与之呼应,以引出所要表达的本意。"固然"相当于"虽然",一般在主语之后。例如:

(1)你反映的情况固然很重要,不过我们还要做进一步的调查。
(2)这种电脑的质量固然好,可是价格太贵了。
(3)考上了名牌大学固然值得自豪,没考上也不必灰心丧气。
(4)教师的教学方法固然重要,但学生是否努力更为关键。
(5)你工作固然很忙,然而还是可以抽出时间来锻炼身体的。
(6)父母固然肯给我钱,不过我还是要靠自己打工挣钱去旅行。

练 习

一 熟读下列词和词组。

具体化	一种美德	拾金不昧	守信用
绿化	职业道德	乘人之危	违背诺言
现代化	社会公德	无可奈何	履行义务
机械化	高尚品德	弄虚作假	受理案件

二 给下列词语搭配宾语和状语。

1. 委托_____   2. 保管_____   3. 刊登_____
4. 履行_____   5. 维护_____   6. _____辩论
7. _____主动   8. _____真实   9. _____违背
10. _____保管

三 用指定词语完成句子。

1. 他把那位老人扶上汽车，_____。（并）
2. 刘辉要跟同学们一起去南方旅行，妈妈给他买了一双旅游鞋，_____。（并）
3. 爷爷虽然八十多岁了，但每天早晨出去散步，_____。（因而）
4. 她平时很注意打扮自己，_____。（因而）
5. _____，因为天气不好，就改为今天了。（本来）
6. 这件衣服太贵，_____，朋友劝我买，我就买了。（本来）
7. 雨不但没停，_____。（反而）
8. 这孩子小时候很懂事，从不让父母操心，_____。（反而）
9. _____，可你是负责人，你也有责任啊！（固然）
10. _____，但在国内学习也可以学得很好，成为对国家有用的人才。（固然）

四 根据课文内容，判断下列说法是否正确，并说明理由。

（　）1. 李英正在看电影的时候发现座位下有个公文包，就拾了起来。
（　）2. 李英委托钱平保管公文包，但不让他交给派出所。
（　）3. 周立华发现公文包丢失后立即在两家报纸上刊登"寻包启事"。
（　）4. 公文包内有现金、图章及提货单等重要物品。
（　）5. 李英向法院起诉的原因是周立华没有付给他1.5万元酬金。
（　）6. 按法律规定，凡拾得的物品都应当无条件地归还失主。
（　）7. 法院驳回李英的诉讼请求，李英表示服从。
（　）8. 法院判决后，人们对法院的判决十分满意。

五 把下列词语整理成正确的句子。

1. 录像机　我　他　小李　保管　的　委托　两台

16 公文包丢失之后

2. 就 他 喜欢 那种 我 不 风格 本来 演唱

3. 的 你们 不 是 行为 的 道德

4. 图章 里 丢失 和 现金 他 的 有 钱包

5. 受理 由……而…… 法院 这个 引起 吸烟 火灾 案件 的

6. 几天 不 爸爸 心情 这 好 的 很

7. 经济 公司 效益 今年 非常 我们 的 好

8. 把 可以 提 你 问题 随时 出来

9. 雨 再 即使 大 得 下 要 也 我 去

10. 主动地 物品 老王 拾得 把 的 失主 归还

六 选词填空。

……化 辩论 不止 则 引起 维护 并 履行 反而 主动 至于

1. 保卫祖国是每个青年都应该_____的义务。
2. 由质量不合格而_____的事故，生产单位要负责赔偿。
3. 先解决种子问题，_____农药，以后再想办法。
4. 去年李老师发表的论文_____三篇。
5. 我们班长总是_____帮助学习吃力的同学。
6. 在中国，大都市的孩子生活得很幸福，而偏远山区的孩子_____生活得很穷苦。
7. 我们决心提前_____超额完成任务。
8. 昨天下午的_____非常吸引人。
9. 吃了这种药，母亲的病不但没好，_____更重了。
10. 为了实现祖国的现代_____，人们都在自己的岗位上努力工作。
11. 我们每个人都应该_____交通秩序。

七 根据课文内容回答问题。

1. 李英和钱平是怎样拾到公文包的？
2. 拾到公文包后他们是怎样做的？
3. 周立华丢失公文包后是怎样做的？他为什么那么着急？
4. 周立华见到李英后，为什么未付1.5万元酬金？
5. 双方委托的律师看法有什么不同？
6. 法院是怎样判决的？
7. 社会上对法院的判决有哪些议论？

八 交际训练。

1. 根据提示说一段话或写一段话（约150字）。

    提示 帮助一个在学习上或生活上遇到困难的人。

    下面的词语可以帮助你表达：

    > 由……而……　以……为……　至于　反而　主动
    > 保管　委托　本来　固然　真实　丢失　心情

2. 讨论：

    （1）归还别人丢失的物品时应该不应该要酬金？在你们国家的日常生活中有没有类似的问题？

    （2）读"阅读课文"（见"扩展学习手册"），说说未经本人同意而发表其肖像的行为是不是侵权行为？

    （3）读"会话课文"（见"扩展学习手册"），说说在你们国家起名字有什么特点？有无重名现象？

3. 根据下面的内容进行自由对话。

    A和B是朋友，A结婚时，B送给A一块进口手表。一年后，二人因某事发生争吵。于是，B向A索要那块手表，遭到A的拒绝。按法律规定，自愿把物品送给对方后，对方便具有物品的所有权。

    B：去年你结婚的时候，我送给你一块表，对吗？
    A：是呀。
    B：你把那块表还给我吧！
    A：那块表……

下列词语可以帮助你表达：

> 真实　法律　规定　违背　主动　行为　道德　固然
> 打官司　赢　赔偿　丢失　公正　尽管　付　并

4. 语言游戏。

（1）把以下12个姓名（可根据情况增减）写在黑板上，依次叫几个学生到前面，男学生在表示男性的姓名上画"√"，女学生在表示女性的姓名上画"√"，然后说明理由（先思考一下，可查词典）。

> 周菊花　王富贵　刘淑珍　白丽英　张怀仁　李美芳
> 朱大鹏　林强　吴勇　陈娇　许高峰　郑娜

（2）"知法犯法"（zhī fǎ fàn fǎ）是一个成语，你知道它的意思吗？本课书中哪个人物知法犯法了？为什么？

5. 看一看，说一说，写一写。

母 mǔ

古文"母"突出了女性的两个乳房，是抚育过孩子的妇女，即母亲的形象。因为母亲对孩子最有权威，特别是在母系社会，所以，"母"被借作表示"不要"的禁止词。字义的分化导致了字形的分化，为了区别，表示"不要"的字形后来改写做"毋"，读作wú。

——选自《汉字的故事》，施正宇编著

17 地球的主人

课　文

地球上究竟有多少种动物，现在还无法[1]准确地统计出来。据世界上一些动物研究机构[2]和科学家估计，总数[3]大概在两百万到四千万之间，其中已经发现的只有几十万种。在人类诞生[4]之前和人类对自然影响还不显著的时代，一些动物由于不适应自然环境的变化而逐渐消失了，恐龙[5]就是最有名的例子之一；同时，新的动物也在不断产生着，人类就是最多只有四百万年历史的年轻种类。至于我们现代人，历史就更短了。

自恐龙灭绝[6]以来，地球上的动物已经经历了五次大规模的灭绝，都是由自然的因素造成的。然而，动物目前正面临[7]着的第六次大规模灭绝，却是人类自己造成的。在地球的现代历史上，为什么还会产生这样的大悲剧呢？原因是多方面的，但主要原因之一，是人类的优越[8]感。尽管人类只有四百万年的历史，远远没有熊猫、老虎、蛇等大多数动物的资格老，然而现在，人类却总是毫不客气地把自己看作[9]是地球的主人。我们中的许多人，不知道或不愿承认这样一个事实：我们其实也是动物的一种。正是这种优越感，使人类对动物越来越缺少同情心。即使是对那些与人类遗传[10]关系极近的动物，比如猩猩[11]、猴子等，也很少有兄弟一样的感觉，更不可能像对待兄弟那样对待它们。如果说在野蛮[12]时代，人类为了生存而不得不捕杀[13]动物还是可以原谅的话，那么在高度文明的现代，仍旧[14]任意地捕杀动物，特别是野生[15]动物，就只能被看作是不可原谅的野蛮行为了。

人类真的是地球的唯一[16]主人吗？人类与动物之间的差别[17]真是像我们想象的那么大吗？不解决这个优越感的问题，保护野生动物的愿望是难以实现的。值得欣慰的是，在这方面科学家们已经开始思考[18]并进行工作了。比如，最近有些科学家就要求给猩猩"人权[19]"。他们指出，如果再不考虑长期受虐待[20]

的猩猩的人权问题，那么，人类在将来就有可能受到它们的报复[21]。

科学家的主张，使人不由得想起那部有名的恐怖[22]寓言[23]电影——《猩猩的地球》：经过好几个世纪以后，三位宇航员[24]返回[25]地球。这时候，地球的新主人猩猩对他们进行捕杀，就像我们人类现在对猩猩及其它动物所做的一样。三位宇航员都被抓住了，一位被关进动物园展览，另一位被钉[26]死在自然博物馆[27]的墙上，第三位被送进实验室，猩猩用他做各种医学实验。最后，只有被当作"动物"的那位宇航员逃出了地球，才生存下来。

辛格是澳大利亚的一位动物研究专家，他写了一篇《关于猩猩的宣言[28]》，要求给猩猩"生存的权利[29]"、"保护它们的自由"、"禁止折磨[30]它们"。一些著名的科学家都在这篇宣言上签了名[31]。辛格打算在合适的时候向联合国提出这个建议。他在解释提出该建议的原因时说，我们以往[32]过分[33]强调猩猩与人类的差异[34]，并划了一条过分明显的界线[35]，而忽视[36]了它与我们的相同和相似之处。长久[37]以来，人类从没有在道德观念上给猩猩一个跟人类平等的"生存权利"。这种状况"不会维持[38]太久了"。

人们都知道，五百万年前，我们和黑猩猩是一家人，祖先[39]是共同的。人和黑猩猩的遗传基因[40]只有1.6%的差别，但黑猩猩和大猩猩的遗传基因的差别却达2.1%。因此，许多科学家目前深信[41]，今后，现代人肯定会被划入黑猩猩类。猩猩能够毫无困难地使用工具，还能学会用手势[42]与人交谈[43]。它们会骗人，会扔石头，会有计划地去捕杀别的动物，会对弱小的同类[44]进行恐怖统治，还会对其它同类进行战争。可以说，人类的那些基本的优点和缺点，它们都有。

由于它们和人有这些相似的地方，我们如果给它们人权，就必须面对[45]一些重大的选择：禁止为进行医学研究而用它们做动物实验；不能继续把它们关在动物园里。总之[46]，这样一来，人类将和猩猩一起分享[47]地球主人的权利。

对这种主张，反对者现在远远超过支持者。反对者认为，如果给猩猩人权，那么猴子呢？如果给猴子人权，那么蛇呢？狼呢？难道最后连苍蝇也可以跟我们分享权利吗？但是支持者则坚持认为：所有的动物和人类一样，都是地球的主人。如果人类不想跟它们一起生活,那就只能跟它们一起灭绝。只有保护好人类的朋友——动物,人类才有可能长久地在地球上生存。

生 词

1	无法	wúfǎ	(动)	to be unable	一③
2	机构	jīgòu	(名)	organization	二
3	总数	zǒngshù	(名)	total	二
4	诞生	dànshēng	(动)	to be born, to come into being, to emerge	二
5	恐龙	kǒnglóng	(名)	dinosaur	三
6	灭绝	mièjué	(动)	to become extinct	附
7	面临	miànlín	(动)	to be faced with, to be confronted with	二
8	优越	yōuyuè	(形)	superior, advantageous	三
9	看作	kànzuò	(动)	to look upon as, to regard as	二
10	遗传	yíchuán	(动)	to inherit	二
11	猩猩	xīngxing	(名)	orangutan, gorilla, chimpanzee	附
12	野蛮	yěmán	(形)	uncivilized, savage, barbarous	三
13	捕杀	bǔshā	(动)	to catch and kill	
14	仍旧	réngjiù	(副)	still, yet	二
15	野生	yěshēng	(形)	wild, uncultivated	二
16	唯一	wéiyī	(形)	only, sole	二
17	差别	chābié	(名)	difference, disparity	二
18	思考	sīkǎo	(动)	to think deeply, to ponder over, to reflect on	二
19	人权	rénquán	(名)	human right	二
20	虐待	nüèdài	(动)	to maltreat, to ill-treat, to tyrannize	三
21	报复	bàofù	(动)	to revenge	三
22	恐怖	kǒngbù	(形)	horrible, terrible	三
23	寓言	yùyán	(名)	fable	三
24	宇航员	yǔhángyuán	(名)	astronaut	二

17 地球的主人

25	返回	fǎnhuí	（动）	to return, to come or go back	二
26	钉	dìng	（动）	to nail	三
27	博物馆	bówùguǎn	（名）	museum	二
28	宣言	xuānyán	（名）	declaration, manifesto	三
29	权利	quánlì	（名）	right	二
30	折磨	zhémó	（动）	to cause physical or mental suffering	三
31	签名	qiān míng	（动）	to sign	二
32	以往	yǐwǎng	（名）	before, formerly, in the past	二
33	过分	guòfèn	（形）	excessive, undue	二
34	差异	chāyì	（名）	difference	二
35	界线	jièxiàn	（名）	boundary line, dividing line	附
36	忽视	hūshì	（动）	to ignore, to overlook, to neglect	二
37	长久	chángjiǔ	（形）	permanent, for a long time	二
38	维持	wéichí	（动）	to keep, to maintain, to preserve	二
39	祖先	zǔxiān	（名）	ancestors, forbears	三
40	基因	jīyīn	（名）	gene	三
41	深信	shēnxìn	（动）	to firmly believe	三
42	手势	shǒushì	（名）	gesture	三
43	交谈	jiāotán	（动）	to talk with each other	三
44	同类	tónglèi	（形、名）	similar; people, animals or things of the same kind	三
45	面对	miànduì	（动）	to face, to confront	一③
46	总之	zǒngzhī	（连）	in a word, in short, in brief	二
47	分享	fēnxiǎng	（动）	to share (one's joy, rights, etc.)	二

专有名词

1	辛格	Xīngé	name of a person
2	澳大利亚	Àodàlìyà	Australia
3	联合国	Liánhéguó	the United Nations

词语搭配与扩展

一 面临

[~动] ~考验 | ~考试 | ~挑战 | ~倒闭 | ~死亡

[~宾] ~（变化的）形势 | ~……局面 | ~……危机 | ~（这场）灾难 | ~……困难

[~中] ~的困难 | ~的问题 | ~的形势 | ~的状况

（1）由于经营不善，这家公司面临着倒闭的危险。

（2）面临对手的挑战，他们重新制定了比赛方案。

二 资格

[动~] 有（没有）~ | 具备……~ | 保留~ | 取消~ | 审查……~ | 摆（老）~

[~动/形] ~（被）取消了 | ~恢复了 | ~（很）重要

[定~] 记者的~ | 比赛~ | 考试~ | 老~

（1）他自己做得就不好，没有资格教训别人。

（2）因为打裁判，他被取消了比赛资格。

三 差别

[动~] 存在~ | 承认~ | 找出~ | 分析~

[~动/形] ~扩大了 | ~缩小了 | ~（很）大 | ~（比较）小 | ~明显

[定~] 城乡~ | 男女~ | 职业的~ | 年龄的~ | 本质的~ | 主要~

（1）两个队在体质方面存在较大的差别。

（2）你根本看不出这里是农村，城乡差别好像已经消灭了。

四 思考

[动~] 进行~ | 加以~ | 提倡~ | 爱~ | 重视~ | 引起~

[~宾] ~问题 | ~事情 | ~原因 | ~答案

[状~] 慎重地~ | 冷静地~ | 迅速地~ | 正在~ | 不停地~ | 应该~

[~补] ~起来 | ~了一个星期 | ~一番 | ~一下

（1）她的决定是经过慎重思考的。

（2）老王过去是一个善于思考的人，现在不知为什么，什么都懒得思考。

五 报复

[动~] 进行~｜企图~｜主张~｜害怕~｜禁止~｜受到~

[~宾] ~某人｜~别人｜~他们

[状~] 拼命~｜恶毒地~｜不应该~

[~补] ~不了｜~一下｜~一番｜~了三次

[~中] ~心理｜~的对象｜~的手段｜~的原因｜~的结果

（1）我们要做好充分准备，防止敌人的疯狂报复。
（2）喜欢报复别人的人，往往也会遭到别人的报复。

六 恐怖

[动~] 觉得~｜感到~｜宣传~｜制造~（气氛）

[状~] 特别~｜异常~｜相当~｜有点儿~

[~中] ~的气氛｜~的心理｜~的情节｜~的样子

（1）这件事没那么严重，你别故意制造恐怖气氛。
（2）昨天我看了一部恐怖电影，觉得可怕极了。

七 折磨

[动~] 受~｜摆脱~｜忍受~｜停止~｜遭受~

[~宾] ~病人｜~自己｜~对方｜~动物

[定~] 精神~｜这种~｜这么大的~

[状~] 不断地~｜野蛮地~｜故意~｜把……~（死了）｜被……~（病了）

[~补] ~死了｜~瘦了｜~病了｜~得很厉害｜~了三年

[~中] ~的手段｜~的后果

（1）他们折磨犯人的手段非常残忍。
（2）那件麻烦事儿把他都折磨瘦了。

八 维持

[~宾] ~……局面｜~现状｜~……关系｜~秩序｜~治安

[~补] ~得（很）好｜~得长久｜~下去｜~不了｜~了三年

（1）双方在谈判中已经取得共识，贸易关系将继续维持下去。
（2）他们的职责就是维持治安与交通秩序。

语 法 例 释

一 至于我们现代人，历史就更短了

"至于"，介词。用在小句或句子开头，引出另一话题，有时把意思推进了一步。例如：

（1）咱们这次去上海要坐飞机，至于为什么，以后再告诉你。
（2）这只是我的建议，至于是否采纳，要由领导决定。
（3）太阳表面的温度是六千度，至于太阳中心的温度，大约有两千万度。
（4）晚会肯定是要举行的，至于演什么节目，以后要专门开会研究。
（5）这几年村里新盖了不少房子，至于各家新添的家用电器，数量就更多了。
（6）反正我已经通知他开会了，至于他参加不参加，我就不知道了。

二 自恐龙灭绝以来……

"自（从）……以来"，表示从过去某一时间开始，并且一直延续到说话的时候。中间可以是一个具体的时间，也可以是某一具体事、具体情况，也可以两者并举。"自"口语中常用"自从"，同时省略"以来"。例如：

（1）自去年8月以来，南方的经济形势越来越好。
（2）自2003年年底以来，他的身体一直时好时坏。
（3）自1978年开始实行改革开放以来，中国人民的生活水平大大提高了。
（4）自前年9月我到北京语言大学以来，就没回过国，所以我一直很想念我的父母。
（5）自从我认识了她，就总想跟她接近，可一直找不到合适的机会。
（6）自从人类出现在地球上，动物的日子就越来越不好过了。

三 如果再不考虑长期受虐待的猩猩的人权问题，那么，人类在将来就有可能受到它们的报复

"如果……那么……就……"，假设复句。前一分句是假设的条件，后一分句是由此得出的结果。"那么"应放在后一分句前，起延缓语气和提请注意的作用，可以简略为"那"或省略不用。"就"应放在后一分句的主语后面。例如：

（1）如果你对这个决定有意见，那么，我就去找他们谈谈吧。

（2）如果明天天气好，你也有时间，那么咱们就去长城吧。

（3）如果人类不想跟野生动物一起生活，那就只能跟它们一起灭绝。

（4）如果他们不赔偿我们的经济损失，（那么）我们就向法院起诉。

（5）如果小李请你去，（那）你就去吧。

（6）如果不认真预习、复习，（那么）你们的学习成绩就不可能提高。

四 另一位被钉死在自然博物馆的墙上（"被$_4$"）

"被"，介词。这类"被"字句，主语是受事，当主语是生命体而且与谓语动词在语义上既可构成施动关系，又可构成受动关系时，为了表明施受关系，必须用"被"，口语中也可用"叫"、"让"、"给"。谓语动词要有结果补语，说明动作的结果。基本句型为：主语+被（叫、让、给）+宾语+谓语动词+结果补语（宾语有时可省略）。例如：

（1）小王被（老师）批评哭了。

（2）这是怎么回事啊？我都被（你们）说糊涂了。

（3）老人被他撞倒了，摔断了腿。

（4）我家的猫不知道叫谁打死了。

（5）路边的树都让台风吹倒了。

五 总之，这样一来，人类将和猩猩一起分享地球主人的权利

"总之"，连词。总括起来说。对上文列举的并列成分加以总括。"总之"也可以说"总而言之"。例如：

（1）小说、诗歌、散文、绘画、音乐、建筑，总之，所有的文学艺术形式在这里都有爱好者。

（2）对于新事物，有的人赞成，有的人反对，有的人怀疑，总之，每个人都有一定的看法。

（3）你应该按时起床、按时吃饭、按时吃药，还要有一定的户外活动，总之，首先你生活要有规律。

（4）到了中国以后，他读了鲁迅的《阿Q正传》、巴金的《家》、茅盾的《子夜》、老舍的《骆驼祥子》等，总之，他读了一些中国现代著名作家的作品。

（5）（某校长在新生入学欢迎会上讲话的结束语）……总之，我对你们的希望是：学习、拼搏、创新、进取。

（6）刮风、下雨、下雪、大雾弥漫，总而言之，只要气候条件不佳，交通事故的发生率就会上升。

六 总之，这样一来，人类将和猩猩一起分享地球主人的权利

"这样一来"，代词短语。经常连接两个句子或两个段落，起连词的作用。说明由于前边的情况而产生了后面的结果。也说"这么一来"、"这一来"、"这一下"、"这下"等。例如：

（1）她累病了，这样一来，孩子也没人照顾了。
（2）孩子们在院子里踢球，把张大爷家的玻璃打碎了，没道歉就都跑了。这下，可把张大爷气坏了。
（3）报上登了她的优秀事迹。这一来，她出名了。
（4）他经常缺课，已经超过了规定的学时。这样一来，他被取消了考试资格。
（5）老师表扬了他，这下，他更努力了。
（6）最后一门考试也结束了，这下，我可要轻松轻松了。

七 只有保护好人类的朋友——动物，人类才有可能长久地在地球上生存

"只有……才……"，条件复句。"只有"在这里是连词，引出的条件是一种强制性的唯一必要的条件，"才"引出的是根据该条件所得出的结果。例如：

（1）我们只有认识世界，才能更好地改造世界。
（2）这件事只有小王来了才可能搞清楚，因为当时只有他在场。
（3）只有付出辛勤劳动，才能享受胜利的喜悦。
（4）只有每门课程达到85分的人，才有资格报名。
（5）只有对生活充满信心的人才能这样笑。
（6）只有打败了敌人，我们才能得到和平。

注意："只有"也可能是副词"只"加动词"有"，表示数量少，范围小，等等。例如：

（7）人类只有四百万年的历史。
（8）只有被当作"动物"的那位宇航员逃出了地球。

17 地球的主人

练 习

一　熟读下列词组。

无法估计	恐怖电影	条件优越	野蛮行为
无法交谈	恐怖行为	环境优越	野蛮捕杀
遗传因素	和平宣言	面对现实	人类的朋友
遗传基因	战争宣言	面对父母	人类的祖先

二　给下列名词前后搭配一个适当的成分。

1. _____界线　　界线_____
2. _____机构　　机构_____
3. _____寓言　　寓言_____
4. _____资格　　资格_____
5. _____差别　　差别_____
6. _____权利　　权利_____
7. _____祖先　　祖先_____
8. _____经历　　经历_____

三　给下列动词搭配一个宾语和一个补语。

1. 折磨_____　折磨_____
2. 维持_____　维持_____
3. 报复_____　报复_____
4. 思考_____　思考_____
5. 虐待_____　虐待_____
6. 忽视_____　忽视_____
7. 钉_____　钉_____
8. 估计_____　估计_____

四　用指定词语完成句子。

1. 我们公司的要求是，你必须参加汉语水平考试，_____。（资格）
2. 阿里如果想参加跳级考试，_____。（资格）
3. 你给老板提了那么多意见，_____？（报复）
4. 你不用担心，张强是个有修养的好领导，_____。（报复）
5. 今天来参观的人一定很多，_____。（维持）
6. 这些钱足够了，_____。（维持）
7. 深夜，没有月光，路上一个人也没有，_____。（恐怖）
8. 小王的心理不很健康，这个电影_____。（恐怖）
9. 安娜的钱花光了，_____。（不得不）

10. 这个证明必须有老王的签字，＿＿＿＿＿＿＿＿＿＿＿＿＿＿＿＿＿＿。（不得不）

11. 看到她的照片，＿＿＿＿＿＿＿＿＿＿＿＿＿＿＿＿＿＿＿＿＿。（不由得）

12. 看到他死不认错的样子，＿＿＿＿＿＿＿＿＿＿＿＿＿＿＿。（不由得）

13. ＿＿＿＿＿＿＿＿＿＿＿＿＿＿＿＿，但是我们不会被困难吓倒。（面临）

14. 在烈火中，抢救国家财产的工人们＿＿＿＿＿＿＿＿＿＿＿＿。（面临）

五 模仿造句，注意带点词的用法。

1. 这是大家对你的劝告，至于是否接受，你自己考虑吧。

2. 第一个问题就谈到这儿，至于下一个问题，咱们明天再谈。

3. 自古以来，中国就是一个统一的多民族的国家。

4. 自改革开放以来，中国社会的各方面都发生了深刻的变化。

5. 如果你懒得写信，那咱们就打电话联系吧。

6. 如果你担心当时买不到票，那么，咱们现在就去买预售票吧。

7. 这么好的主意，只有安娜那么聪明的人才会想得出来。

8. 今天你只有把这些作业做完，才能看电视。

六 根据课文内容，判断下列说法是否正确，并说明理由。

（　）1. 现在谁也不知道地球上究竟有多少种动物。

（　）2. 恐龙是当今世界上最有名的动物。

（　）3. 动物的第六次灭绝仍然是因为它们对自然环境的适应能力不强，人类不应负什么责任。

（　）4. 人类也是动物。

（　）5. 保护野生动物会不可避免地使人类的生存环境恶化。

（　　）6. 人类和黑猩猩的差别不像想象的那么大。
（　　）7. 许多动物研究专家认为，应当把黑猩猩当人看待。
（　　）8. 黑猩猩总有一天会成为地球的新主人。
（　　）9. 黑猩猩与人类的差别之一是它们不会制造工具。
（　　）10. 只有人类才有资格当地球的主人。

七 根据下列题目复述课文内容。

1. 野生动物灭绝的基本情况。
2. 野生动物正面临的第六次灭绝与前五次有什么不同？
3. 人类与动物的差别有多大？
4. 电影《猩猩的地球》的基本内容。
5. 动物研究专家辛格的基本主张。
6. 现代人和黑猩猩的关系。
7. 反对给猩猩"人权"的人的想法。

八 交际训练。

1. 结合课文和自己的看法，就下列问题进行辩论。

   （1）地球的真正主人到底是谁？

   　　正方：是所有的动物……

   　　反方：是人类……

   （2）野生动物的灭绝是否能避免？

   　　正方：能够避免……

   　　反方：不可避免……

注意：辩论前要写好发言提纲，观点要明确，要有论据；要注意使用学过的词语和句式。

2. 讲故事。讲一件你与动物之间的趣事。

下列词语可以帮助你表达：

> 同情心　感觉　差别　无法　逐渐　其实　值得　欣慰　虐待
> 报复　捕杀　折磨　把……当作……　被当作　手势　交谈
> 　骗　分享　这样一来　伤害　受伤　浓厚　兴趣　总之

3. 语言游戏。

（1）报动物名。同学们坐成一圈，依次报，不能重复，停顿不能超三秒钟，超过时间算输。惩罚方式，可以学动物叫、画一个动物、唱歌，等等。

（2）汉语中有许多与动物有关的成语和俗语，下面这几个你是否知道？试着讲一讲。

虎毒不吃子	夜猫子进宅，无事不来
瘦死的骆驼比马大	兔死狐悲，物伤其类
画虎不成反类犬	狐假虎威
猫哭耗子假慈悲	盲人摸象
守株待兔	鼠目寸光

（3）你还知道其他有关动物的汉语成语和俗语吗？请说给大家听听。

（4）你们国家有哪些和动物有关的成语和俗语？请翻译成汉语说给大家听听。

4. 看一看，说一说，写一写。

丽

古文字形象两个人并肩同行，是"成双成对"的意思。后来字形加"亻"作"俪"，也就是"伉俪"的"俪"。"伉俪"指称"夫妻"，用的是"丽"的本义。

"丽"后来加"鹿"作"麗"，表示鹿的毛色华美，是"美丽"、"华丽"的意思。简化作"丽"，但已不是二人并行的初义。

——选自《汉字的故事》，施正宇编著

18 老外¹ 房客²

课 文

我是一个国际旅游网站³"快乐客"的注册⁴用户。这个网站的任务就是，帮你找到你旅游目的地的注册用户。一般注册这个网站的网友都自愿⁵在自己的家里接待来家乡旅游的游客，我跟艾文就是这么认识的。

艾文是个在上海工作的美国人。他又高又壮，金发，孩子气的脸，看起来憨⁶憨的。本来刚见面时我还跟他说英语，想秀⁷一把。可后来他一直跟我说中文，搞得我的英语都没有用武之地⁸了。艾文特别老实、害羞⁹，提什么建议，他都说好的好的；有时开他的玩笑，他会脸红得不知所措，只是憨憨地笑。他喜欢骑自行车，我俩就骑着车在南京城里转，在我这个业余导游¹⁰的指引¹¹下，走到哪儿、逛到哪儿。

一次，我们逛累了就找了个咖啡厅坐下。在我点完一杯咖啡以后，他一本正经地¹²只要了一杯水。服务员反复问他："只要一杯水吗？"他每次都毫不犹豫地点点头。后来，他跟我说，他每次去咖啡厅都只要一杯水。因为水是免费¹³的。我问："你真的什么都不点吗？"他说一般都不点，只要一杯水。并说经常会有沉不住气¹⁴的服务员来问他，要不要喝点儿什么，他每次都会说："哦，等一会儿，等一会儿，我在等朋友，等朋友来了再点……"他看出来我难以置信¹⁵的表情，说："反正我不认识他们，他们也不认识我，没关系的。"我彻底被他的话雷¹⁶翻了，说："看起来你很老实，没想到还真会耍¹⁷小聪明。我和我的朋友们可不好意思像你这样……"他还告诉我，他的日本朋友山田也被他的小聪明雷翻过，说："我不行，我会觉得没面子¹⁸。"我问艾文："这是东西文化的差异吗？"他憨憨地摇摇那一头金发说："……不，不，是我艾文的问题。"我俩都开心地笑了。

艾文知道我去过美国，谈话中又多了一些话题。他问我在美国生活期间，

29

感受最深的是什么,我毫不犹豫地告诉他,美国人非常遵守交通规则。我问艾文:"在美国有一种车的灯,比红绿灯[19]还要有权威[20],是不是?"艾文一时没有反应过来,憨憨地望着我。我说:"就是那种接送学生的黄色巴士。有一次,我搭美国朋友的车回家,车开得好好的,忽然前面的车停下了。我纳闷儿[21],前面既没有'STOP'牌,也没有红绿灯,更没有故障[22]车,怎么回事呢?朋友往前方一指:对面马路上停着一辆黄色巴士,学生们正在下车,车上的红灯一闪一闪的。我说,那辆车在对面啊,又不在我们这条道上,你干吗停车啊?朋友不容[23]置疑[24]地说,只要学生巴士上的红灯在闪,两边的车都得停下来,它就相当于交通信号灯中的红灯。如果你没停下来,被人举报[25],罚款[26]是次要的,按规定可能还要被没收[27]驾照[28]。好厉害呀!"艾文听了,只是淡淡地说,很多习惯是从小培养[29]起来的。

艾文是个很节省的人。他穿很普通的衣服,在上海和别人合租一套房子,每天都骑一辆破自行车上班。他说:"好的会丢啊!我在上海拿的工资不算高,但生活没问题。我很喜欢我的工作,我的公司是做环保[30]的,我很高兴自己能为环保出一份力。"

艾文在家是小儿子,父母经常会问他需不需要经济上的帮助。艾文总说不需要,还说中国的低碳[31]白领[32]和低碳妈妈帮了他很大的忙。他平时工作忙,回公寓以后看看杂志、偶尔上上网,就睡觉了。周末他大多是补补觉[33]、看看书,到中国朋友家串串门儿[34]。

由于工作关系,艾文在上海结识[35]了一个低碳家庭。老妈妈是位退休中学教师。现在是街道办事处的低碳环保宣传员。她的女儿张力是复旦大学的博士[36]、外资[37]企业的"白骨精"[38],多次被派到国外工作,参加过上海地铁工程的设计。她的低碳生活,主要表现在走路上。张力家离公司不远,步行大约30分钟,她一般都选择步行上下班,时间紧,就坐公交车。她走着上班的习惯已持续多年了,她觉得"健康、快乐,环保、可持续"。这也是她妈妈经常向她宣传的低碳环保理念[39]。

老妈妈更是以身作则[40],坚持低碳生活。每次艾文和朋友去她家吃饭,常会去厨房帮她洗菜什么的。这时她会坚守[41]阵地[42]，严格把关[43]，绝对不许大家把水龙头[44]开大。大家都怀疑：用这种"水滴石穿"[45]的洗菜法，什么时候才能吃上饭？

艾文说，老妈妈每次见到他的招呼语就是"今天低碳了吗"，他会像背书似地回答："我不吸烟、不喝酒、不开车、不打高尔夫[46]、不乱扔电池[47]……坚持纸张[48]两面[49]打印[50]，啊，这一点公司老板也这样要求我们。还有，衣服不存够一堆不开洗衣机。可是老妈妈，上超市我还是总忘带环保购物[51]袋，素食[52]也不行……"老妈妈一听到这儿就笑个不停地说："周末到我这儿当然不吃素食了。"然后给他做地道好吃的中国菜。

艾文在上海工资虽然不高，但他这种低开支[53]的生活方式，还是能够存下钱旅游的。他的旅游多半是这种住在中国人家里的"穷游"。短短一年时间，他已游遍大半个中国。他说他上大学的时候，曾经作为交换生去过法国一年，法国的假期特别多，他就利用假期，把欧洲游了个遍，还跑到北非去转了一圈儿。他觉得人生的经历是一笔财富，他当时选择给我发请求信的原因，就是我在网站的资料上写着我和父母住在一起。他说他特别想看看中国的家庭是怎么生活的，想看看我们吃什么、说什么，父母跟孩子们怎么相处[54]。事实证明，我们都做出了正确的选择。他懂事、随和[55]的性格，还有流利的中文都给我父母流下了深刻的印象，他们相处得特别好。

艾文现在的工作就是去见中国客户[56]，用中文作产品的演示[57]，等等。他说："我不喜欢每天坐在电脑前的工作，我喜欢和客户打交道，比较有意思，能了解中国人，也能更多地了解中国。"

三天时间很快就过去了，艾文也要回上海了。我们全家和艾文成了好朋友。我爸妈还请他转送[58]给上海的低碳妈妈一本书。书中介绍了一个低碳家庭365天的零碳[59]生活。我们在地铁站和他告别，他给了我们每人一个憨憨的"大拥抱"。

（作者：孙晓萱。有删改）

生 词

1	老外	lǎowài	（名）	foreigner	
2	房客	fángkè	（名）	tenant (of an apartment or a house), lodger	
3	网站	wǎngzhàn	（名）	website	一③
4	注册	zhù cè	（动）	to register	二
5	自愿	zìyuàn	（动）	to volunteer	二
6	憨	hān	（形）	naive, innocent	
7	秀（一把）	xiù (yì bǎ)	（动）	to show	
8	用武之地	yòng wǔ zhī dì		scope for one's abilities	
9	害羞	hàixiū	（形）	shy, bashful	三
10	导游	dǎoyóu	（名）	tour guide	二
11	指引	zhǐyǐn	（动）	to point (the way), to guide, to show	三
12	一本正经	yì běn zhèng jīng		to be in all seriousness, in dead earnest	
13	免费	miǎn fèi	（动）	to be free of charge	二
14	沉不住气	chénbúzhùqì		to keep calm	
15	难以置信	nányǐ zhì xìn		unbelievable, incredible	附
16	雷（翻了）	léi (fānle)	（动）	to shock, to be shocked / scared	
17	耍	shuǎ	（动）	to play (tricks)	三
18	面子	miànzi	（名）	reputation, prestige, face	二
19	红绿灯	hónglǜdēng	（名）	traffic light, traffic signal	
20	权威	quánwēi	（名）	authority	三
21	纳闷儿	nà mènr	（动）	to feel puzzled, to be perplexed, to wonder	三
22	故障	gùzhàng	（名）	breakdown	二
23	不容	bùróng	（动）	not to tolerate, not to allow	三
24	置疑	zhìyí	（动）	to doubt	
25	举报	jǔbào	（动）	to report	三
26	罚款	fá kuǎn	（动）	to fine, to punish sb. with a fine	二
27	没收	mòshōu	（动）	to confiscate, to expropriate	二

18 老外房客

28	驾照	jiàzhào	（名）	driving license	二
29	培养	péiyǎng	（动）	to develop, to cultivate	二
30	环保	huánbǎo	（名、形）	environmental protection; environment-friendly	一③
31	低碳	dītàn	（形）	low-carbon	三
32	白领	báilǐng	（名）	white-collar (worker)	二
33	补觉	bǔ jiào	（动）	to make up for lost sleep	
34	串门儿	chuàn ménr	（动）	to go visiting one's relatives or friends	三
35	结识	jiéshí	（动）	to get acquainted with sb., to get to know sb.	三
36	博士	bóshì	（名）	doctor	二
37	外资	wàizī	（名）	foreign capital	二
38	白骨精	báigǔjīng	（名）	(white) Skeleton Demon (here it refers to white-collar, keen-witted, capable, vigorous and intelligent workers)	
39	理念	lǐniàn	（名）	concept, idea	三
40	以身作则	yǐ shēn zuò zé		to set an example	附
41	坚守	jiānshǒu	（动）	to stick to, to hold fast to, to stand fast	三
42	阵地	zhèndì	（名）	position, front	
43	把关	bǎ guān	（动）	to check on, to guard a pass	三
44	水龙头	shuǐlóngtóu	（名）	(water) tap, faucet	三
45	水滴石穿	shuǐ dī shí chuān		dripping water wears through rock, constant effort brings success	
46	高尔夫	gāo'ěrfū	（名）	golf	三
47	电池	diànchí	（名）	cell, battery	二
48	纸张	zhǐzhāng	（名）	paper	
49	两面	liǎngmiàn	（名）	two sides, both sides	
50	打印	dǎyìn	（动）	to print	一②
51	购物	gòu wù	（动）	to go shopping	二
52	素食	sùshí	（名、动）	vegetarian diet; to be a vegetarian	三
53	开支	kāizhī	（名）	expenditure, spending	二
54	相处	xiāngchǔ	（动）	to get along with	二

55	随和	suíhe	（形）	amiable, easy-going
56	客户	kèhù	（名）	customer, client
57	演示	yǎnshì	（动）	to demonstrate
58	转送	zhuǎnsòng	（动）	to pass on
59	零碳	língtàn	（形）	zero-carbon

专有名词

1	快乐客	Kuàilè Kè	name of a website
2	艾文	Àiwén	name of a person
3	南京	Nánjīng	Nanjing, a city in China
4	日本	Rìběn	Japan
5	山田	Shāntián	name of a person
6	张力	Zhāng Lì	name of a person
7	复旦大学	Fùdàn Dàxué	Fudan University
8	法国	Fǎguó	France
9	欧洲	Ōuzhōu	Europe
10	北非	Běifēi	North Africa

词语搭配与扩展

一 自愿

［~动］~参加｜~报名｜~结合｜~捐（钱）｜~退出

［状~］不~｜完全~｜经常~｜从没~（过）

［~中］~的行动｜~的表现｜~的活动｜~的组织

（1）参加不参加这次义务劳动，大家自愿。

（2）这类救助活动，他从没自愿参加过。

二 指引

[主~] 领袖~ | 理论~ | 先行者~

[~宾] ~航向 | ~方向 | ~道路 | ~我们（前进）

[状~] （灯塔）为船员~ | 在政策的~下 | 给我们~ | 能~

[~补] ~得及时 | ~错了 | ~不了

[~中] ~的方向 | ~的理论 | ~的道路 | ~的结果

（1）老向导指引我们走出了原始森林。
（2）在科学理论的指引下，我们迈出了第一步。

三 罚

[主~] 税务局~ | 裁判~ | 警察~

[动~] 决定~ | 要求~ | 强迫~ | 拒绝~

[~宾] ~款 | ~球 | ~他 | ~她唱支歌

[状~] 按规定~ | 狠狠地~ | 别~ | 被~

[~补] ~重了 | ~错了 | ~不了 | ~过一回

[~中] ~的根据 | ~的地点 | ~的原因 | ~的钱数

（1）违反交通规则是要挨罚的。
（2）偷税漏税应该罚款。

四 培养

[主~] 学校~ | 国家~ | 公司~ | 部队~

[~宾] ~感情 | ~（好）习惯 | ~人才 | ~青年

[状~] 按计划~ | 从小~ | 逐渐地~ | 尽全力~

[~补] ~得成功 | ~得及时 | ~起来 | ~出来

[~中] ~的期限 | ~过程 | ~方法 | ~的情况

（1）他们为国家培养了一批科技人才。
（2）好习惯是从小培养起来的。

五 持续

[~动] ~发展 | ~购买 | ~走红 | ~采访

[状~] 可~ | 不可~ | 能~ | 已经~

［补～］～下去｜～不了｜～了两年

［～中］～的干旱｜～高温｜～的低碳生活｜～的疫情

（1）关于这个案件，我们将持续关注后续报道。

（2）他们到海南，正赶上持续的高温天气。

六 理念

［动～］树立（一种）～｜改变（原有的）～｜接受（他的）～｜宣传（创新的）～

［～动］～决定（他的行动）｜～是重要的｜～先行｜～改变了

［定～］消费～｜低碳～｜传统～｜经营的～

［～中］～的产生｜～的树立｜～的改变｜～的传播

（1）这座建筑的设计理念是全新的。

（2）不同的人生理念决定了不同的职业选择。

七 相处

［动～］开始～｜继续～｜允许（他们）～｜禁止（他们）～

［状～］长期～｜和（老人）～｜彼此～｜和睦～

［～补］～得很好｜～融洽｜～下去｜～了一年

［～中］～的机会｜～的时间｜～的环境｜～方式

（1）他们的性格完全不同，但相处得很融洽。

（2）我跟她相处久了，才知道她那么爱面子。

语法例释

一 经常会有**沉不住气**的服务员来问他

"沉住气"，动补结构。表示在情况紧急或感情激动时不惊慌、不忙乱、不急躁，保持镇静。例如：

（1）你刚学开车，在人多车多的地方，一定要沉住气。

（2）考卷发下来，先做会的，看到不会的题，千万要沉住气，不能轻易放弃。

"沉住气"的否定式是"沉不住气"。例如：

（3）你要是沉不住气，先动手打他，原来有理，你也没理了。

（4）他一看名单上没有自己，当时就沉不住气了，马上跑去找领导。

"沉住气"的可能式是"沉得住气"。例如：

（5）小李遇到紧急情况沉得住气，你只管放心吧。

（6）这事一定要派小赵去，她遇事不慌，沉得住气。

二 他看出来我难以置信的表情（……出来₂）

本句中的"……出来"是引申义，表示通过某动作而能识别、辨认。例如：

（1）我猜出来了，他们都去看球赛了。

（2）三十多年没见了，在马路上遇到，我肯定认不出他来了。

（3）我听出来了，现在发言的是张老师。

表示动作完成、实现，产生结果。例如：

（4）最后的结果还没商量出来，再等两天吧。

（5）能力是锻炼出来的，关键在于坚持。

注意："出来"做补语时，在动词和"出来"之间插入"得"或"不"，表示可能。例如：

（6）这台电脑又出故障了，我左检查右检查，还是检查不出来毛病。

（7）这些内容是刚学过的，应该都回答得出来。

三 看起来你很老实（……起来₃）

"……起来"，趋向补语的引申义。表示从某种感觉做出估计、推断，或数量上的推测、推算。例如：

（1）这种桃子看起来不太红，可吃起来挺甜的。

（2）听起来，你不太同意张老师的意见。

（3）芒果、木瓜闻起来就有一股热带水果的味道。

（4）这件羽绒服摸起来质量不错。

（5）按这种低碳方式生活，算起来一个月能节省一千元。

（6）算起来，他开通微博也有两年多了。

（7）今年考上大学的，咱们学校合计起来有一百多人吧。

四 车上的红灯一闪一闪的

在"一……一……"这种格式里，嵌入同一动词（多为单音节），可用来描写一种状态，表示短促动作的重复，常用作谓语、状语、补语。例如：

（1）天上的星星一眨一眨的，正看着咱俩呢。

（2）昨晚我的牙一跳一跳地疼，弄得我一夜没睡好。

（3）老人给气得嘴一张一张的，说不出话来。

（4）他的腿脚有毛病，走起路来一拐一拐的。

在"一……一……"的格式中，两个"一"分别用在意思相反或相对的名词、形容词前边，所构成的词组表示相反的方向或情况，例如：

（5）他们的胳膊一左一右地摆动着。

（6）那个年代，我俩一南一北两地分居了很多年。

（7）这两张床一大一小，没办法放在一起。

（8）这两根绳子一粗一细，怎么用啊？

两个"一"分别用在同类动词前面，表示动作是连续的；分别用在相对的动词前面，表示两方面的动作或行为交替进行。例如：

（9）两个孩子一蹦一跳地跑了进来。

（10）我跟小王常用一问一答的形式练习对话。

（11）做生意嘛，这一买一卖、一进一出就赚钱了。

五 它就相当于交通信号灯中的红灯

"于"，介词。一般用在形容词、动词之后，表示比较。例如：

（1）他现在的文化水平高于大学二年级。

（2）在我们的心目中，国家利益高于一切。

（3）他们的水平并不落后于城里的孩子。

（4）这个大厅的面积，相当于她家的两个厅大。

（5）我们都戴黄帽子，区别于其他旅行团。

（6）张家村一个月的产量相当于李家村半年的产量。

（7）现在学校的大事都要问老王，他相当于一个校长了。

六 按规定可能还要被没收驾照

"按"，介词。表示"按照"、"依照"，常带名词或名词性短语，组成介宾结构做状语。例如：

（1）警察按规定没收了他的驾照。

（2）安娜提出要按国籍、年龄分组进行比赛。

（3）虽然天气不好，旅行团还是按原定日期出发了。

（4）按学生人数的比例，A班可以选出五名代表。

（5）学生最后的总分是按一定的百分比计算出来的。

"按"后边可以加"着"，但后边是单音节名词时不能加。例如：

（6）你应该按着医生的要求服药。

（7）按着上周的进度，这学期可以学完上册。

（8）大家要按时上班。

七 偶尔上上网

"偶尔"，副词。"有时候"、"间或"的意思。与"经常"相对，表示动作、行为、事情或现象发生的次数少，时间也不确定。例如：

（1）他主要用电脑打打字，偶尔看看新闻、发个电子邮件。

（2）他探亲、度假还是坐一般的火车，偶尔坐高铁。

（3）张老师一般都是坐公交车上班，偶尔开车。

（4）我们一般都是在家看DVD，偶尔去电影院看场电影。

（5）从前这里偶尔能听到鸟叫，现在可是生活在鸟语花香之中了。

（6）过去在北京偶尔才能看到芒果，现在哪家超市都有了。

八 老妈妈一听到这儿就笑个不停地说……

在"一……就……"格式中，"一"后面嵌入动词（短语）、形容词（短语），"就"后面嵌入表示结果、状态的动词、形容词。表示前一种动作或情况出现之后，后一种动作或情况便随之产生。可以是同一主语，也可以是不同的主语。例如：

（1）他俩一见面就吵，一分开就想。

（2）我一兴奋就睡不好觉。

（3）真倒霉，我一吃鱼虾就过敏。

（4）红灯一亮，你就应该停下来。

（5）他不好打交道，你一提要求他就急。

（6）粉丝们一欢呼，他就更兴奋了。

（7）老师一解释，我们马上就明白了。

（8）李娜一下飞机，球迷们就把她围起来了。

练 习

一　辨字组词或词组。

1. 要＿＿＿＿　　2. 犹＿＿＿＿　　3. 注＿＿＿＿　　4. 措＿＿＿＿　　5. 驶＿＿＿＿
   要＿＿＿＿　　　 优＿＿＿＿　　　 住＿＿＿＿　　　 借＿＿＿＿　　　 使＿＿＿＿

6. 续＿＿＿＿　　7. 低＿＿＿＿　　8. 距＿＿＿＿　　9. 偶＿＿＿＿　　10. 环＿＿＿＿
   读＿＿＿＿　　　 抵＿＿＿＿　　　 据＿＿＿＿　　　 遇＿＿＿＿　　　 杯＿＿＿＿

二　按要求进行词语搭配。

1.（动）＿＿＿＿网站　　2.（动）＿＿＿＿较量　　3.（状）＿＿＿＿相处

4.（状）＿＿＿＿罚　　　5. 持续＿＿＿＿（补）　　6. 培养＿＿＿＿（补）

7. 注册＿＿＿＿（中）　　8. 低碳＿＿＿＿（中）　　9.（定）＿＿＿＿理念

10.（定）＿＿＿＿导游　　11.（动）＿＿＿＿红灯　　12.（动）＿＿＿＿客户

13. 自愿＿＿＿＿（动）　14. 毫不＿＿＿＿（动）　　15. 指引＿＿＿＿（宾）

16. 遵守＿＿＿＿（宾）

三　用指定词语回答问题。

1. 这次面试，你对小王印象怎么样？（……起来）

2. 你看我这件毛衣的质量怎么样？（……起来）

3. 今天孩子们做操整齐吗?（一……一……）

4. 你和张强练习口语了吗?（一……一……）

5. 小刚为什么被取消了比赛资格?（按）

6. 你们什么时候去杭州进行语言实践?（按）

7. 喂，小李，你知道我是谁吗?（……出来）

8. 为什么要淘汰这台电脑呢?（……出来）

9. 这次谈判为什么派刘明去呢?（打交道　沉得住气）

10. 小杰为什么又和客户吵起来了?（打交道　沉不住气）

四　用指定词语完成句子。

1. 我每天下班都很晚，＿＿＿＿＿＿＿＿＿＿＿＿＿＿＿＿＿＿。（偶尔）
2. 他的专长是写诗，＿＿＿＿＿＿＿＿＿＿＿＿＿＿＿＿＿＿＿。（偶尔）
3. 他虽然没上大学，可是＿＿＿＿＿＿＿＿＿＿＿＿＿＿＿＿。（相当于）
4. 这个小花园还挺大的，＿＿＿＿＿＿＿＿＿＿＿＿＿＿＿＿。（相当于）
5. 他挺聪明的，＿＿＿＿＿＿＿＿＿＿＿＿＿＿＿＿＿＿＿＿。（一……就……）
6. 你反应真快＿＿＿＿＿＿＿＿＿＿＿＿＿＿＿＿＿＿＿＿＿。（一……就……）
7. 她有在国外工作的经验，曾经＿＿＿＿＿＿＿＿＿＿＿＿。（被　只管）
8. 我和他相处十几年，＿＿＿＿＿＿＿＿＿＿＿＿＿＿＿＿。（毫不　只管）
9. 他违反了交通规则，＿＿＿＿＿＿＿＿＿＿＿＿＿＿＿＿。（按罚）
10. 对不起，我们的飞机晚点了，＿＿＿＿＿＿＿＿＿＿＿＿。（按　足足）

五 把下列词语整理成正确的句子。

1. 他 地 我 上网 免费 毫不 告诉 犹豫 可以

2. 提 一次又一次 被 地 低碳 出来 问题

3. 的 让人 权威性 难以 产品 相信 这个

4. 难以 的 农药 解决 超 使用 标准 问题

5. 会 她 不 回答 不是……而是…… 没 一时 过来 反应

6. 沉不住气 就 时机 等到 有利 的 放弃 她 没 到来 了

7. 专心 电脑 小刘 前 地 点着 一上一下 鼠标 地 在

8. 他们 我们 落后 速度 实际上 发展 的 于

9. 聪明 憨憨 看起来 的 大山 挺……的 其实

10. 回答 是……的 出来 问题 完全 小梅 这个 能 偶然

六 判断下列句子对错。

(　) 1. 专家老张指引他完成了这个实验报告。
(　) 2. 他现在的职责就相当于副总理。
(　) 3. 问题一提起来，大家就认真地讨论出来。
(　) 4. 跟他打交道要格外小心，稍不注意就被他骗过去了。
(　) 5. 看起来他挺老实的，可是偶尔也会耍耍小聪明。
(　) 6. 他始终没忘记自己闯红灯被罚款的教训。
(　) 7. 我写东西只管好坏，话总要说明白讲清楚。

18 老外房客

（　　）8. 不料这次安全检查他竟然混出来了。
（　　）9. 他学习成绩一贯很好，这次考得不好是偶尔的。
（　　）10. 我毫不怀疑公司的低碳经营能够持续下去。

七 把所给词语放在 A、B、C、D 中最恰当的位置上。

（　　）1. 他 A 多次 B 公司 C 派往国外 D 担任重要的职务。　　　　（被）
（　　）2. 他想 A 把以前的回忆 B 像穿 C 珠子一样串 D。　　　　　（起来）
（　　）3. 领导 A 宣布 B 大家 C 捐款救助 D 灾区。　　　　　　　　（自愿）
（　　）4. 他们 A 为国家 B 培养 C 一批又一批建设人才 D。　　　　（出来）
（　　）5. A 你说的 B 道理分析，C 他们分手是因为 D 生活理念不同。（按）
（　　）6. A 他的 B 这种低碳 C 生活方式已 D 很多年了。　　　　　（持续）
（　　）7. 要想 A 让这上下两段衔接 B，中间必须加 C 一段文字 D。（起来）
（　　）8. A 这几家工厂将黑乎乎的 B 污水 C 排放进河流，D 重重地罚款了。
　　　　　　　　　　　　　　　　　　　　　　　　　　　　　　　（被）
（　　）9. A 小王的大哥 B 在这个家的作用 C 一个 D 父亲。　　　　（相当于）
（　　）10. 他 A 趁我 B 没反应 C 就把新电脑搬 D 走了。　　　　　（过来）

八 指出下列句子中画线词语的句子成分（主、谓、宾、定、状、补）。

1. 这个<u>网站</u>，帮你找到你旅游<u>目的地的</u>注册用户。　　　　　　（　　）
2. 读书使我们生活得<u>更有意义</u>了。　　　　　　　　　　　　　　（　　）
3. 这些<u>视频、图片</u>都是从网上下载、复制<u>下来</u>的。　　　　　　（　　）
4. 事实证明我们都作出了正确的<u>选择</u>。　　　　　　　　　　　　（　　）
5. 前面既没有红绿灯也没有<u>故障车</u>。　　　　　　　　　　　　　（　　）
6. 一天后，安娜总算清醒<u>过来</u>了。　　　　　　　　　　　　　　（　　）
7. 车上的红灯<u>一闪一闪的</u>。　　　　　　　　　　　　　　　　　（　　）
8. 他觉得人生的<u>经历</u>是一笔财富。　　　　　　　　　　　　　　（　　）
9. 安娜现在能和中国人<u>流利地</u>交谈了。　　　　　　　　　　　　（　　）
10. 在那里，你要跟各种各样的客户<u>打交道</u>。　　　　　　　　　（　　）
11. 如果你没停下来，一定会<u>被人</u>举报。　　　　　　　　　　　（　　）
12. 串弄堂，随时会传递给你历史的、现代的<u>信息</u>。　　　　　　（　　）

九 根据课文内容，判断下列说法是否正确，并说明理由。

（　　）1. "我"和艾文是通过国际旅游网站认识的。
（　　）2. 憨憨的艾文很随和，"我"做什么，艾文就做什么。
（　　）3. 艾文只要了一杯水，想等朋友来了再点饮料。
（　　）4. "我"对美国人自觉遵守交通规则印象很深。
（　　）5. 艾文不清楚在美国还有一种相当于红绿灯的红灯。
（　　）6. 张力为了节省，所以坚持步行上下班。
（　　）7. 老妈妈的低碳生活方式也是在为环保出一份力。
（　　）8. 艾文认为了解中国、和中国人交往也是一笔财富。

十 根据课文内容回答下列问题。

1. "我"与艾文是怎么认识的？为什么会在南京会面？
2. 说说艾文给人的印象。
3. 说说在咖啡厅的情况。"我"为什么会露出难以置信的表情？
4. 说说"我"在美国期间，感受最深的是什么。
5. 为什么说艾文是个很节省的人？
6. 介绍一下上海老妈妈的低碳家庭。
7. 为什么说这次交往，"我"与艾文都作出了正确的选择？

十一 交际训练。

1. 根据提示，选择下列词语（至少5个）写或说一段话：

提示　我的中国/外国客户；我的中国/外国老板

词语
相处　自信　看起来　偶尔　一旦　自愿　害羞　面子
免费　差异　沉不住气　低碳　环保　外资

2. 讨论：

（1）你参加过国际旅游网站的旅游吗？你有过住在中国人或外国人家里的经历吗？具体谈谈。

（2）你和你的朋友有在中外合资企业工作的经历吗？有何体会？

（3）中外文化差异给你带来过烦恼和误解吗？具体谈谈。

（4）你周围的人有低碳环保的意识吗？举例说明。

3. 语言游戏。

读读下面的"国学语录"，明白它的意思吗？能写出与此有关的成语吗？（答案见"扩展学习手册"）

入竟（境）而问禁，入国而问俗，入门而问讳（huì）。（《礼记·曲礼上》）

这句话的意思是：到一个新的地方，先要了解有什么是禁止做的；到一个新的国家要知道当地的风俗习惯；到别人家里，也要懂得哪些事不该做、哪些话不该说。

4. 看一看，说一说，写一写。

——方成

19 健忘[1]的教授

课文

教授名叫伊里奇，是B大学文学理论方面的权威，在绘画[2]、音乐方面也有着惊人[3]的才能[4]。同时，对一些事情又有着惊人的健忘症[5]。

90年代初我在该大学文学系读研究生时，有他的一门"文学概论[6]"课。由于入学手续办晚了，开课一个多月后我才第一次去听教授的课。伊里奇教授几乎是踩着早八点的铃声准时步入教室的。教授五十多岁，上穿圆领毛衣，下穿牛仔裤，人很精神，没有半点学究[7]样。他看见了坐在第一排的我，"噢[8]，新来了一个外国学生！你好，欢迎你来听我的课。你叫什么名字？哪个国家的？"我站起来恭恭敬敬[9]地向教授报[10]了姓名、国籍。

"啊，中国来的，那是一个创造智慧和文明的国家，我很崇敬[11]她。"

"谢谢您，教授。"

"下面开始讲课。"教授两手插进裤兜儿[12]，一屁股坐在讲台的角上，然后开始一、二、三、a、b、c地讲了起来。没有教科书，没有教案[13]。他就像一台计算机[14]，所有内容都很有条理地从他的口中准确地"输出"[15]。更令我吃惊的是，讲课时，所涉及[16]的引语[17]，他竟能说出它们出自某书、某版本[18]以及出版年月，甚至页数。第一课我就被这位教授征服[19]了。

一个星期后我去上第二课。由于去晚了，第一排已没有空座位，我坐在了最后一排。教授准时走进教室。他的目光落在了最后一排的我身上："噢，又来了一个外国学生！你好，你叫什么名字？哪个国家的？"我不好意思当众[20]提醒教授我们已经认识了，只好站起来再次报姓名、国籍。

"啊，中国来的，那是一个值得尊敬的国家。"

第三次上课时，我刚进教室，一个前边的同学就嚷嚷开了："杨，你今天可别再换位置了，赶快老老实实坐在第一排，否则伊里奇教授又该认第三个外国学生了。"于是我坐在了第一排。教授进来后，看见了第一排的我，但这次没有说"噢，又来了一个外国学生"。他开门见山[21]地讲起了课。只是快下课时，教授忽然问："坐在最后一排的那个中国学生怎么没来？"

教授健忘的笑话在全校广为流传。据说，他年轻时，有一天晚上把儿子放在婴儿[22]车里推出去散步，路上遇见了一个老同学，他和人家聊了起来。两个多小时后，他自己回了家，一进家门还问妻子："咱们的儿子睡了吗？"

还有一次，他开自己的小汽车去一百多里外的C城，办完事后他排了两个多小时的队，买了一张长途汽车票乘车回了家。第二天上班时才想起来小汽车忘在了C城。

教授虽然生活上粗心大意[23]，但讲课却非常认真、吸引人。他的授课方法很灵活，经常把下一课该讲的题目先布置给几个学生分别回去看书查资料备课，然后由这几个学生讲课。其他同学则负责挑毛病。这种方法很妙，讲课的同学在备课时等于精学了一遍，听课的同学由于抱着挑毛病的心理，所以格外认真听，而且课堂气氛[24]十分活跃。

伊里奇教授和学生之间的关系也很融洽。有一次，B城有一场国际足球比赛，上课时，同学们都吵吵嚷嚷坐不住了，纷纷请求伊里奇取消这节课。教授挥了挥手让大家安静。

"同学们，让我们来谈判吧！如果我取消今天的这节课，你们就可以兴高采烈[25]地去看球了，而我则要一个人躲在办公室里听收音机转播[26]，你们说这公平[27]吗？不瞒[28]你们说，我也买了今天的球票，但很不幸，我又把它弄丢了，所以今天我要你们陪我一起上课，除非[29]……"

学生们立刻明白了，"噢噢"地欢呼起来。一个男生掏出两张球票："教授，这一张是我的，另一张是我爸的，让他自己在家听收音机吧，咱们一起去！"伊里奇接过球票，大家欢呼着朝门口拥去。"慢着！"教授伸手拦住我们，"我得先看看这票是不是假的……"

期末考试到了，考试那天我们早早地就坐在教室里等候伊里奇教授。有个女生在胸前一个劲儿[30]地画十字："上帝，最好教授忘了今天有考试，现在正陪夫人逛市场呢。"她话音刚落,教授就精神抖擞[31]地走了进来。他看见我们全都很紧张,一副可怜样,便乐了:"同学们,我教了几十年的书了,就是喜欢看你们现在的样子,一个个像温顺[32]的小绵羊[33],真可爱。假如[34]哪一天我当了校长,我将规定每天都有考试!"教授刚说完,下边便是一片涨潮[35]般的"抗议"[36]声。教授开心地笑了。

"安静,现在开始发考卷。"教授打开黑皮包,翻找了足有三分钟也没找到一张纸。学生们立刻幸灾乐祸[37]起来。

"教授,太棒[38]了,我们也最喜欢看你现在的样子!"

"教授,咱们谈判吧,取消考试,我这儿有球票。"

伊里奇教授抬头看了看大家:"你们别高兴得太早了,拿出纸笔来,我口述[39]考题!"

填空、改错、大题、小题,一共三四页纸的试题,教授竟全背了下来。一个男生对伊里奇说:"教授,您可别骗我们,说不定[40]您弄丢的试题比您现在编的要容易呢!"

伊里奇背着手一字一句地说:"我口述的就是原来的试题,如果明天书面试题拿来,与我口述的有差别,那这次考试我就都算你们优秀。"

当考试进行到一半时,教授的女儿匆匆地推门进来:"爸爸,这是您忘在家里的试题。"

我们接到书面试题后,一对照,嘿,真神了,连标点符号都没错一个!

教授在生活中丢三落四[41],但对做学问却十分严谨[42]。有一次,教授组织了一个比较研究学术讨论会。我应邀[43]参加,并写了一篇《音乐与文学的平行研究》的论文。论文交上去不久,伊里奇教授把我叫到了他的办公室。

"杨,你的论文我读过了。我知道你是搞外交的,但是我并不希望在你的论文里看到模棱两可[44]的外交用语。既然你是在做学问,就要采取科学的态度。"我一看,教授的脸很严肃,手里拿的好像不是一篇论文,而是一封检举[45]他的信。

"你看看,你这一系列[46]的观点、引语全是'中国古人说',或是'曾说过'。这怎么行！一定要注明[47]谁、什么时候、在哪本书里说过。这是学术论文，不是外交致辞[48]！"

我向教授解释："我在学校图书馆里都查过了，有关中国音乐理论的书很少……"

"那你应该到国立图书馆去查。"教授帮我打通了国立图书馆的电话，结果那里也没有这方面的书。他毫不犹豫地对我说："既然这样，你的这篇论文不能用。"就这样，他的一句话便把我花了几个月时间的心血之作给"枪毙[49]"了。

这事过了有一年，我都忘了。教授有一天把我叫到了办公室。

"杨，去年我轻易地就把你那篇论文给否定了，我一直觉得欠了你什么似的。但考虑到你当时刚刚开始做学问，一定要对你严格，所以就把那篇论文给撤[50]了下来。下个月又有一次国际学术讨论会，你参加吧！"

我一听下个月，忙说时间太紧了，来不及写出一篇像样的东西。教授从抽屉里拿出一份稿子来。

"这是你去年的那篇论文，我今年去中国讲学时，在图书馆帮你把所有的引语都查到了，并根据新找到的材料又作了一些补充，你就拿这篇论文去参加吧，我已替你报上了名。"

在这次学术报告会上，我的论文得到了很好的评价[51]。学术会议三天就结束了，但给我印象最深的却是伊里奇教授又一次因健忘而演出的"节目"。

参加会议的学者[52]都住在一个饭店里。早上去开会时，大家都把钥匙交给服务台。第一天会议结束后，我和伊里奇来到服务台，我报了自己的房间号，小姐便把我房间的钥匙交给了我。教授对我说："你先上去吧，我还有点儿事。"我刚刚走出几步，就听教授低声对服务员说："小姐，请问B大学来的伊里奇教授住几号房间？"我心里不禁[53]笑了：这个健忘的教授还真狡猾[54]！

"805。"小姐回答。

"请把钥匙交给我。"

"这怎么能行？客人还没回来。"

教授小声说："我就是伊里奇教授。"

"先生,请您不要开玩笑。"教授忙掏出身份证,小姐才把钥匙交给了他。

去年年底,我们结束了伊里奇教授的课。这之后我就钻进图书馆里写博士论文。有一天,我忽然接到伊里奇教授的电话,他刚从上海回来,特意为我带回一些资料,约我第二天早上八点去他办公室取。

第二天早上,我提前到了他的办公室。八点一到,教授匆匆地来了。

"杨,你是开车来的吧?快,快,我家里出了点事儿,快拉我回去。"

我们的车开到离他住的楼还有一百米远时,教授一声令下:"停车!"便冲下车直奔[55]路边的一个铁垃圾箱,弯腰从里边捡出了他的黑皮包,拍了拍上面的尘土[56],又钻进了车里。

"杨,你的材料全在这包里呢。"

"那您干吗存放[57]到垃圾箱里?"我笑着问。

"咳[58],别提了,我平常每天从家里出来,都是左手拿皮包,右手提垃圾袋,今天早上一忙给弄错了,拿垃圾袋的那只右手提了皮包,结果到了垃圾箱前就把皮包给扔进去了……"

(作者:杨晖。有删改)

生 词

1	健忘	jiànwàng	(形)	forgetful	
2	绘画	huìhuà	(动)	drawing, painting	二
3	惊人	jīngrén	(形)	astonishing, amazing	二
4	才能	cáinéng	(名)	ability, talent	一③
5	健忘症 症	jiànwàngzhèng zhèng	(名)	amnesia symptom	
6	概论	gàilùn	(名)	outline, introduction	附
7	学究	xuéjiū	(名)	pedant	
8	噢	ō	(叹)	oh	

9	恭敬	gōngjìng	（形）	respectful	
10	报	bào	（动）	to tell, to report	二
11	崇敬	chóngjìng	（动）	to respect	
12	兜儿	dōur	（名）	pocket	
13	教案	jiào'àn	（名）	teaching plan, lesson plan	
14	计算机	jìsuànjī	（名）	computer	一②
15	输出	shūchū	（动）	output	二
16	涉及	shèjí	（动）	to involve, to touch upon	二
17	引语	yǐnyǔ	（名）	quotation	
18	版本	bǎnběn	（名）	edition	
19	征服	zhēngfú	（动）	to conquer	二
20	当众	dāngzhòng	（副）	in public	附
21	开门见山	kāi mén jiàn shān		to come straight to the point, to declare one's intention right at the outset	
22	婴儿	yīng'ér	（名）	baby, infant	三
23	粗心大意	cū xīn dà yì		negligent, careless, inadvertent	三
24	气氛	qìfēn	（名）	atmosphere	二
25	兴高采烈	xìng gāo cǎi liè		in high spirits, in great delight, jubilant	三
26	转播	zhuǎnbō	（动）	to relay	三
27	公平	gōngpíng	（形）	fair, just	一②
28	瞒	mán	（动）	to hide the truth from	三
29	除非	chúfēi	（连）	only if, only when, unless	二
30	一个劲儿	yígejìnr	（副）	continuously, persistently	三
31	抖擞	dǒusǒu	（动）	to enliven, to rouse	
32	温顺	wēnshùn	（形）	docile, meek, tame	
33	绵羊	miányáng	（名）	sheep	
34	假如	jiǎrú	（连）	if, supposing, in case	一③
35	潮	cháo	（名、形）	tide; fashionable	二
36	抗议	kàngyì	（动）	to protest	二

37	幸灾乐祸	xìng zāi lè huò		to take pleasure in others' misfortune, to gloat over others' misfortune	
38	棒	bàng	（形）	excellent, terrific, awesome	二
39	口述	kǒushù	（动）	to dictate	
40	说不定	shuōbudìng	（副、动）	perhaps, maybe	二
41	丢三落四	diū sān là sì		forgetful and always leaving things behind	
42	严谨	yánjǐn	（形）	strict, rigorous	三
43	应邀	yìngyāo	（动）	to be at sb.'s invitation	三
44	模棱两可	móléng liǎngkě		fuzzy, ambiguous	
45	检举	jiǎnjǔ	（动）	to report (an offense) to the authorities, to inform against (an offender)	
46	一系列	yíxìliè	（形）	a series of	三
47	注明	zhùmíng	（动）	to annotate, to explain with notes	
48	致辞	zhì cí	（动）	to make a speech	三
49	枪毙	qiāngbì	（动）	to shoot dead	三
50	撤	chè	（动）	to withdraw	三
51	评价	píngjià	（名、动）	evaluation, assessment; to evaluate	一③
52	学者	xuézhě	（名）	scholar	二
53	不禁	bùjīn	（副）	can't help (doing sth.)	二
54	狡猾	jiǎohuá	（形）	cunning, tricky	三
55	奔	bèn	（动）	to run quickly, to rush	三
56	尘土	chéntǔ	（名）	dust, dirt	
57	存放	cúnfàng	（动）	to leave (sth.) with sb., to leave (sth.) in sb.'s care	三
58	咳	hāi	（叹）	*used to express sadness, regret or surprise*	

专有名词

1	伊里奇	Yīlǐqí	name of a person
2	杨	Yáng	surname of a Chinese

词语搭配与扩展

一 惊人

［主~］成绩~｜变化~｜速度~

［状~］相当~｜确实~

［~中］~的变化｜~的才能｜~场面｜~的速度

（1）没想到，他当时的反应惊人地快。

（2）在与疾病的斗争中，他的毅力是惊人的。

二 征服

［~宾］~自然｜~沙漠｜~命运｜（他的表演）~了观众｜~病魔

［状~］不断地~｜成功地~｜共同~｜把……~了

［~中］~的对象｜~的计划｜~的手段｜~的过程

（1）我们希望征服癌症的日子已经不远了。

（2）他们在征服大自然的过程中成长起来。

三 提醒

［动~］得到~｜需要~

［状~］小声~｜偷偷地~｜互相~｜再三~｜及时~

［~补］~得及时｜~了两次｜~一下

［~中］~的时间｜~的方式

（1）她总是及时提醒乘客作好下车的准备。

（2）必须提醒他，说话要注意场合。

四 吸引

［~宾］~顾客｜~观众｜~（学生的）注意力｜~（读者的）兴趣

［状~］互相~｜被……所~｜强烈地~着（孩子们）｜始终~着（我）

［~补］~住了｜（把大家的目光）~过去｜~过来｜~了一阵

［~中］~的方式｜~的对象

（1）锣鼓声把孩子们都吸引过来了。

（2）香山吸引着越来越多的游客。

五 纷纷

[主~] 议论~ | 大雪~ | 落叶~ | 意见~

[~动] ~表示 | ~要求 | ~抗议 | ~报名 | ~检举 | ~揭发 | ~离开

（1）这个消息传来以后，大家议论纷纷。

（2）会上，同学们纷纷表示愿意参加义务劳动。

六 转播

[动~] 进行~ | 连续~ | 决定~ | 要求~

[~宾] ~新闻 | ~……节目 | ~……实况

[状~] 及时~ | 按时~ | 正在~ | 从未~（过）

[~补] ~完了 | ~得不清楚 | ~不了 | ~了两个小时 | ~一下

[~中] ~的时间 | ~的内容 | ~的结果

（1）明天的球赛将通过卫星直播。

（2）今晚中央台转播新疆台的中秋节晚会。

七 公平

[动~] 显得（很）~ | 注意~ | 认为（不）~ | 要求~

[状~] 真正地~ | 基本~ | 相当~ | 不~ | 应该~

[~补] ~极了 | ~不了 | ~得很 | ~一点儿

[~中]（不）~的原因 | ~的标准 | ~的决定 | ~的看法

（1）你这样对待他是不公平的。

（2）生活对待他是如此地不公平，但他从不抱怨。

八 抗议

[动~] 提出~ | 进行~ | 表示~ | 决定~

[~动] ~镇压（工人）| ~解雇（工人）| ~取消（……的资格）| ~提高（物价）

[定~] 工人们的~ | 强烈的~ | 受害者的~ | 外交部的~

[状~] 强烈地~ | 不停地~ | 坚决地~ | 应该~

［~补］~得好｜~得有力｜~得及时｜~得坚决｜~了一回
［~中］~的结果｜~的方式｜~的原因

（1）对方违反合同，我们应该提出抗议。
（2）抗议的结果是，厂方答应赔偿一切损失。

九 对照

［动~］加以~｜通过~｜进行~｜用不着~
［~宾］~事实｜~原文｜~（试题的）答案｜~（他的）态度
［定~］事实的~｜（两国）情况的~｜数字变化的~
［状~］严格地~｜反复地~｜认真地~｜按要求~
［~补］~得很仔细｜~起来（检查）｜~不了｜~一下
［~中］~的内容｜~的方面｜~的目的｜~的结果

（1）这篇稿子要对照原文进行校对。
（2）对照小王的笔记一检查，我才发现自己有很多地方没听懂。

十 评价

［动~］进行~｜给予~｜做出~｜加以~
［~宾］~（一个）人｜~作品｜~（一个）作家｜~（研究）成果
［定~］很高的~｜错误的~｜专家的~｜群众的~
［状~］科学地~｜充分地~｜重新~｜高度地~
［~补］~得很合理｜~得正确｜~得全面｜~得客观｜~起来｜~一下
［~中］~的内容｜~的客观性｜~的标准

（1）学生们对张老师的教学给予了高度的评价。
（2）专家对这部作品重新进行了评价。

语法例释

一 由于入学手续办晚了

"由于"，连词。表示原因，常用在表示因果关系的复句里。"由于"可以放在主语的前面或后面，也可以出现在"是"后边。例如：

（1）由于多方面的原因，出国考察人员的名单还没有定下来。
（2）由于他平时比较注意积累，因此他的知识面比较广。
（3）这次比赛由于天气的关系，只好延期了。
（4）他的创造性由于观念比较保守，所以受到了限制。
（5）他这次的失败，不是由于技术水平，而是由于心理准备不足。
（6）这次的成功，完全是由于大家的努力和领导决定的正确。

二 否则伊里奇教授又该认第三个外国学生了

"否则"，连词。有"如果不是这样"的意思，表示对上文做假设性的否定，同时指出否定的结果。"否则"连接小句，用于后一小句的开头。例如：

（1）谢谢你的提醒，否则我早把这件事忘了。
（2）你先报上名，然后再商量考试的问题，否则就失去机会了。
（3）他一定很有把握，否则他是不会答应的。
（4）你应该先跟学校打个招呼，否则学校不批准怎么办？
（5）学外语一定要下苦功夫，否则很难学好。
（6）他一定接到通知了，否则他会打电话来问的。

三 不瞒你们说，我也买了今天的球票

"瞒"，动词。意思是把真实的情况隐瞒起来，不让别人知道。"不瞒"是"不隐瞒"的意思。在"不瞒……说"的格式中，常嵌入第二人称代词或某某人。表示对某人不隐瞒，很坦率。说话人所说的话往往是不轻易告诉别人的。常作插入语。例如：

（1）不瞒你说，我已经提出辞职了。
（2）不瞒你说，你这样不负责任地乱批评，群众意见很大。
（3）不瞒大家说，你们来了，我还什么都没准备呢。
（4）不瞒大家说，学校已经准备开除小王了。
（5）不瞒老师说，考试时我查字典了。
（6）不瞒你说，这所房子已经不属于你了。

四 所以今天我要你们陪我一起上课，除非……

"除非"，连词。用在条件复句的从句中，强调指出唯一的条件。条件分句可以在前，也

可以在后。条件分句在前时，后一分句常有"否则"、"才"等与之呼应；条件分句在后时，则前一分句常有"如果"、"要"等与之搭配。例如：

（1）除非补办一个手续，否则对方是不会接受的。
（2）除非过年过节，他才会开这个大灯。
（3）除非大家都来，才有可能问清楚，否则没有办法解决。
（4）他今天是不会来的了，除非老王亲自去请。
（5）如果想天黑以前到达目的地，除非能找到一个向导。
（6）你要说小王作弊了，除非能拿出证据来。

五 有个女生在胸前一个劲儿地画十字

"一个劲儿"，副词。表示一种行为、动作不停地、连续地进行。后边可带"地"，做状语。例如：

（1）人家都烦死了，你还一个劲儿地唱。
（2）他一个劲儿地问，我只好告诉他了。
（3）老王好像有什么心事，坐在那儿一个劲儿地抽烟。
（4）雨一个劲儿地下，咱们怎么回家呢？
（5）阿里在那儿一个劲儿地翻抽屉，好像什么东西找不着了。
（6）邻居在装修房子，从早到晚都在一个劲儿地敲。

六 论文交上去不久

"……上去"，趋向补语。引申义为：动作使人或事物由较低的部门到较高的部门，或使事物的产量、质量、水平等方面由低到高。例如：

（1）你们的申请报告交上去没有？
（2）下半年的生产计划已经报上去了。
（3）没想到，他们那么快就把经济搞上去了。
（4）同学们的意见都反映上去了吗？
（5）我们又补上去两个人。
（6）产量是抓上去了，但质量并没抓上去。

七 我心里不禁笑了

"不禁",副词。表示在某种情况下,不知不觉地或不由自主地产生某种感情或做出某种动作,相当于"不由得"、"不觉",常做状语。例如:

(1)他看着看着信,不禁落下了眼泪。
(2)一阵冷风吹过,我不禁哆嗦了一下。
(3)听到实验成功的消息,人们不禁欢呼起来。
(4)我突然去找她,她打开门,不禁吃了一惊。
(5)听到这首歌,他不禁回忆起无忧无虑的童年时代。
(6)她为什么一个劲儿地解释?我不禁怀疑起她来。

练 习

一 熟读下列词组。

一系列措施	气氛紧张	集体的智慧	缺乏才能
一系列变化	气氛融洽	人类的智慧	发挥才能
年龄的差别	花费心血	学术权威	应邀出席
职业的差别	付出心血	理论权威	应邀参加

二 给下列动词搭配一个宾语和一个补语。

1. 存放＿＿＿＿ 2. 提醒＿＿＿＿ 3. 吸引＿＿＿＿ 4. 转播＿＿＿＿
   存放＿＿＿＿   提醒＿＿＿＿   吸引＿＿＿＿   转播＿＿＿＿
5. 征服＿＿＿＿ 6. 对照＿＿＿＿ 7. 瞒＿＿＿＿   8. 抗议＿＿＿＿
   征服＿＿＿＿   对照＿＿＿＿   瞒＿＿＿＿   抗议＿＿＿＿

三 在下列形容词前后各搭配一个适当的成分。

1. 惊人＿＿＿＿   2. 纷纷＿＿＿＿   3. 公平＿＿＿＿
   ＿＿＿＿惊人   ＿＿＿＿纷纷   ＿＿＿＿公平
4. 棒＿＿＿＿   5. 狡猾＿＿＿＿   6. 匆匆＿＿＿＿
   ＿＿＿＿棒   ＿＿＿＿狡猾   ＿＿＿＿匆匆

四 用指定词语回答问题。

1. 你们班为什么会取得这么好的成绩？（由于）

2. 阿里怎么现在才办手续？（由于）

3. 为什么要取消小王的考试资格？（不瞒……说 一个劲儿）

4. 安娜为什么哭了？是不是有人把那件事告诉她啦？（不瞒……说 一个劲儿）

5. 你昨天迟到了吗？（提醒 否则）

6. 张强又在给谁打电话？（提醒 否则）

7. 你们家乡的变化大吗？（……上去）

8. 你们的科研计划订出来了吗？（……上去）

9. 关于事故发生的原因，现在查清楚了吗？（除非 否则）

10. 你说安娜今天会来吗？（除非 否则）

11. 李兰英的卡拉OK唱得怎么样？（不禁）

12. 在关键时刻小李踢进了一个球，观众的心情怎么样？（不禁）

五 根据课文内容，判断下列说法是否正确，并说明理由。

（　　）1. 伊里奇教授进教室后，发现来了一个中国留学生。

（　　）2. 引语出自某书、某版本、某页，教授都背下来了。

（　　）3."我"第二次去上课，虽然坐在最后一排，教授仍然认出了"我"。

（　　）4. 教授的讲课方法灵活生动，课堂气氛十分活跃。

（　　）5. 有一次，教授陪夫人逛商场，把考试的卷子忘在家里了。

（　　）6. 教授为了看球，主动取消了自己的课。

（　　）7. 教授和学生的关系很融洽，期末考试那天，学生一点儿也不紧张。

（　　）8. 教授口述的试题与书面的试题一字不差。

（　　）9. 教授认为"我"的论文中的观点、引语有问题，所以给"枪毙"了。

（　　）10. 教授趁去中国讲学的机会，帮"我"把论文中的引语都查到了。

（　　）11. 教授忘记了自己的房间号，只好拿出身份证来证明自己的身份。

（　　）12. 教授把资料忘在家里了，让"我"赶快开车送他回家去取。

六 根据课文内容回答下列问题。

1. "我"第一次和伊里奇教授见面的情况怎么样？
2. "我"第二、第三次去上课的情况和第一次一样吗？
3. 伊里奇教授讲课有什么特点？
4. 教授和同学们的关系怎么样？举例说明。
5. 期末考试时，教授把试题忘在家里了，他是不是取消了考试？
6. 为什么说教授做学问十分严谨？
7. 参加学术会议期间，教授又演出了什么样的好"节目"？
8. 教授特意从上海为"我"带回一些资料，他是怎么交给"我"的？

七 交际训练。

1. 请告诉你的朋友（说一段话或写一段话）：

（1）我最怀念我的小学老师……

（2）他是一位幽默的老师……

（3）这位老师的特点就是要求严格……

（4）我的老师是球迷（戏迷、舞迷）……

（5）我的妻子（丈夫）没有文凭……

（6）我想（不想）当老师……

下面的词语可以帮助你表达：

> 才能　智慧　惊人　怀念　一系列　珍贵　开心　幽默
> 调皮　瞎逗　兴高采烈　狡猾　评价　棒　严谨　提醒
> 不禁　一个劲儿　不瞒……说　由于　说不定　除非　否则

2. 讨论：

（1）你喜欢什么样的老师？

（2）健忘的人能当好老师吗？

（3）老师的爱好、特长与修养会对教学产生什么影响？

（4）在与中国人的交往中，你在称呼方面遇到过麻烦吗？

（5）你们国家重视称谓吗？

3. 语言游戏。

（1）客套用语歌（比一比，看谁学得快、记得牢）

初次见面说"久仰"，好久不见说"久违"；

向人祝贺说"恭喜"，求人原谅说"包涵"；

请人帮忙说"劳驾"，求人指点说"赐教"；

麻烦别人说"打扰"，看望别人说"拜访"；

宾客到来说"光临"，中途先走说"失陪"；

让人别送说"留步"，等候客人说"恭候"；

与人分别说"告辞"，托人办事说"拜托"；

客套用语要记牢，时时刻刻莫忘掉。

（熊绍高）

（2）你学过下面这两句成语吗？它们出自哪一部著作？作者是谁？你了解这个作者吗？

学而不厌（xué ér bú yàn）

诲人不倦（huì rén bú juàn）

4. 看一看,说一说,写一写。

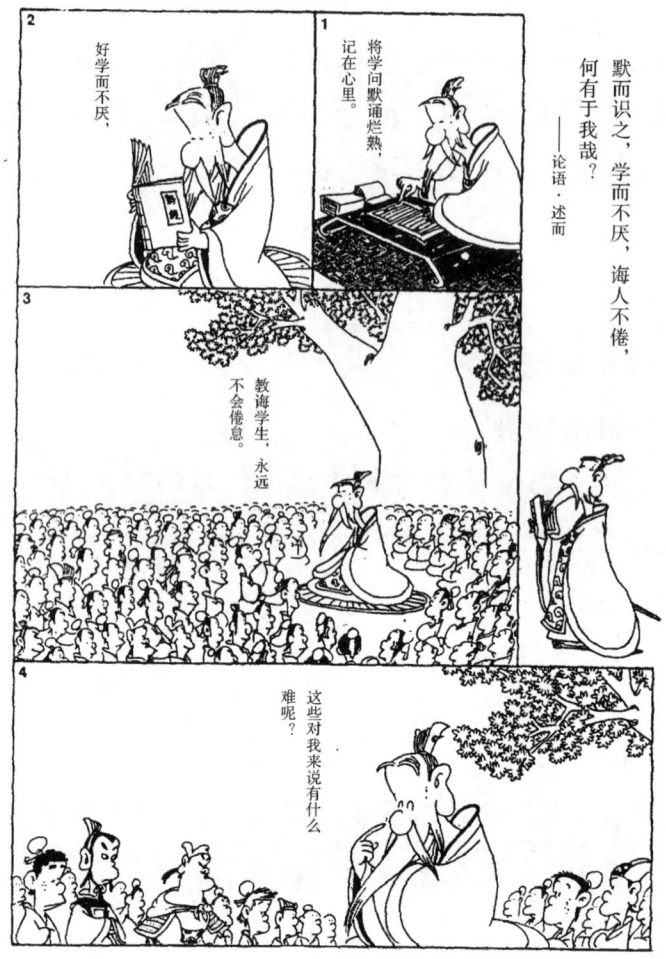

——选自蔡志忠漫画《孔子说》

20 三个母亲

课 文

我母亲、我、我女儿,三个母亲,生活在三个不同的时代,有着三种不同的文化。我出生在江西一个贫穷的农村,母亲是位温和[1]善良[2]的妇女,终日[3]操持[4]家务[5]而无半句怨言[6]。那一代的女人,并没有什么自我价值观念,"相夫教子"[7]是她心目[8]中最重要的大事。

记得父亲去世时,母亲跪在地上大哭:"我对不起你,我没有为你生下一个儿子!"在母亲的意识里,这便是女人一生最大的悲哀[9]。因为没有儿子,便意味着左家绝了后[10]。

我们姐妹三人,看到村里的男孩子都去读书,便缠[11]着母亲也送我们去,母亲同意了。村里人都笑她:女孩子长大都是别人家的,还读什么书?每当别人欺负[12]我们孤儿寡母[13]时,母亲就叹着气[14]说:"我要是有个儿子,就不会受气了。"我总是很男子气地说:"我不相信女人就不能给女人争气[15]!"母亲听了,满脸惊讶[16]。

我的舅舅[17]是位中学教师,他十分怜爱[18]我们,鼓励和支持我们去县城读书。在他的劝说[19]下,母亲卖了部分房子和地,供我们读中学。

有人指着母亲批评道:"你这个妇道人家[20]真不懂事,难道真指望[21]女儿为你养老送终[22]、传宗接代[23]不成?"母亲虽然自叹命苦,但还有几分坚强,她终于顶住了嘲笑[24],支持我们完成了学业。

不久,母亲带着没有生儿子的遗憾去世了。

我离开了家乡,带着替女人争气的愿望投入了社会,投入了革命洪流[25]。

时光易逝,转眼[26],我也做了母亲。

我们的年代,是一切为革命的年代,是无我的年代。我多年从事妇女工作和文化工作,天天宣传男女平等、妇女解放。当时提倡的口号就是:凡是男人能做到的事,女人也能做到。

记得我们还专门组织过妇女讨论：作为一个女人，事业和家庭，应该把哪个放在首位？我和当时许多女同志一样，毫不犹豫地把事业放在至高无上[27]的地位。

那时，占据[28]我脑子的全部是工作。白天是工作、开会，晚上是开会、工作。我们从封建社会反叛[29]出来，对旧式[30]贤妻良母[31]看不惯[32]。同时，我对做饭做家务也毫无兴趣。同事们来我家，常看到我煮面条儿，他们要吃饭，我也请他们自己煮，我觉得现代妇女就应该采取这样的生活方式。

我把三个孩子全送到幼儿园整托[33]，送到学校住校，以便[34]腾出更多的时间工作。星期日孩子们常磨我带他们上公园，我总回答他们："让爸爸带你们去！"丈夫调到外地工作后，我就打发[35]他们自己去。他们拿到几角钱，欢欢喜喜手拉手向外奔的样子，我现在还记得很清楚。

我对他们进行教育，常讲些革命道理。我教育他们要艰苦朴素。那时，孩子们的裤子、袜子都是补丁[36]摞[37]补丁，新衣服都是大的穿完小的接着穿，那时的孩子都充满着革命的理想主义精神。

有一次，儿子在日记中写道："我有资产阶级黄色[38]思想！"我看后吓了一跳，追问[39]他怎么回事，儿子说他和同学看电影《保尔·柯察金》去了，里面有保尔和冬妮亚接吻的场面。出电影院后，有的同学说这是资产阶级的黄色镜头[40]，他当时没说话。他问我，他这是不是资产阶级黄色思想？

现在看来，那个年代，人们的思想单纯[41]可笑，可大家都是认真的。在学校，是革命大道理，在家里还是革命大道理。孩子们在这种氛围[42]里长大，不懂得黑暗和丑恶[43]，以为前面是铺满鲜花的光明大道。在后来的动荡[44]岁月[45]里，这些梦幻[46]让他们吃尽了苦头[47]。

女儿中年后不止一次地对我说，她吃亏就在于[48]盲目[49]地信仰[50]了我们所讲的革命大道理，因此太缺乏自我保护意识、太善良地对待别人、太忘我地投入劳动、太轻易地受到他人伤害[51]。

这一切，能怪谁呢？

我也经历了动荡，也受到了迫害[52]，但我不埋怨[53]，我初衷[54]不改。

儿子曾问过我："解放前你有那么多机会，为什么不出国？"

我回答："资本主义社会是地狱[55]，共产主义才是天堂。"

儿子反问说："你没去过，你怎么知道那儿是地狱？"

我们这一代人的想法他们是很难理解的。回忆往事，我觉得自己的选择是对的，我从不后悔。

时间过得真快，现在，我的女儿也做了母亲。

女儿做母亲的方式和我完全不同。正如我和我的母亲完全不同一样。

女儿尽管工作、学习都很忙，但她还是把许多爱都倾注[56]在孩子身上。

外孙女[57]小时候，女儿说孩子"皮肤饥渴[58]"，需要经常抚摸[59]；孩子稍大，爱说"就不"的时候，她说这是"少年反抗期"，不用教育，过一阵[60]就好了；外孙女长成漂亮姑娘了，她又说到了"青春躁动[61]期"，两人躲在屋里长时间恳谈[62]。他们这一代，名堂[63]真多，这都是我们这一辈[64]不曾[65]考虑、不曾留意[66]的。

女儿做母亲，很讨厌说教[67]，她支持孩子打网球、滑冰、游泳、学弹琴，她给孩子买各种书，也放任[68]孩子自己买书，偶尔她也带孩子去跳舞或卡拉OK一下。她不反对孩子将来大了自己去闯天下、自己去辨别[69]善[70]与恶[71]，但她对孩子反复强调的是：只有自强[72]，只有全面发展，才能迎接生活。

外孙女的衣服很多，东一件西一件扔得满处都是，床底下还有一大堆鞋，眼看我家艰苦朴素的传统到这一辈已荡然无存[73]，对这点，我很有些不满[74]，外孙女却满不在乎。女儿见到我发火[75]，便骂外孙女两句，劝我两句。不过，我发现女儿悄悄地把我穿了多年舍不得[76]扔的旧衣服全给扔掉了。

女儿做妻子、做母亲，特别重视家庭基本建设，她爱装饰[77]房间，一会儿[78]贴瓷砖[79]，一会儿铺地毯[80]；她喜欢新上市的家用电器，洗衣机、空调机、抽油烟机[81]、加湿器[82]买个没完。每次她买回一个"大件"，我就要反对一次，我觉得家具越简单越好，房间里越朴素越好，东西越少越好。

可女儿常振振有词[83]地说："家要像个家的样子，就是要让自己过得舒适。干吗一辈子[84]凑凑合合[85]、破破烂烂[86]的？"

很快，女儿的女儿长大了，她每天高高兴兴地随录音机唱流行歌曲，美滋滋[87]地在镜子前晃[88]来晃去。她很知道心疼母亲，给母亲快乐。有时她看母亲不加修饰[89]地出门，就很认真地说："你得注意衣服的搭配[90]，你得好好打扮自己，人美了，就会有自信。"

这一课，应该是我给女儿上的，可我没有上。几十年过去了，没想到竟让女儿的女儿帮我补上了。

望着充满青春活力[91]的外孙女，我常想，不知她将来会成为什么样的母亲。

（作者：左诵芬。有删改）

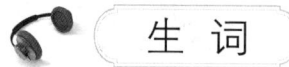

生　词

1	温和	wēnhé	（形）	gentle	二
2	善良	shànliáng	（形）	good and honest, kind-hearted	二
3	终日	zhōngrì	（名）	all day long	
4	操持	cāochí	（动）	to manage, to handle	
5	家务	jiāwù	（名）	household duties	二
6	怨言	yuànyán	（名）	complaint	附
7	相夫教子	xiàng fū jiào zǐ		to assist the husband and educate the children	
8	心目	xīnmù	（名）	mind	三
9	悲哀	bēi'āi	（形）	sad, sorrowful	三
10	绝后	jué hòu	（动）	to have no offsprings	
11	缠	chán	（动）	to pester	三
12	欺负	qīfu	（动）	to bully, to treat sb. high-handedly	二
13	孤儿寡母	gū ér guǎ mǔ		orphans and widows	
14	叹气	tàn qì	（动）	to sigh	二

20 三个母亲

15	争气	zhēng qì	（动）	to try to win credit for, to try to be next to none	附
16	惊讶	jīngyà	（形）	surprised, amazed	三
17	舅舅	jiùjiu	（名）	uncle (mother's brother)	三
18	怜爱	lián'ài	（动）	to love tenderly	
19	劝说	quànshuō	（动）	to persuade	三
20	妇道人家	fùdao rénjiā		women, the womenfolk	
21	指望	zhǐwang	（动、名）	to count on; hope	三
22	养老送终	yǎng lǎo sòng zhōng		to provide for the aged and bury them when they die	
23	传宗接代	chuán zōng jiē dài		to have a son to carry on his family name	
24	嘲笑	cháoxiào	（动）	to ridicule, to laugh at	三
25	洪流	hóngliú	（名）	flood current, torrent	
26	转眼	zhuǎnyǎn	（动）	in an instant	三
27	至高无上	zhì gāo wú shàng		most lofty	
28	占据	zhànjù	（动）	to occupy	二
29	反叛	fǎnpàn	（动）	to rebel	
30	旧式	jiùshì	（形）	old-fashioned	
31	贤妻良母	xián qī liáng mǔ		a good wife and loving mother	
32	看不惯	kànbuguàn		cannot bear the sight of	
33	整托	zhěngtuō	（动）	to send one's child to a boarding nursery	
34	以便	yǐbiàn	（连）	so that	二
35	打发	dǎfa	（动）	to send (sb.) away	二
36	补丁	bǔding	（名）	patch	
37	摞	luò	（动）	to pile up, to stack up	
38	黄色	huángsè	（名）	pornography	一③
39	追问	zhuīwèn	（动）	to make detailed inquiry	三
40	镜头	jìngtóu	（名）	shot, scene	二
41	单纯	dānchún	（形）	simple, pure	二

42	氛围	fēnwéi	（名）	atmosphere	三
43	丑恶	chǒu'è	（形）	ugly, hideous	三
44	动荡	dòngdàng	（形、动）	unrest	三
45	岁月	suìyuè	（名）	years	二
46	梦幻	mènghuàn	（名）	illusion, dream	三
47	吃苦头	chī kǔtou		to have a rough time	
48	在于	zàiyú	（动）	to lie in, to rest with	二
49	盲目	mángmù	（形）	blind	三
50	信仰	xìnyǎng	（动）	to believe in	二
51	伤害	shānghài	（动）	to hurt, to injure	二
52	迫害	pòhài	（动）	to persecute	三
53	埋怨	mányuàn	（动）	to complain, to blame	三
54	初衷	chūzhōng	（名）	original intention	三
55	地狱	dìyù	（名）	hell	三
56	倾注	qīngzhù	（动）	to pour (one's feeling, energy, etc.) into	
57	外孙女	wàisūnnǚ	（名）	granddaughter, daughter's daughter	
58	饥渴	jīkě	（形）	hungry and thirsty	
59	抚摸	fǔmō	（动）	to touch, to caress	三
60	一阵	yí zhèn	（数量）	a spell of	三
61	躁动	zàodòng	（形）	restless	
62	恳谈	kěntán	（动）	to talk sincerely	
63	名堂	míngtang	（名）	item, variety, trick	
64	辈	bèi	（名）	generation	二
65	不曾	bùcéng	（副）	never	二
66	留意	liú yì	（动）	to be careful, to look out, to keep an eye on	三
67	说教	shuōjiào	（动）	to preach, to sermonize	
68	放任	fàngrèn	（动）	not to interfere, to give free play to	
69	辨别	biànbié	（动）	to distinguish	三

70	善	shàn	（形）	good	三
71	恶	è	（形）	evil	三
72	自强	zìqiáng	（形）	to make unremitting efforts to improve oneself, to strive to be stronger	
73	荡然无存	dàngrán wú cún		all gone, nothing left	
74	不满	bùmǎn	（形）	dissatisfied	一③
75	发火	fā huǒ	（动）	to get angry, to lose one's temper	三
76	舍不得	shěbude	（动）	to hate to part with or use	二
77	装饰	zhuāngshì	（动、名）	to decorate; decoration	二
78	一会儿	yíhuìr	（副）	now... now/then...	一②
79	瓷砖	cízhuān	（名）	ceramic tile, glazed tile	
80	地毯	dìtǎn	（名）	carpet, rug	三
81	抽油烟机	chōuyóuyānjī	（名）	smoke exhaust ventilator	
82	加湿器	jiāshīqì	（名）	humidifier	
83	振振有词	zhènzhèn yǒu cí		to speak plausibly and volubly	
84	一辈子	yíbèizi	（名）	lifetime	二
85	凑合	còuhe	（动）	to make do (with)	三
86	破烂	pòlàn	（形）	worn-out, ragged	
87	美滋滋	měizīzī	（形）	self-satisfied, complacent	附
88	晃	huàng	（动）	to sway	三
89	修饰	xiūshì	（动）	to make up and dress up	
90	搭配	dāpèi	（动）	to collocate, to match	二
91	活力	huólì	（名）	vigor, energy	二

专有名词

1	《保尔·柯察金》	《Bǎo'ěr · Kēchájīn》	the title of a Russian novel and film
2	保尔	Bǎo'ěr	name of a character in the above novel
3	冬妮亚	Dōngníyà	name of a character in the above novel

词语搭配与扩展

一 温和

［主~］气候~｜阳光~｜性情~｜态度~｜目光~

［动~］显得~｜觉得~｜变得~了

［状~］很~｜实在~｜确实~｜不~

［~补］~极了｜~起来｜~下来｜~不了

［~中］~的性格｜~的态度｜~的声音

（1）他总是显得很温和，对谁都笑嘻嘻的。

（2）她听着听着，脸上的表情慢慢地温和下来。

二 价值

［动~］具有……~｜缺乏（学术）~｜利用（它的）~｜研究……~｜发现……~

［~动/形］~降低了｜~提高了｜~（很）高｜~（很）低

［定~］人生的~｜本身的~｜科学~｜经济~｜营养~｜收藏~｜实用~

（1）随着生活水平的提高，人们越来越注意食物的营养价值。

（2）在中国，科技人才的价值越来越受到重视。

三 意识

［动~］具有（公民的）~｜树立（法律的）~｜加强（服务）~｜克服（落后的）~

［~动/形］~丧失｜~恢复｜（旧）~严重｜（旧）~浓厚

［定~］传统~｜法制~｜社会~｜封建~｜现代~｜农民~

（1）我们每一个人都应增强法制意识，维护自己的合法权益，做一个好公民。

（2）我们要不断克服保守的落后意识，跟上现代化的步伐。

四 欺负

［动~］遭到~｜受到~｜忍受~｜遭受~｜挨~

［~宾］~孩子｜~弱者｜~穷人｜~外地人

［~补］~哭了｜~下去｜~不了｜~了一年

［~中］~的对象｜~的手段｜（被）~的人｜（受）~的情况

（1）现在，她再也不受别人的欺负了。
（2）那个男同学一贯欺负女同学，别人都看不起他。

五 盲目

[~动] ~经营｜~发展｜~崇拜｜~追求｜~行动
[状~] 不能~……｜不该~……｜很~
[~中] ~的群众｜~的乐观主义｜~的行动

（1）我们要相信自己，不要盲目崇拜他人。
（2）盲目的投资会给公司造成很大损失。

六 信仰

[动~] 树立~｜形成~｜改变~｜坚持~
[~动/形] ~形成了｜~树立了｜~改变了｜~动摇了｜~坚定｜~不同
[~宾] ~佛教｜~基督教｜~真理
[定~] 宗教的~｜民族的~｜伟大的~｜坚定的~｜共同的~
[状~] 应该~｜坚定地~｜一贯~｜无限~｜一心~
[~中] ~的原因｜~的危机｜~的对象

（1）每个人可以有不同的信仰，我们主张信仰自由。
（2）一个人的信仰不是生来就有的，而是逐渐形成的。

七 伤害

[动~] 遭到~｜受到~｜避免~｜防止~｜禁止~……
[~宾] ~眼睛｜~内脏｜~妇女｜~儿童｜~对方｜~自尊心｜~积极性
[状~] 极大地~｜故意~｜可能~｜严重~｜直接~
[~补] ~得很厉害｜~过（他）｜~不了（他）

（1）老张的话极大地伤害了他的自尊心。
（2）说话做事应避免伤害他人。

八 埋怨

[~宾] ~老师｜~他人｜~条件太差｜~物价飞涨
[定~] 无尽的~｜众多的~｜学生的~｜父母的~

［状～］不停地～｜总是～｜一个劲儿地～｜不该～

［～补］～起来｜～下去｜～不了｜～了一辈子

（1）我们应该多做自我批评，不要埋怨对方了。

（2）出了问题，他总是埋怨别人，真不像个男子汉。

语法例释

一 记得我们还专门组织过妇女讨论

1."专门"，副词。与"特地"、"特意"意思相近，用来限定动作的范围，只能修饰动词。例如：

（1）我是专门来找你的，真巧，在这儿碰上了。

（2）总公司还专门派了两位技术专家来作指导呢。

（3）乔厂长专门派了两个人来管理班车。

（4）为了满足外国朋友的需要，旅游局专门开会研究并布置了旅游纪念品和工艺品的生产任务。

（5）为了提高接待水平，单位的有关部门专门讨论出了五十条文明用语。

（6）虽然王英没有专门花工夫去减肥，但效果却挺明显。

2."专门"，形容词。指专从事于某一方面或某一项工作的。例如：

（7）他是一个专门人才，在汽车工业领域很有成就。

（8）京海财经学院是一所培养会计的专门学校。

（9）别看不起美容行业，那也需要专门的理论、专门的技术。

（10）他们为培养企业所需的专门人才，付出了很大的代价。

二 我把三个孩子全送到幼儿园整托，送到学校住校，以便腾出更多的时间工作

"以便"，连词。连接两个分句，表示使得下文所说的目的容易实现，用于第二个分句开头。常常用于书面语。例如：

（1）我们现在就应该努力学习知识，不断充实自己，以便将来为社会多做贡献。

（2）北京电话号码升为八位，以便适应现代化通信的需要。

（3）我们要大力开展体育运动，以便进一步增强人民体质。
（4）政府应加强道德教育，以便培养国民良好的道德品质。
（5）你们来之前，最好预先打个招呼，以便我们有所准备。
（6）家长们应以身作则，以便给孩子们树立良好的榜样。

三 这都是我们这一辈**不曾**考虑、不曾留意的

"不曾"，副词。"曾经"的否定。"曾经"，表示以前有过某种行为或情况，但现已结束。"不曾"后面常带动态助词"过"。例如：

（1）她不曾见过这么大的场面，感到有些紧张。
（2）刘大夫为妇科事业倾注了全部心血，而她自己却不曾做过母亲。
（3）他过去不曾留意过公司有这么一位漂亮姑娘。
（4）赵心仪过去不曾想过做一名演员，是一个偶然的机会使她步入影坛的。
（5）母亲一生终日操劳，却不曾有过一句怨言。
（6）据了解，约翰先生不曾来过中国，可他对古老的东方文化却无比热爱。

四 外孙女的衣服很多，**东**一件**西**一件扔得满处都是

"东……西……，"在这个格式中，"东"和"西"不表示方位，而是泛指"这儿……那儿……"，有"各处"、"到处"的意思。当中常嵌入意义相近、相同或同类的词语。例如：

（1）为了买房子，王大妈东拼西凑，好容易才凑足钱。
（2）我太忙了，哪有时间跟你东拉西扯。
（3）一觉醒来，我发现家里东倒西歪地躺了好几个人。
（4）王小红东问西问，东找西找，好容易才找到了张老师家。
（5）妈妈这些天东一趟西一趟，跑遍了这一带的大小商场，终于办齐了年货。
（6）湿衣服东一摊西一摊的，把家里搞了个乱七八糟。
（7）你的书，东一本西一本的，扔得哪儿都是。

五 **眼看**我家艰苦朴素的传统到这一辈已荡然无存

1. "眼看"，动词。表示亲眼看到或听凭事情发生或发展。后面可带"着"，不能重叠，没有否定式。

（1）我眼看着他进了餐厅，怎么转眼就不见了呢？

（2）眼看着张大妈被病魔折磨得一天天地消瘦，谁也无可奈何。

（3）我们不能眼看着坏人横行霸道，应该勇敢地站出来制止他们。

（4）假冒伪劣商品充斥市场，有正义感的人绝不能眼看着不管。

2."眼看"，副词。"马上"的意思，常与"就"连用。

（5）天眼看就亮了。

（6）他心爱的狗病得很严重，眼看就要死了。

（7）我们同窗四年，眼看就要分开了，心里真有点儿舍不得。

六 不过，我发现女儿悄悄地把我穿了多年舍不得扔的旧衣服全给扔掉了

"舍不得"，动补结构。是"舍得"的否定形式，意思是因爱惜或留恋而不忍放弃或离开，不愿使用或处置。它后面常跟着动词、动宾结构或动补结构，也可以跟名词。例如：

（1）那个沙发早就坏了，可他就是舍不得扔。

（2）这件大衣是初恋情人送的，她一直都舍不得穿。

（3）妈妈过日子特别节俭，总是舍不得花钱。

（4）黄群当兵四年，复员时，舍不得离开朝夕相处的战友。

（5）我早就想住楼房，可真搬进楼房时，又有点儿舍不得那个四合院。

（6）这台彩电已经很旧了，也早就过时了，可奶奶还是舍不得淘汰掉。

七 她爱装饰房间，一会儿贴瓷砖，一会儿铺地毯

"一会儿……一会儿……"，连用两次或几次，连接两个或两个以上的短语或句子，构成并列复句，表示几种动作或情况互相交替出现。例如：

（1）他最近的心情好像六月里的天气一样，一会儿阴，一会儿晴，也不知是为什么。

（2）老王这个人哪，一会儿明白，一会儿糊涂。

（3）王大妈一会儿摇头，一会儿叹气，不知是什么事使得老人如此发愁。

（4）晚会上，大家一会儿唱歌，一会儿跳舞，玩儿得很开心。

（5）他一会儿嫌时间过得慢，一会儿又感到它跑得太快了。

（6）王东躺在床上，一会儿闭上眼睛休息，一会儿又睁起眼睛望着天花板出神。

八 美滋滋地在镜子前晃来晃去

"……来……去",在这个格式中嵌入同一动词或两个同义动词(动词不带宾语,如有宾语,必须提前)表示如下意思:

1. 动作的趋向,指一会儿这个方向,一会儿那个方向,来来回回重复进行。一般做谓语、状语。例如:

(1)这条街太乱,人也多,汽车开来开去的,你可要小心啊!
(2)孩子们在草地上无忧无虑地跑来跑去,他们真是幸福的一代。
(3)王群一边抽着烟,一边在房间里走来走去,不知是什么问题困扰着他。
(4)风筝在天空中飞来飞去,为孩子们增添了许多快乐。

2. 动作反复或持续,不能作为句子的主要谓语,后面必须另有主要谓语来说明动作反复、持续的结果。例如:

(5)这件衣服改来改去,改得都没法穿了。
(6)他们几个人花了整整一下午,研究来研究去,也没研究出个结果。
(7)王小红躺在床上翻来覆去,一夜没睡着。
(8)那个人我似乎在哪儿见过,可想来想去也想不出她到底是谁。

练 习

一 在下列形容词前后各搭配一个适当的成分。

1. 温和_____   2. 善良_____   3. 悲哀_____   4. 惊讶_____
   _____温和   _____善良   _____悲哀   _____惊讶

5. 单纯_____   6. 盲目_____   7. 不满_____   8. 破烂_____
   _____单纯   _____盲目   _____不满   _____破烂

二 给下列动词搭配一个宾语和一个补语。

1. 信仰_____   2. 劝说_____   3. 装饰_____   4. 埋怨_____
   信仰_____   劝说_____   装饰_____   埋怨_____

5. 留意_____   6. 伤害_____   7. 欺负_____   8. 迫害_____
   留意_____   伤害_____   欺负_____   迫害_____

三 用指定词语完成句子。

1. 你爸爸和妈妈为什么又闹矛盾了？（舍不得　非……不可）

2. 王太太的性格怎么样？（温和　不曾）

3. 你怎么下了班不回家，还在这儿忙啊？（稍微　以便）

4. 张教授的夫人是做什么工作的？（专门　资格）

5. 孩子们为什么都不和飞飞玩儿了？（欺负　这样一来）

6. 她家那么好找，你怎么找不到呢？（东……西……　……来……去）

7. 你们昨天的晚会开得怎么样？（一会儿……　一会儿……　总之）

8. 你真的了解小王吗？（眼看　难道）

四 根据课文内容，判断下列说法是否正确，并说明理由。

（　）1. "我"母亲深感对不起父亲，因为她使左家绝了后。
（　）2. 当时村里的人都让孩子读书，所以母亲就让我们姐妹去了。
（　）3. 母亲送我们去读书是盼望着我们能传宗接代，给她养老送终。
（　）4. 母亲平静地去世了，没有什么遗憾。
（　）5. "我"既热爱"我"的工作，也热爱家务劳动。
（　）6. "我"坚信资本主义是地狱，其实"我"根本没见过资本主义的样子。
（　）7. 女儿除了工作、学习之外，非常爱家、爱孩子。
（　）8. 女儿很重视家庭建设，"我"也十分支持她。

五 把下列词语整理成正确的句子。

1. 想法　一代　完全　人　不同　和　上　年轻人　的

三个母亲 20

2. 倾注 孩子 母亲 所有的 把 身上 到 都 爱 了 几乎

3. 大干 的 工作 王教授 带着 一番 投入 决心 了

4. 到底 哪里 问题 不曾 我 过 留意 出在

5. 选择 必然 方式 新的 年轻人 我 社会 是 认为 发展 的 休闲

6. 舒适 放弃 犹豫 小王 了 的 毫不 边疆 选择 生活 了 而 城市 地

六 选词填空。

倾注 意识 盲目 劝说 凑合 不曾 在乎 占据 终日 眼看

1. 现在青少年中盛行对港台歌星_____崇拜的现象。
2. 在母亲的_____下，小张终于认清了自己的错误，又重新回到工作岗位上。
3. 王教授在这个项目上_____了全部心血。
4. 找什么样的对象关系到自己一生的幸福，绝不能瞎_____。
5. 现在，_____我脑子的，全部是甲A足球联赛。
6. 王老师_____操劳，几乎从不休息，终于累倒在讲台上。
7. 吸烟危害健康，这是人人应_____到的。
8. 我不小心弄脏了她的衣服，可她一点儿也不_____。
9. _____又要放暑假了，你有什么打算吗？
10. 最让我伤心的是：张鹏_____留意过我，甚至从来没有多看过我一眼。

七 根据课文内容回答下列问题。

1. 为什么母亲会觉得对不起父亲？
2. 母亲为什么要送我们几个女孩子去读书？
3. "我"是一个什么样的母亲？"我"跟"我"的母亲有什么不同？为什么？
4. 女儿是一个什么样的母亲？她和"我"又有什么不同？为什么？
5. 女儿的女儿做了母亲会是什么样子？她会有什么新特点？

八 交际训练。

1. 根据提示说一段话或写一段话，至少用上10个词。

> 我的母亲　温和　善良　终日　操持　怨言　意识　怜爱　争气　指望
> 贤妻良母　埋怨　以便　打发　不曾　自强　说教　舍不得　价值

2. 讨论：

（1）你怎么看待代沟的问题？《三个母亲》一文中所反映的问题有没有普遍性？

（2）你们喜欢什么样的休闲方式？休闲与紧张的工作有什么关系？

（3）在你们国家，母亲以什么方式关心孩子？她们与中国母亲有什么不同？为什么？

（4）你们国家的孩子面临什么样的问题？

（5）你小时候是否有一个欢乐的童年？如果你有了孩子，你会怎样养育他（她）？

3. 语言游戏。

（1）把下列词语写在黑板上，叫一个男生和一个女生到前边，分别在适用于男性和女性的词语前画"√"，然后说明理由。

> 温柔　善良　刚强　美丽　英俊　坚毅　正直　忠诚
> 潇洒　忧郁　敏感　坦率　迷人　细腻　粗犷　专横

（2）熟读下列广告语，并分析其中成语的含义。

① 蓝带啤酒，天长地久

② 佳能小威力（照相机），轻而易举

③ 亚都空调一拖二，事半功倍

④ 止咳药，"咳"不容缓（刻不容缓）

⑤ 电蚊香：默默无"蚊"（默默无闻）

4.看一看,说一说,写一写。

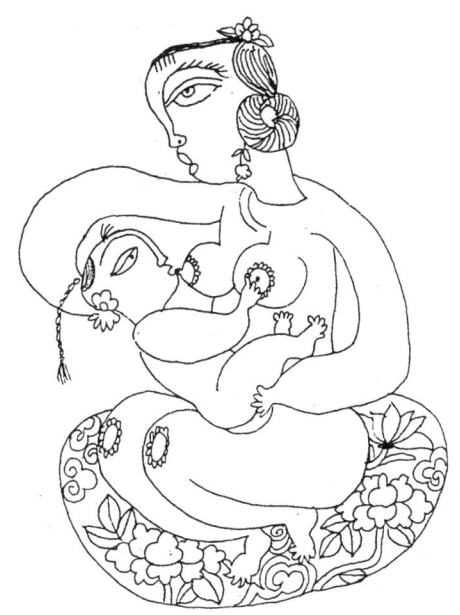

rǔ
乳

古文字形是母亲抱着吃奶的幼子的形象,是"哺乳"的意思。

——选自《汉字的故事》,施正宇编著

21 整容[1]

课文

去年秋初的一天，纺织厂女工肖琴从上海市的一家人民医院出来，心中充满着难言[2]的痛苦：她花了两个多月的时间，到处托人联系，总算找到了整容专家张涤生。可是，张医生连问带讯[3]，门诊[4]只花了十分钟时间，就起身拿着肖琴的挂号卡[5]说："我劝你不要整容。你才三十二岁，脸部的皮肤正常，我看根本没有必要做手术。"

肖琴含着委屈的泪水，走出了门诊室。张医生的话使她越想越恼火[6]。难道说，要使自己变得更漂亮一些，也算是一种错误吗？何况[7]肖琴现在有一种危机感，她的家庭生活正面临着一位漂亮的女学生的挑战。

肖琴的丈夫林谷是某业余大学的青年教师，这几年他教过许多学生，并没有引起过肖琴的不满。可是去年新来的一位名叫李娜的女学生，却与众不同[8]。开课不久，林谷就常在妻子面前说："李娜聪明好学，理解力强。""李娜对学问真是着了迷[9]，听她头头是道[10]地回答问题，我会感到一种当教师的满足！"开始肖琴也不注意，后来林谷一回家总是提到李娜，还常常边说边笑地称赞道："我们班上的学生都喜欢她！"肖琴和李娜没有见过面，然而，她几乎成了肖琴家每天见不到面的常客。肖琴的心蒙上了一层阴影[11]："三十多岁的我，脸上、眼角都爬满了皱纹[12]，怎么比得过青春妙龄[13]的李娜呢！"

这以后，肖琴本来就觉得单调的生活变得更加无味。她常常不知不觉地站到镜子前，仔细地观察自己的那张脸：结婚只不过七年，额[14]上已经刻下深深的皱纹，眼睛四周[15]有了黑斑[16]，脸上的肌肉开始松弛[17]、起皱。肖琴自己对这张脸也越来越不满意了。

不知怎么她突然冒出"整容"的念头。整容手术费虽高，但为了使家庭生活重放光彩[18]，这笔钱值得花！

整容

现在，肖琴失望了。她慢慢地离开医院，也不知走了多久多远。忽然，她发现附近一条小街的胡同口，有一家私人开的整容所。肖琴的眼里闪出了光亮[19]，她毫不犹豫地跨进了整容所。

手术还算顺利。那天肖琴服了大量镇静剂[20]，脸上扎[21]满了绷带[22]。第三天拆绷带时，她看到自己的脸又肿[23]又紧。几个星期之后，脸不再肿了，可怕的黑斑也淡了下去。原来不平的脸部皮肤，又变得平整[24]光滑[25]，就像少女[26]时代一般。但是，额上的几条横[27]纹和眉毛间的深沟[28]却依然[29]像过去一样。这该有多别扭[30]啊！手术前这些皱纹并不明显，现在却又深又黑，像是一条条刀痕[31]。肖琴到整容所去拆线的那天，遗憾地对医生说起这件事，得到的回答却是："整容不是万能[32]的，这些皱纹是去不掉的了。"

又过了一段时间，肖琴额上的"刀痕"渐渐地不那么明显了。可是不久又出现的情况更令人沮丧：她的左眼皮[33]奇怪地下垂[34]，后来右眼皮也变了样，眨[35]眼时不能很快睁开，好似没睡醒的样子。肖琴急忙给那位整容医生打电话，对方回答说需要预约[36]复查。她立刻写信去联系，回信却又说预约客满，需要耐心等待。肖琴心里暗暗[37]着急，背地里[38]不知流了多少眼泪。

一次周末，肖琴下班回家，见丈夫悠然[39]地坐在沙发上读信，心中立刻冒起一股无名火："我这副模样难道非要[40]到处去丢丑[41]吗？今天你在家为什么不去幼儿园[42]接孩子？"林谷一听也火了，马上反驳[43]说："这么怕丢丑，你就一辈子待在家里吧！"这下可狠狠[44]刺到了妻子的痛处，她伤心地说："你真没良心[45]，我是为了你才弄成这副样子的！"

林谷气呼呼[46]地说："为了我？我什么时候让你去整容啦？"

"我想重新漂亮起来。"肖琴哭起来，断断续续地说，"我想使一切都……恢复到原来的样子。"

"原来，什么时候？原来，什么样子？"林谷感到疑惑[47]不解[48]。

"在我开始变老之前，"肖琴又伤心地哭起来，"在你没有拿我同那个李娜相比之前。我要问你，究竟你对她着迷到什么程度了？为什么你总在我面前，李娜长李娜短地夸[49]个不停？"

林谷被妻子的一连串问题问呆了，沉默不语地垂着头。过了好一会儿，他才慢慢地回答说："琴，你的话只说对了一半。我有时是在对比，特别是当你没完没了地抱怨[50]自己的相貌之后，李娜对于学问的探索精神，就好像使我服了兴奋剂。"

不知为什么，肖琴一句话也不说了。双方沉默无言，难堪[51]极了。

突然，林谷好像想到了什么，他走上前拉着妻子的手说："今天我们一起去接宝宝，好不好？"

几分钟以后，汽车靠站，林谷指着前面一座普通的小平房说："知道吗，那位让你丈夫着迷的美人就住在这儿。"

肖琴硬着头皮[52]不安地跟着丈夫走到门前。林谷敲了敲门，开门的是一位五十来岁的女人，灰白的头发，胖胖的圆脸上满是细细的皱纹。

"哎呀，林老师，是您呀！"她大声地嚷起来，"真没想到，太好了！这位该是肖琴吧？我一直都惦记[53]着你呢！"她哈哈笑着向肖琴伸出双手，非常友好、坦率[54]。

"谢谢，"肖琴疑惑地说，"您是李娜的……"

"哎呀，天哪！"那女人禁不住笑得前仰后合，"阿兴，你听到了没有？"她转过身去，朝身后的一个男子笑着说。他戴着一副金丝眼镜，头发花白[55]，风度[56]翩翩[57]，一看就是知识分子[58]的样子。

林谷赶快上前给妻子解围[59]，他得意地笑着说："琴，给你介绍一下，这位是李娜同志，也可以说，是我尊敬的学生。他，赵祖兴工程师，是李娜的爱人……"

随后[60]的一个小时，对肖琴来说也许是终生[61]难忘的。他们坐在李娜的房间里，一边喝茶，一边交谈，气氛极其融洽。肖琴渐渐不觉得难堪了，她发现李娜身上确实有许多闪光的东西。李娜的爱人是个有事业心的知识分子，可是二十多年来生活十分艰难。李娜结婚之前就想考大学，可婚后有了孩子，加上丈夫政治上的坎坷[62]，使她一度[63]心灰意冷[64]。现在一切都好起来了，李娜渴望[65]读书，渴望发掘自己被岁月埋没[66]的能力。"女人也是人，她除了具有女性的价值之外,还应当有作为人的完整价值。这就是对社会的创造,以及社会对这种创造的承认。"李娜说到这些富有哲理[67]的话语时,眼睛亮亮的,眼角旁跳动着欢乐[68]的鱼尾纹[69]。

虽然不能说那天下午发生了什么奇迹[70],但从那以后,肖琴对许多问题开始自问:我的人生的黄金岁月,难道已随着青春逝去了?如果我和李娜相比,相貌上还占着绝对优势[71],可为什么她却显得那么有魅力[72]、有生气?

(作者:周稼骏。有删改)

生 词

1	整容	zhěng róng	(动)	to tide up one's appearance, to have a facelift	
2	难言	nán yán	(动)	to be awkward to disclose, to be hard to state	
3	连问带讯	lián wèn dài xùn		to ask about, to inquire	
4	门诊	ménzhěn	(动)	outpatient service	二
5	卡	kǎ	(名)	card	一②
6	恼火	nǎohuǒ	(形)	annoyed, irritated	
7	何况	hékuàng	(连)	let alone	三
8	与众不同	yǔ zhòng bù tóng		out of the ordinary	三
9	着迷	zháo mí	(动)	to be fascinated	附
10	头头是道	tóu tóu shì dào		clear and logical, closely reasoned and well-argued	附
11	阴影	yīnyǐng	(名)	shadow	二
12	皱纹	zhòuwén	(名)	wrinkle	
13	妙龄	miàolíng	(名)	youth, tender age	
14	额	é	(名)	forehead	
15	四周	sìzhōu	(名)	all around	二
16	斑	bān	(名)	spot	
17	松弛	sōngchí	(形)	flaccid, loose	附

18	光彩	guāngcǎi	（名、形）	splendor; glorious, radiant	三
19	光亮	guāngliàng	（名、形）	light; bright, shiny	
20	镇静剂	zhènjìngjì	（名）	sedative, tranquilizer	
21	扎	zā	（动）	to wrap up, to bind up	
22	绷带	bēngdài	（名）	bandage	附
23	肿	zhǒng	（动）	to swell	二
24	平整	píngzhěng	（形）	neat, smooth	
25	光滑	guānghuá	（形）	smooth and glossy	三
26	少女	shàonǚ	（名）	young girl	三
27	横	héng	（形、动）	horizontal; to move crosswise	二
28	沟	gōu	（名）	ditch	二
29	依然	yīrán	（副）	still, as before	二
30	别扭	bièniu	（形）	awkward	三
31	痕	hén	（名）	mark, trace	
32	万能	wànnéng	（形）	omnipotent, almighty	附
33	眼皮	yǎnpí	（名）	eyelid	
34	垂	chuí	（动）	to hang down, to droop	三
35	眨	zhǎ	（动）	to blink, to wink	
36	预约	yùyuē	（动）	to make an appointment	二
37	暗暗	àn'àn	（副）	secretly, inwardly	
38	背地里	bèidìli	（名）	behind one's back, privately, furtively	
39	悠然	yōurán	（形）	carefree and leisurely	
40	非（要）	fēi(yào)	（副）	to have to, simply must	
41	丢丑	diū chǒu	（动）	to lose face, to be disgraced	
42	幼儿园	yòu'éryuán	（名）	nursery, childcare center	一③
43	反驳	fǎnbó	（动）	to retort, to refute	三
44	狠	hěn	（形）	ruthless	二
45	良心	liángxīn	（名）	conscience	三
46	气呼呼	qìhūhū	（形）	in a huff, panting with rage	
47	疑惑	yíhuò	（动）	to feel uncertain, to be doubtful	三

48	不解	bùjiě	（动）	to be puzzled, to fail to understand	三
49	夸	kuā	（动）	to praise	三
50	抱怨	bàoyuan	（动）	to complain, to grumble	二
51	难堪	nánkān	（形）	embarrassed	三
52	硬着头皮	yìngzhe tóupí		to force oneself to do sth. against one's will	
53	惦记	diànjì	（动）	to be concerned about	三
54	坦率	tǎnshuài	（形）	candid, frank	三
55	花白	huābái	（形）	grey	
56	风度	fēngdù	（名）	demeanor, manner	二
57	翩翩	piānpiān	（形）	elegant, genteel	
58	知识分子	zhīshi fènzǐ		intellectual	三
59	解围	jiě wéi	（动）	to save sb. from embarrassment	三
60	随后	suíhòu	（副）	soon afterwards, later	二
61	终生	zhōngshēng	（名）	all one's life	三
62	坎坷	kǎnkě	（形）	full of obstacles	
63	一度	yídù	（副）	once, on one occasion	二
64	心灰意冷	xīn huī yì lěng		to be disheartened, to be disappointing	
65	渴望	kěwàng	（动）	to thirst for, to long for, to yearn for	二
66	埋没	máimò	（动）	to stifle, to bury	附
67	哲理	zhélǐ	（名）	philosophy	
68	欢乐	huānlè	（形）	happy, joyous	一③
69	鱼尾纹	yúwěiwén	（名）	crow's feet	
70	奇迹	qíjì	（名）	miracle, wonder	二
71	优势	yōushì	（名）	superiority, advantage	一③
72	魅力	mèilì	（名）	charm	三

专有名词

| 1 | 肖琴 | Xiāo Qín | name of a person |
| 2 | 张涤生 | Zhāng Díshēng | name of a person |

3	林谷	Lín Gǔ	name of a person
4	李娜	Lǐ Nà	name of a person
5	阿兴	Ā Xīng	name of a person
6	赵祖兴	Zhào Zǔxīng	name of a person

词语搭配与扩展

一 别扭

［动~］感到~｜觉得~｜看着~｜显得~

［状~］特别~｜很~｜格外~｜实在~｜不~

［~补］~极了｜~得不得了｜~得厉害｜~了半天

［~中］~的动作｜~的句子｜~的感觉

（1）这些家具这么摆放看起来有点儿别扭。

（2）他俩从来就有些别别扭扭的，说不到一块儿去。

二 耐心

［动~］有~｜需要~｜缺乏~｜显得（很）~

［~动］~等待｜~帮助（他）｜~教育（孩子）｜~讲解

［状~］很~｜不~｜应该~｜确实~｜（他）可~（了）

［~补］~得很｜~极了｜~得不得了｜（你）~一点

（1）母亲对孩子们很耐心。

（2）只要耐心地学习，什么技术都能学会。

三 反驳

［~宾］~（专家的）意见｜~（对方的）观点｜~（他的）发言

［定~］有力的~｜巧妙的~｜专家的~｜对方的~

［状~］坚决地~｜及时地~｜公开~｜没有~｜无法~｜可以~

［~补］~得有力｜~得巧妙｜~不了｜~几次｜~了半天

［~中］~的原因｜~的根据｜~的方法

（1）在会上，他坚决地反驳了那些人对他的诽谤。
（2）在辩论中，我们以事实反驳了对方的错误观点。

四 疑惑

［动~］产生~｜感到~｜引起~｜减少~

［~动/形］~增加｜~消除｜~多｜~少

［状~］非常~｜实在~｜长期~｜可能~（你）

［~补］~起来｜~得很｜~了几天

［~中］~的眼神｜~的神情｜~的理由｜~的原因

（1）妻子近来常常深夜才归，丈夫渐渐产生了疑惑。
（2）听了那件事后，他疑惑地问："这是真的吗？"

五 抱怨

［~宾］~司机｜~天气｜~命运（不好）｜~物价（太贵）

［定~］顾客的~｜学生们的~｜他的~｜这种~

［状~］不要~｜总是~｜处处~

［~补］~起来｜~了几次｜~了半天

［~中］~的样子｜~的原因｜~的口气｜~的话

（1）开车都三个小时了，也没有列车员送开水，旅客们纷纷抱怨起来。
（2）这个人干什么都不努力，却总是抱怨自己的运气不好。

六 惦记

［~宾］~着孩子｜~着老人｜~着工作｜~（儿子的）婚事

［状~］总是~（这件事）｜一直~｜不要~｜天天~

［~补］~得不得了｜~了很长时间

（1）妻子在国外工作，心里总惦记着孩子。
（2）我在北京生活得很好，不要惦记我。

七 气氛

［动~］感觉到（……的）~｜充满（欢乐的）~｜洋溢着（喜悦的）~｜制造（紧张）~

［~动/形］~活跃了｜~变了｜~紧张｜~热烈

［定～］家庭的～｜考场的～｜友好的～｜节日的～｜这种～

（1）节日的大街上，充满了欢乐的气氛。
（2）昨天上讨论课，教室里气氛十分活跃。

八 渴望

［动～］开始～｜充满～｜带着……～｜产生了……～

［～动］～上（大学）｜～结婚｜～放假｜～出国｜～工作

［～宾］～（美好的）生活｜～（安静的）环境｜～（漂亮的）衣服｜～（优越的）地位

［定～］父亲的～｜对……的～

［状～］特别～｜一直～｜由衷地～

［～中］～的目光｜～的神情｜～的心理｜～的心情

（1）那时我们多么渴望有个足球场啊，现在终于有了。
（2）多年来，我一直渴望得到出国深造的机会。

九 奇迹

［动～］创造～｜发现～｜出现～｜产生～

［～动／形］～出现了｜～产生了｜～惊人

［定～］惊人的～｜创造的～｜梦想的～｜这种～｜一个～

（1）在十分困难的条件下，工人们创造出了人间奇迹。
（2）宇航员登上了月球，这是一个伟大的奇迹。

语法例释

一 门诊只花了十分钟时间，就起身……

副词"只"和连词"就"搭配构成"只……就……"格式，以强调某种行为的时间短或数量少。例如：

（1）他只用了两天时间就把这部小说看完了。
（2）他只看了一眼就认出来了，那正是他丢的笔。
（3）安娜只听了几分钟录音就困了。
（4）这孩子只走了五六步就摔倒了。

（5）她只吃了几口就饱了。

（6）老师只说了两句他就明白了。

二 何况肖琴现在有一种危机感

"何况"，连词。有以下用法：

1. 用于后一分句句首，表示进一步申述理由或追加理由。常和"又"、"也"、"还"等配合使用。用法基本上同"况且"、"再说"。例如：

（1）天这么晚了，何况你又是一个人，明天再走吧。

（2）你去接他一下吧，这儿不好找，何况他又是第一次来。

（3）那部电影听说不错，何况已经买了票，咱们还是去看吧。

（4）路那么远，何况又下雨，他能按时来吗？

2. 用于后一分句句首，构成反问句，表示更进一层的意思。前一分句常有"尚且、都、还"或"连……都（也）……"与它呼应。"何况"前面可加"更、又"。例如：

（5）鲁迅的书他都能翻译，何况这几篇小文章？

（6）她病得走都走不动，更何况跑呢？

（7）经常复习，还免不了会忘，何况从不复习呢？

（8）连她家里人都不知道她去哪儿了，何况外人呢？

（9）再大的困难我们都克服了，何况这点儿小事。

三 怎么比得过青春妙龄的李娜呢

"比得过/上/了"常用于两类人（或事物）的比较，表示前一类人（或事物）可以与后一类人（或事物）相比。例如：

（1）小马的论文水平比得过老李。

（2）他虽然只是个小科长，但住房条件比得上大学校长。

（3）她是个既漂亮又能干的女厂长，我怎么比得了？

否定形式"比不过/上/了"，表示前一类人（或事物）无法与后一类人（或事物）相比。例如：

（4）你考了90分，我只考了82，当然比不过你。

（5）刚工作的大学生的工资收入，大都比不上出租汽车司机。

（6）他家的生活水平很高，我们家可比不了。

四 额上的几条横纹和眉毛间的深沟却依然像过去一样

1. "依然"，副词。表示样子依旧，和原来没有什么两样，没有改变。多用于书面语，一般做状语。例如：

（1）这位老人的身体依然很健壮。
（2）他没听见外面有人叫他，依然低着头写信。
（3）二十年过去了，但她依然还是那么爱开玩笑。
（4）他们两家的关系依然如故。
（5）老张已经快四十了，依然过着独身生活。

2. "依然"也可作形容词用，在句中充当谓语。例如：

（6）一别四十年，家乡风景依然。

五 肖琴心里暗暗着急

"暗暗"，副词。表示在暗中或私下里，不显露出来。常用来修饰表示心理活动的动词。例如：

（1）听到那个消息，他暗暗吃了一惊。
（2）他暗暗下定决心：一定要考上北大。
（3）丈夫和另一个女人跑了，她没有告诉家人，只是暗暗伤心。
（4）我在暗暗地注意着刚进门的那个人。
（5）她没有证据，不能随便说，只是心里暗暗怀疑。
（6）小杨嘴上没说什么，但心里暗暗佩服李强的毅力。

六 为什么你总在我面前，李娜长李娜短地夸个不停

"……长……短"，并列联合结构。用法如下：

1. 中间嵌入两个相同的名词，表示对某人某事的亲近和关心。例如：

（1）她是个惹人喜爱的小姑娘，每次见到我就阿姨长阿姨短地叫个不停。
（2）他在搞技术改革，一天到晚就是机器长机器短的。
（3）我儿子见了他总是哥哥长哥哥短的，还挺亲热。
（4）见她满脸不高兴的样子，我便大嫂长大嫂短地向她道歉。

2. 中间嵌入不同的名词、代词或动词，如"东家长西家短"、"这个长那个短"，等等。表示"……怎么样……怎么样"的意思，多含贬义。例如：

（5）这两个老太太一见面，就张家长李家短地说起来没完。

（6）大家对他总是张三长李四短的很有意见。

七 使她一度心灰意冷

1. "一度"，副词。表示过去曾经有过一次或过去一段时间内曾发生的情况。在句中常做状语。例如：

（1）他一度因病休学。

（2）对这件事他一度产生过怀疑。

（3）因为丈夫脾气太坏，她和丈夫曾一度分居。

（4）由于学习不太好，她曾一度放弃过考大学的打算。

2. "一度"，有时又和"一次"、"一阵"相同。例如：

（5）一年一度的中秋节又快到了。

（6）经过一度紧张的"战斗"，考试终于全部结束了。

八 这就是对社会的创造，以及社会对这种创造的承认

"以及"，连词。连接两个并列关系的词、词组，或者分句。它前面的部分往往是比较重要的。一个句子如果有好几个并列成分，可以同时用"和"、"以及"，"以及"往往用在"和"的后面，连接最后一个成分。"以及"在口语里不常使用。例如：

（1）学校的领导、老师和各国留学生以及中国同学都参加了今晚的联欢会。

（2）同事、朋友以及一些不认识的人，都向她伸出了援助的双手。

（3）妈妈来信问了我许多问题：北京的气候怎么样、中国菜吃得惯吃不惯，以及学校的居住环境怎样，等等。

（4）去机场迎接来宾的有国家总理、外交部长以及其他有关的政府官员。

（5）问题是怎样产生的，以及最后该如何解决，都需要我们仔细研究。

（6）他怎样爱上了中文，怎样刻苦地学习，以及后来怎样考上了研究生，我都知道得很清楚。

练 习

一 词语搭配。

1. _____气氛
2. 面临_____
3. 惦记_____
4. _____惦记
5. _____耐心
6. 反驳_____
7. _____反驳
8. 抱怨_____
9. _____疑惑
10. _____别扭

二 用指定词语完成句子。

1. 那个人说话口音很重，连北京人都听不懂，_____？（何况）
2. 天快黑了，_____，明天再去吧。（何况）
3. 我是个美国人，写汉字_____？（比……上）
4. 她的写作水平_____。（比……过）
5. 这个小孩子太聪明了，谁_____。（比……了）
6. 他们虽然结婚已经十几年了，_____。（依然）
7. 我同屋学习_____。（依然）
8. 我的老师、同学_____。（以及）
9. 他的身材、相貌_____都让姑娘们喜欢。（以及）

三 根据课文内容进行句子或语段表达。

1. 肖琴总算找到了张医生，可张医生却_____。
2. 肖琴整容主要是为了_____。
3. 李娜这个学生与众不同，因为_____。
4. 肖琴整容以后，_____。
5. 林谷明白了妻子整容的原因之后，_____。
6. 李娜竟然是_____。
7. 在李娜的家里，_____。
8. 离开李娜家以后，_____。

四 选择适当的词语填空。

别扭　气氛　奇迹　反驳　耐心　疑惑　渴望　惦记
比得上　气呼呼　非（要）　预约　恼火　垂

1. 我们在会上_____了他的错误观点。
2. 大家坐在椅子上都不说话，_____十分紧张。
3. 张明学习很吃力，你要_____帮助他。
4. 这件衣服她穿着不合适，觉得很_____。
5. 我早就_____去黄山旅游。
6. 她说明天和我去办结婚手续，今天晚上又说不去了，我有点儿_____不解。
7. 金字塔是古代埃及人民创造的伟大_____。
8. 小刘_____地说："这么重要的事，你为什么不告诉我？"
9. 对于他的恶劣态度，老赵十分_____。
10. 到那个诊所看病，必须事先_____。
11. 路太远，我不让他去，他_____去。
12. 我怎么_____李丽？她每次考试都得90多分。
13. 我一直_____着故乡的小伙伴们。
14. 白纱的窗帘一直_____到地面，真是美极了。

五 判断下列句子对错。

(　　) 1. 小王突然让京剧着了迷。
(　　) 2. 看见有个孩子掉进了湖里，他毫不犹豫地跳了下去。
(　　) 3. 她在车站只等了一会儿才买到了火车票。
(　　) 4. 厂长正在给来访的客人们介绍厂里的情况。
(　　) 5. 你对那个姑娘究竟喜欢到什么程度了？
(　　) 6. 他们坐着房间里，一边聊天，一边喝茶。
(　　) 7. 除了苏州、桂林之外，我还没去过别的地方。
(　　) 8. 她化了妆，又穿了一套新衣服，显得很精神。

六 用指定词语改写句子。

1. 丁力花了一小时就买到了去广州的卧铺票。（只……就……）

2. 王刚才吃了三个包子就已经饱了。（只……就……）

3. 因为父亲做过驻外大使，所以他曾经在国外住过一段时间。（一度）

4. 母亲得了重病，医生不让告诉她本人，子女们心中都很着急。（暗暗）

5. 一年只有一次的春节在中国是最重要的节日。（一度）

6. 下课之后，同学们还在教室里谈论新老师，老师这个老师那个地说起来没完。

（……长……短）

7. 她下了一个谁也不知道的决心：一定要成为一个优秀的翻译。（暗暗）

8. 他对邻居总是不满意，动不动就这家怎么样那家怎么样地抱怨起来。

（……长……短）

七 根据课文内容回答下列问题。

1. 从人民医院出来时，肖琴为什么心里十分恼火？
2. 肖琴为什么想整容？
3. 肖琴对整容结果满意吗？为什么？
4. 肖琴为什么和丈夫争吵起来？
5. 肖琴的丈夫常常称赞李娜是因为对她产生了爱情吗？
6. 肖琴的丈夫用什么办法消除了妻子的误会？
7. 从李娜家出来后，肖琴对哪些问题有了新的思考？

八 交际训练。

1. 请告诉你的朋友（说一段话或写一段话）：

   （1）现在，在中国的大城市，出现了许多美容院，比如……

   （2）人们要去美容或整容，是因为……

   （3）最近，我收到了一份礼物……

下面的词语可以帮助你表达：

> 四周　与众不同　皱纹　头头是道　预约　面临　难言
> 松弛　恢复　理解　光彩　念头　惦记　非（要）　欢乐
> 渴望　总算　值得　暗暗　一度　比得（上/过/了）　抱怨　别扭

2. 讨论：

   （1）你对肖琴整容有什么看法？

   （2）你认为在他们家庭生活不美满的问题上，丈夫林谷有没有责任？

   （3）你觉得他们以后的情况会怎么样？

   （4）请介绍一下你们国家美容、整容业的情况。

3. 语言游戏。（卡片接力赛）

   准备六张（视学生分行情况）卡片，每张上面写一个本课生词，如"镇静剂"、"少女"、"整容"、"化妆"、"托儿所"、"花白"、"知识分子"等，易于用自己的话表述的，也可以是学生熟悉的方面。请每竖行的头一名同学从中各抽一张卡片，看一看，然后用自己的话将卡片上的词的意思告诉给后面一个同学，如卡片上是"自行车"，可说"这是在中国使用得最普遍的一种交通工具"（注意：严禁说出词中的任何一个字）。后面一个同学应力争将这一句话一丝不差地向后传，直至最后一个同学时，请他（她）猜出这个词是什么。全部猜完后，请没猜中的一组同学当众再做一遍，请大家帮助找出问题所在，并罚那些（或某个）出现严重失误的同学用汉语表演一个节目。

   （对预习较好的班级，此游戏亦可在讲生词前进行）。

4. 看一看，说一说，写一写。

——选自蔡志忠漫画《孔子说》

22 童年¹读书梦

课 文

前几天在斯坦福大学演讲²时,我曾经说过,一个作家读另一个作家的书,实际上是一次对话,甚至是一次恋爱,如果谈得成功,很可能成为终身伴侣³,如果话不投机⁴,大家就各奔前程⁵。

在我的心目中,一个好的作家是长生不死的,他的肉体⁶当然也和常人⁷一样,迟早⁸要化为泥土,但他的精神却会因为他的作品的流传而永垂不朽⁹。在今天这种人人都想致富¹⁰的社会里,说这样的话显然是不合时宜¹¹——因为比读书有趣味的事情实在是太多了。但为了安慰自己,鼓励自己继续写作,我还是要这样说。

几十年前,当我还是一个在故乡的草地上放牧¹²牛羊的顽童¹³时,就开始了阅读生涯¹⁴。那时候,在我们那个偏僻¹⁵落后的地方,既没有电影,更没有电视,连收音机都没有。在那样的文化环境下,书籍便成了十分罕见¹⁶的奢侈¹⁷品。在我们高密东北乡那十几个村子里,谁家有本什么样的书,我几乎都知道。为了得到阅读这些书的机会,我经常到有书的人家去干活。

在我们邻村¹⁸的一个石匠¹⁹家里,有一套带精美²⁰插图²¹的《封神演义》。这套书好像是在讲述三千年前的中国历史,但实际上讲述的是许多超人²²的故事。比如说,一个人的眼睛没有了,就从他的眼窝²³里长出了两只手,手里又长出两只眼睛,这眼睛能看见地下一米的东西。还有一个人,能让自己的脑袋脱离脖子在空中唱歌,而他的敌人却变成了一只老鹰²⁴,将他的脑袋反着安装在他的脖子上。结果这个人往前跑时,实际上是在后退,而他往后跑时,实际上是在前进。这样的书,对我这个整天沉浸²⁵在幻想²⁶中的儿童来说,真有难以抵御²⁷的吸引力。

为了读这套书,我给石匠家拉磨²⁸磨面,磨一上午面可以阅读这套书两个小时，而且必须在他家里读，仿佛我把书拿出门就会去盗版[29]一样。我读书时，石匠的女儿就站在我的背后监督[30]着我。时间一到，马上收走。如果我想继续读书，那就要继续拉磨。那时在我们那里根本就没有钟表[31]，所以所谓的两小时，全看石匠女儿的情绪，她情绪好时，时间就走得缓慢，她情绪不好时，时间就走得飞快[32]。

为了让这个小姑娘保持愉快的心情，我只好爬到邻居家的杏[33]树上偷杏子给她吃。像我这样的馋[34]鬼，能把偷来的杏子送给别人吃，简直就像让馋猫把嘴里的鱼吐[35]出来一样。但我还是将得来不易的杏子送给了那个女孩，当然，石匠的女儿很好看，也是一个重要原因。

总之，在我的童年时代，我付出了巨大的代价[36]，把我们周围那十几个村子里的书都读完了。那时候我的记忆力极好，不但阅读速度惊人，而且几乎是过目不忘[37]。至于把读书看成是与作者的交流，在当时是谈不上[38]的，当时就是为了看故事，而且非常地投入[39]。经常为了书中人物的遭遇[40]而痛苦、流泪，也经常会爱上书中那些可爱的女性[41]。

我把周围村子里的十几本书读完之后，十几年里，几乎再没读过书。我以为世界上的书就是这十几本，把它们读完，就等于把天下的书都读完了。那一段时间我在农村劳动，与牛羊打交道的机会比与人打交道的机会多，我在学校里学会的那些字也几乎忘光了。但我的心里还是充满了幻想，希望能成为一个作家，过上幸福的生活。

我十五岁时，石匠的女儿已经长成了一个很漂亮的大姑娘。她扎着一条垂到腰间的大辫子[42]，生着一双毛茸茸[43]的大眼睛，常显出一副睡眼朦胧[44]的样子，我对她十分着迷，经常用自己艰苦劳动换来的小钱买糖果[45]给她吃。她家的菜园子与我家的菜园子紧靠着，傍晚的时候，我们都到河边担[46]水浇菜。当我看到她担着水桶，长长的大辫子在背后飞舞[47]着从河堤[48]上飘然[49]而下时，我的心里百感交集[50]。我感到她是地球上最美丽的姑娘，我跟在她的身后，用自己光着的脚去踩她留在河滩[51]上的脚印[52]，仿佛有一股电流[53]从我的脚底直达头顶，我心中充满了幸福。

我鼓⁵⁴足了勇气，在一个黄昏时刻，对她说我爱她，并且希望她能嫁给我。她吃了一惊，随即哈哈大笑。她说："你简直是癞蛤蟆⁵⁵想吃天鹅肉！"我感到自尊心⁵⁶受到了沉重⁵⁷的打击⁵⁸，但痴心⁵⁹不改，又托了一个大嫂去她家提亲⁶⁰。她让大嫂带话给我，说我只要能写出一本像她家那套《封神演义》一样的书，她就嫁给我。

我到她家去看她，想对她表示一下我的雄心壮志⁶¹。她不出来见我，她家那条凶猛⁶²的大狗却像老虎似的冲了出来，吓得我不知如何是好。

在斯坦福演讲时，我还说过，是因为想过上一天三顿吃饺子那样的幸福日子才发奋⁶³写作的。其实，鼓励我写作的，除了饺子以外，还有石匠家那个睡眼朦胧的姑娘。

我至今也没能写出像《封神演义》那样的书，而石匠家的女儿也早已嫁给铁匠的儿子并且成了三个孩子的母亲。

* * * * * * * * *

截⁶⁴至目前，我在美国已经出版了三本书。一本是《红高粱家族》，表现了我对历史和爱情的看法；一本是《天堂蒜薹之歌》，表现了我对政治的批判和对农民的同情；一本是《酒国》，表现了我对堕落⁶⁵人群的惋惜⁶⁶和对腐败官僚⁶⁷的痛恨⁶⁸。这三本书看起来迥然有别⁶⁹，但最深层⁷⁰的东西还是一样的，那就是一个饿怕了的孩子对美好生活的向往⁷¹。

（作者：莫言。有删改）

生　词

1	童年	tóngnián	（名）	childhood	二
2	演讲	yǎnjiǎng	（动）	to give a lecture, to make a speech	二
3	伴侣	bànlǚ	（名）	companion, mate, partner	三
4	投机	tóujī	（动、形）	to speculate; congenial, agreeable	三

5	各奔前程	gè bèn qiánchéng		each pursues his/her own course, each goes his/her own way	附
6	肉体	ròutǐ	(名)	the human body, flesh	
7	常人	chángrén	(名)	ordinary person	三
8	迟早	chízǎo	(副)	sooner or later	三
9	永垂不朽	yǒng chuí bù xiǔ		to be immortal	
10	致富	zhìfù	(动)	to become rich, to acquire wealth	三
11	时宜	shíyí	(名)	what is appropriate to the occasion	
12	放牧	fàngmù	(动)	to put out to pasture, to herd	
13	顽童	wántóng	(名)	naughty child, urchin	
14	生涯	shēngyá	(名)	career, profession	三
15	偏僻	piānpì	(形)	remote	三
16	罕见	hǎnjiàn	(形)	rare	三
17	奢侈	shēchǐ	(形)	luxurious, extravagant	三
18	邻村	líncūn	(名)	neighboring village	
19	石匠	shíjiàng	(名)	stonemason, mason	
20	精美	jīngměi	(形)	exquisite	二
21	插图	chātú	(名)	illustration	三
22	超人	chāorén	(名)	superman	
23	眼窝	yǎnwō	(名)	eyehole, eye socket	
24	老鹰	lǎoyīng	(名)	hawk, eagle	
25	沉浸	chénjìn	(动)	to immerse, to steep	三
26	幻想	huànxiǎng	(名、动)	illusion; to have illusions about	二
27	抵御	dǐyù	(动)	to resist, to withstand	三
28	磨	mò	(名、动)	mill; to grind	
29	盗版	dàobǎn	(动、名)	to pirate; pirated (illegal) copy	二
30	监督	jiāndū	(动、名)	to supervise, to superintend; supervision	二
31	钟表	zhōngbiǎo	(名)	clocks and watches, timepiece	
32	飞快	fēikuài	(形)	very fast	
33	杏	xìng	(名)	apricot	

34	馋	chán	（形、动）	gluttonous; to be fond of good food	附
35	吐	tǔ	（动）	to spit	二
36	代价	dàijià	（名）	price, cost	二
37	过目不忘	guò mù bú wàng		to remember sth. at the first glance	
38	谈不上	tán bu shàng		out of the question, far from being	三
39	投入	tóurù	（形、动、名）	devoted; to be absorbed in; investment	二
40	遭遇	zāoyù	（动、名）	to meet with, to encounter, to run up against; (bitter) experience, (hard) lot	二
41	女性	nǚxìng	（名）	woman, the female sex	二
42	辫子	biànzi	（名）	plait, braid, pigtail	附
43	毛茸茸	máoróngróng	（形）	hairy, downy	
44	朦胧	ménglóng	（形）	obscure, dim	附
45	糖果	tángguǒ	（名）	sweets, candy	三
46	担	dān	（动）	to carry on a shoulder pole	三
47	飞舞	fēiwǔ	（动）	to dance in the air, to flutter	
48	堤	dī	（名）	dike, embankment	三
49	飘然	piāorán	（形）	floating in the air	
50	百感交集	bǎigǎn jiāojí		all sorts of feelings well up in one's heart, a multitude of feelings surges up	
51	河滩	hétān	（名）	river beach	
52	脚印	jiǎoyìn	（名）	footprint, footmark	二
53	电流	diànliú	（名）	electric current	
54	鼓	gǔ	（动）	to muster up, to pluck up	二
55	癞蛤蟆	làihámá	（名）	toad	
56	自尊心	zìzūnxīn	（名）	sense of self-respect, sense of self-esteem	三
57	沉重	chénzhòng	（形）	heavy, serious, critical	二
58	打击	dǎjī	（动）	to strike, to blow	二
59	痴心	chīxīn	（名、形）	infatuation; infatuated	三

60	提亲	tí qīn	（动）	to make a marriage proposal	
61	雄心壮志	xióng xīn zhuàng zhì		high hopes and great ambition, lofty aspirations and great ideals	
62	凶猛	xiōngměng	（形）	violent, ferocious, terrible	三
63	发奋	fāfèn	（动）	to work energetically	
64	截	jié	（动）	to end/close by (a specified time)	三
65	堕落	duòluò	（动）	to degenerate, to corrupt	三
66	惋惜	wǎnxī	（形）	regretful, sorry	附
67	官僚	guānliáo	（名）	bureaucrat	三
68	痛恨	tònghèn	（动）	to hate bitterly, to utterly detest	
69	迥然有别	jiǒngrán yǒu bié		widely (utterly) different, not in the least alike	
70	深层	shēncéng	（形、名）	deep; deep level	
71	向往	xiàngwǎng	（动）	to yearn for, to look forward to	三

专有名词

1	高密	Gāomì	name of a place
2	东北乡	Dōngběi Xiāng	name of a village
3	《封神演义》	《Fēng Shén Yǎnyì》	the title of a novel
4	斯坦福	Sītǎnfú	Stanford
5	《红高粱家族》	《Hónggāoliang Jiāzú》	the title of a novel
6	《天堂蒜薹之歌》	《Tiāntáng Suàntái Zhī Gē》	the title of a novel
7	《酒国》	《Jiǔ Guó》	the title of a novel

词语搭配与扩展

一 投机

[动~] 靠~（得到……）｜喜欢~｜想~｜搞~

[状~] 很~｜不~｜十分~

[~中] ~行为｜~的心理｜~商人｜~分子｜~的事

（1）虽然两个人是第一次见面，但谈得很投机。
（2）现在有的人是抱着投机的心理炒房地产。

二 安装

[动~] 继续~｜决定~｜拒绝~｜禁止~

[~宾] ~电脑｜~门窗｜~空调｜~电话

[状~] 刚刚~｜及时~｜正在~｜重新~

[~补] ~完了｜~晚了｜~了三次｜~得顺利｜~上了

[~中] ~的原因｜~的数量｜~的方法｜~的次数

（1）我家安装了防盗门。
（2）我新买的汽车安装了导航仪。

三 代价

[动~] 付出~｜花~｜不惜~｜作为~

[~形] ~（很）大｜~巨大｜~（很）高

[定~] 血的~｜付出的~｜一定的~｜惨重的~｜沉重的~

（1）李先生付出了巨大的代价，才取得了现在的成就。
（2）她付出了高额的代价才买到这套房。

四 投入

[~动] ~使用｜~运营｜~运行

[~宾] ~怀抱｜~资金｜~战斗｜~人力物力｜~（火热的）生活

[定~] 资金的~｜经费的~｜大量的~｜人力的~

［状～］非常～｜都～（进去了）｜已经～｜正式～（使用）
　　　　刚刚～｜谨慎地～｜紧张地～

［～补］～了一百万元｜～进去｜～到（建设）中｜～得多

（1）这种新式汽车已经投入市场了。
（2）孩子高兴地投入了妈妈的怀抱。

五 遭遇

［～宾］～水灾｜～困难｜～挫折｜～危险
［定～］悲惨的～｜不幸的～｜这种～｜童年的～｜朋友的～

（1）我父亲一生遭遇了很多不幸。
（2）他们在沙漠考察时，遭遇了一场特大风沙。

六 沉重

［主～］心情～｜（思想）包袱～｜负担～｜脚步～
［动～］感到～｜觉得～｜显得～｜感觉～
［状～］格外～｜很～｜太～｜那么～
［～补］～得很｜～起来｜～极了｜～得不得了
［～中］～的脚步｜～的语调｜～的心情｜～的代价

（1）听到方老师病重的消息，同学们的心情格外沉重。
（2）他觉得头晕，迈着沉重的脚步回到家里。

七 打击

［动～］进行～｜受到～｜予以～｜承受～
［～宾］～敌人｜～（大家的）积极性｜～（犯罪）活动｜～犯罪分子｜～贩毒
［状～］坚决～｜无情地～｜沉重地～｜要～
［～补］～得（很）及时｜～了一次｜～不了｜～下去
［～中］～的目标｜～的对象｜～的范围｜～的手段

（1）要坚决打击扰乱市场的违法行为。
（2）我们不怕腐败分子的打击和报复。

语法例释

一 实际上是一次对话

"实际上",副词。同"其实"。表示所说的是实际情况,承上文多含转折的意思。在句中做状语。例如:

(1)他说听懂了,实际上并没懂。
(2)看起来她不过20来岁,实际上已经30岁了。
(3)事情实际上并不像她说的那么简单。
(4)刘强说他毕业于那个医学院,实际上他只是去实习过。
(5)她买的那几本书,实际上都是盗版的。
(6)商家说他们生产的汽车质量绝对没问题,实际上我买了以后经常出故障。

二 迟早要化为泥土

"迟早",副词。即或早或晚。表示事情必然会在某个时候发生。在句中做状语。例如:

(1)这事瞒不了人,迟早大家都会知道的。
(2)你放心,问题迟早会解决的。
(3)别着急,他迟早会来的。
(4)他开车这么横冲直撞的,迟早得出事。
(5)你吸烟太多,迟早会生病的。
(6)他总怀着投机心理做生意,迟早要吃亏的。

三 那时候,在我们那个偏僻落后的地方

"那时候"是由指示代词"那"和名词"时候"构成的结构。同"那时"和"那个时候"。表示距现在相当远或极其遥远的时间或年代。既可用于"过去",也可用于"将来"。在句中做状语。例如:

(1)十年前,我家不富裕,那时候,我从没买过时髦衣服。
(2)几年前,我还不会用电脑打字,那时,我写文章都是用手写。
(3)小时候,我没有自行车,那个时候,我上学都是走路。
(4)原始社会初期,人类不知道用火,那时候是生吃猎物。

（5）按规划，几年后这里将修一条盘山公路，那时候村民进城就方便了。

（6）地球不断变暖，几十年后地球温度会更高，那时候，人类怎样面对高温呢？

四 既没有电影，更没有电视

"既"，副词。与"更"搭配构成"既……更……"格式，表示递进关系。"既"、"更"后面为动词性词组。多用于否定句。例如：

（1）我父亲八十多岁了，很糊涂，既不会用手机，更不会用电脑。

（2）我儿子有时酒后开车，他既不听我的批评，更不听他妈妈的劝告。

（3）刘飞病情严重，既说不了话，更不能自己吃东西。

（4）这个人对父母一点儿都不关心，既不给家里打电话，更不回家看看。

（5）你们既无权拘捕人，更无权审判人。

（6）我生活得很好，你们既不用惦记我，更不用给我寄钱。

五 简直就像让馋猫把嘴里的鱼吐出来一样（"把$_3$"）

在"把"字句中，动词后边的其他成分还可以是趋向补语。例如：

（1）我把彩票从柜子里拿出来了。

（2）灾民自己动手把新房盖起来了。

（3）他已经把为"希望工程"捐的款寄出去了。

如果"把"字句中的趋向补语是复合趋向补语，而"把"字句的谓语动词的宾语又是处所词时，这个表示处所的宾语一定放在复合趋向补语之间。例如：

（4）会议结束后，我开车把李先生送回家去了。

（5）许老师把新同学带进教室来了。

（6）为了买名牌进口汽车，他把节约下来的钱都存进银行里了。

六 至于把读书看成是与作者的交流（"把$_4$"）

"把"字句的谓语动词一般是及物的，而且不能是一个简单动词，后边必须有其他成分。如：把……看作、当作、变成、翻译成……。例如：

（1）我们把张先生看作是自己的老师，特别尊敬他。

（2）我曾把那个骗子当作朋友，轻信了他的谎言，结果吃了大亏。

（3）他父亲喜欢种花，他把自家的院子变成了一个小花园。

（4）李先生花了几年时间才把那部名著翻译成日语。

（5）妈妈把那个卧室改为书房了。

（6）我把那个难懂的句子理解成别的意思了。

七 在当时是谈不上的

"谈不上"，动补结构。也说"说不上"。表示事情远没有达到某种程度。例如：

（1）我只是认识他而已，谈不上是朋友。

（2）老师只不过让王小明把作业重抄一遍，谈不上惩罚。

（3）小华长得还可以，谈不上漂亮。

（4）我只是发表过几篇小说，谈不上是作家。

（5）我只不过听过一次她的演唱会，谈不上是她的粉丝。

（6）这两年他确实挣了不少钱，但还谈不上是大款。

八 吓得我不知如何是好

"不知（道）……好"或"不知（道）……才好"，表示对出现的某种客观情况不知如何应付而左右为难的心理状态。中间常为带疑问代词的动词性结构。例如：

（1）他焦急地在屋里走来走去，不知怎样劝生气的女儿才好。

（2）小雨总喜欢把车开得飞快，我真不知道怎么批评他才好。

（3）我们的车行驶到一个十字路口，我不知道走哪条路好，就向一个行人询问。

（4）张师傅只有一张足球票，可小林、小黄都争着要，他不知给谁好。

（5）爷爷得了胃癌，我不知怎么安慰他才好。

（6）接过她珍贵的礼物，我真不知怎么感谢她才好。

练 习

一 按要求进行词语搭配。

1. 安装_____（宾）
2. （主）_____沉重
3. （状）_____打击
4. （定）_____遭遇
5. 投入_____（动）
6. （状）_____投机
7. （动）_____代价
8. 前程_____（形）
9. 珍贵_____（补）
10. 奢侈_____（补）
11. 监督_____（中）
12. 缓慢_____（动）
13. 盗版_____（中）
14. 抵御_____（宾）
15. （状）_____惋惜
16. 腐败_____（补）

二 选择适当的词语填空。

1. 安装　安放
　　_____书桌

2. 沉重　重
　　心情_____

3. 打击　打扰
　　坚决_____

4. 遭遇　遭到
　　不幸的_____

5. 投入　进入
　　_____资金

6. 代价　价格
　　付出_____

7. 投机　和睦
　　话（不）_____

8. 可惜　惋惜
　　_____太少了

9. 纯粹　纯洁
　　（一颗）_____的心

10. 痛恨　痛苦
　　_____腐败

三 选择一个最恰当的词语填在句中横线上。

1. 你用哥哥的驾照开车，_____要出事的。
   A. 总是　　　B. 应该　　　C. 迟早　　　D. 会

2. 以他的名字发表的那篇文章，_____并不是他写的。
   A. 实际上　　B. 甚至　　　C. 谈不上　　D. 简直

3. 我生活很好，你们_____不用惦记我，_____不必给我寄钱。
   A. 既……也……　　　　　　B. 既……更……
   C. 既然……就……　　　　　D. 既然……也……

4. 公交车行驶在半路上的时候，_____了一场大雪。
   A. 遭受　　　　B. 遭到　　　　C. 遭遇　　　　D. 遭

5. 为了改善这一地区的交通条件，政府_____了大量资金。
   A. 投入　　　　B. 加入　　　　C. 进入　　　　D. 深入

6. 奶奶去世的消息使他的心情变得格外_____。
   A. 超重　　　　B. 尊重　　　　C. 严重　　　　D. 沉重

7. 没考上大学，给了他很大的_____。
   A. 遭遇　　　　B. 打击　　　　C. 惋惜　　　　D. 失败

8. 不注意交通安全，很可能会付出血的_____。
   A. 价格　　　　B. 价钱　　　　C. 代价　　　　D. 价值

四 把下面的词语整理成正确的句子。

1. 驾驶　不　他　遵守　总是　规则　摩托车　交通

2. 时候　我　在　小　的　生活　山区　十分　偏僻

3. 终于　把　王老师　本　译　了　那　书　成　中文

4. 把　挣　的　他　打工　钱　存　几乎　进　银行　了

5. 实际上　知道　我　不　并　了　开　博客　他

6. 收入　现在　我　高　不　谈不上　还　房子　买

7. 迟早　明白　我　他　他　会　最　的　前程　关心

8. 那时候　的　书　我　读　从　是　的　借　那儿　朋友　都

9. 买　书　的　有　本　精美　我　这　的　插图

10. 是 个 人 一 青年 他 的 怀有 雄心壮志

11. 孩子 心目 好 在 的 中 一 她 母亲 个 是

12. 有 实际上 强 他 心 很 自尊 的

五 把所给词语放在句中A、B、C、D一个最恰当的位置上。

（　）1. A 那些堕落的腐败官僚 B 会 C 受到法律 D 制裁的。（迟早）
（　）2. 这两年，他与 A 那几个老外 B 做的是 C 投机 D 买卖。（实际上）
（　）3. 我 A 只不过 B 写过两篇 C 有关中国古代史的文章，D 是历史学家。（谈不上）
（　）4. 经过 A 有关部门的 B 努力，C 大量新鲜水果 D 市场。（投入）
（　）5. 他一直 A 保存着 B 在国外 C 生活的 D 照片。（珍贵）
（　）6. 质量 A 部门 B 指出，最近 C 我们公司电脑产品的质量 D 有明显的提高。（监督）
（　）7. 培养一个 A 博士，政府和家庭都要 B 付出 C 很高的 D。（代价）
（　）8. 她 A 写这部小说的时候，B 时不时 C 就 D 在往事的回忆之中。（沉浸）

六 指出下列句子中画线词语的句子成分（主、谓、宾、定、状、补）。

1. 他把自己的亲身经历写进作品<u>中去了</u>。（　　）
2. 我把李群那篇博文下载<u>下来</u>了。（　　）
3. 图书馆将<u>在阅览室</u>安装几台新电脑。（　　）
4. <u>童年的</u>遭遇母亲一生都没有忘记。（　　）
5. 全体员工投入了紧张的<u>工作</u>。（　　）
6. 培养一个大学生，政府和家庭都要付出<u>很高</u>的代价。（　　）
7. 既然话<u>不投机</u>，就不要再谈下去了。（　　）
8. 沉重的经济<u>负担</u>使他感到压力很大。（　　）
9. 要<u>坚决</u>打击各种形式的违法犯罪分子。（　　）
10. 看样子他很冷淡，<u>实际上</u>是个热心人。（　　）

11. 他不戒烟，<u>迟早</u>会后悔的。　　　　　　　　　　　　　（　　）

12. 我的童年是在农村度过的，<u>那时候</u>，我家很穷。　　　（　　）

七 用指定词语完成句子。

1. 他汉语说得太好了，谁都以为他是中国人，_____
_____。（实际上）

2. 刘强虽然没有上过大学，_____
_____。（实际上　比得过）

3. 童年，我在偏僻的农村生活，_____
_____。（那时候）

4. 五年以后，这个城市将增加几所设备齐全的大医院，_____
_____。（那时候）

5. 你如果不改正，继续堕落下去，_____。（迟早）

6. 小明常酒后驾车，_____。（迟早　代价）

7. 他只不过汉语的发音比较标准，_____。（谈不上）

8. 我和丁兰是大学同学，_____
_____。（相处　谈不上）

9. 我的工资不高，_____。（既……更……）

10. 我父母一直生活在经济不发达的山区，_____
_____。（既……更……）

11. 我朋友的公司倒闭了，_____。（不知……好）

12. 老李在我最困难的时候帮过我的大忙，_____
_____。（不知……好）

13. 你资金不够不用着急，我已经从银行_____，___
_____<u>这就给你送去</u>。（把……出来）

14. 新来的货物一运到超市门口，工作人员就_____
_____。（把……进去）

15. 她是优秀的幼儿园英语教师，_____
_____。（把……当作……）

16. 高先生是中国著名翻译家，_____
_____。（把……翻译成……）

八 用指定词语回答问题。

1. 黄先生是研究环境问题的权威吗？（谈不上）

2. 听说你对文学十分着迷，是吗？（谈不上 实际上）

3. 陈虎常吸毒，他为什么不戒掉呢？（迟早 沉重）

4. 天气这么热，你什么时候安装空调？（迟早 安装）

5. 你的童年在哪里度过的？（那时候）

6. 你只上过几年小学就不上了，为什么？（那时候）

7. 除了体育活动，你喜欢唱歌、跳舞吗？（既……更……）

8. 天热了，你开电扇还是开空调？（既……更……）

9. 你的外国朋友要结婚了，你打算送他什么珍贵礼物？（不知……好）

10. 你买的冰箱质量怎么样？（故障 不知……好）

11. 《学汉语》约你写的文章，你写好了吗？（把……出去……）

12. 那个生病的学生还在教室吗？（把……回去）

13. 齐老先生为什么喜欢那个保姆？（把……当作……）

14. 这个卧室原先不是书房吗？（把……改成……）

22 童年读书梦

九 指出课文中下列加点词语所表达的意思。

1. 如果谈得成功，很可能成为终身伴侣。
2. 如果话不投机，大家就各奔前程。
3. 一个好的作家是长生不死的。
4. 我付出了巨大的代价。
5. 你简直是癞蛤蟆想吃天鹅肉。
6. ……想对她表示一下我的雄心壮志。
7. 这三本书看起来迥然有别。

十 根据课文内容回答下列问题。

1. "我"小时候为什么喜欢读书？
2. 为什么《封神演义》那么吸引"我"？
3. "我"在石匠家干活儿时，怎么读"我"喜欢的书？
4. "我"为什么偷杏子给石匠女儿吃？
5. "我"对石匠女儿产生了怎样的感情？
6. "我"为什么会走上写作的道路？

十一 交际训练。

1. 根据提示选择下列词语（至少5个）说一段话或写一段话：

提示 我喜欢读书；介绍一本书；我的读书经验

词语 好奇　幻想　对……向往　精美　……之类　历史
　　　堕落　腐败　获奖　迥然有别　迟早　插图　女性　过目不忘

2. 讨论：

（1）在你学习、成长的过程中，对你影响最大的一本书是什么？
（2）你喜欢看哪方面的书？每个年龄段有什么不同？
（3）介绍一下你的读书经验。

3. 语言游戏。

读读下面的"国学语录",明白它的意思吗?

子曰:"学而不思则罔(wǎng),思而不学则殆(dài)。" (《论语·为政》)
意思是,孔子说:"只读书而不肯思考,那就会陷于迷惑而无所收获;只是空想而不肯读书,那是危险的。"

4. 看一看,说一说,写一写。

 zhòng
众

古文字形像三个人在太阳下从事劳动。古文中"三"往往是虚指,表示数量很多。因为耕地的人很多,所以有"众多"的意思。

字形繁体楷化作"眾",简化作"众",是"三人成众"的意思。

——选自《汉字的故事》,施正宇编著

23 爱恨交加[1]话手机

课 文

　　手机的闹钟[2]响了。贵平打开手机，信息便一个接一个地响了起来，这些短信，只有一条是急等答复[3]的。但贵平也来不及回复，赶紧去开会。

　　开了一上午的会，总算午饭抓得紧一点儿，饭后才有二十分钟休息时间。回到办公室，身体往沙发上一横，刚想闭一闭眼睛，又来了两条短信和三个电话。贵平接了最后一个电话，是一个老熟人打来的，孩子入学要托他找教育局[4]领导。这是既为难又给自己找麻烦的事，就说："我要开会了，一会儿再说吧。"他厌烦[5]透了，一看只剩五分钟了，就关了手机。还没闭上眼睛，就听到秘书小赵边敲门边喊："贵主任，你的手机怎么不通？要开会了！"贵平生气地说："知道了！"真是气不打一处来，贵平抓起手机，朝桌上扔过去。

　　曾经有一次会议，因保密[6]不允许带手机。那半天，他毫无牵挂[7]，心里好轻松！自打开了这个会以后，他心烦的时候，也关过手机，结果立刻招[8]来各种不满和批评。上级说："你又出国啦，怎么老是关机啊？"下级说："贵主任，你老关机，请示[9]不到你，你还要不要我们做事啦？"贵平很快败下阵来，老老实实恢复原样[10]。

　　小赵建议贵平索性[11]别怕麻烦，把必须接的、可接可不接的电话都储存[12]起来，来电话时一看就知道是谁。贵平接受了小赵的建议。这样过了一段日子，果然减少了许多麻烦，托他办事的人也少了。

　　可省心[13]的日子并不长。有一天去开会，忽然有人拍他的肩，回头一看，竟是组织部的副部长，笑眯眯[14]地说："贵主任，忙啊？"贵平先是心里一热，但随即就犯嘀咕[15]，部长跟他的关系，并没有熟悉到打哈哈[16]的地步[17]。就赶紧说："还好，瞎忙，部长才忙呢。"部长说："不管你是瞎忙还是白忙，反正知道你很忙，要不然怎么连我的电话都不接呢？"贵平吓了一跳，都语无伦次

115

了，说："部、部长，你给我打过电话？"部长道："打你办公室你不在，打你手机你不接，我就知道找不到你了。"贵平更慌了，说："部长，我不知道你给我打电话。"部长看出来贵平紧张，就说："你别慌，我本来只是想请你关照一个人而已[18]，现在也不用你关照了，前两天他调走了。"

贵平懊恼极了，送上门来的机会，被自己给关在了门外。现在看起来，他所严格执行的陌生号码一概[19]不接是错误的。知错就改，他把有关领导的电话，全都输进手机。

过了些日子，贵平大学同学聚会[20]，在同一座城市的同班同学几乎全到了。贵平坐下来的第一件事，就是把手机从口袋里掏出来，搁在桌上。大家边吃喝边聊天，说着说着，话题[21]集中到手机短信，说不少手机短信特[22]有意思，有人提议[23]互相看看。贵平的手机被一个叫李山的男同学拿到手里，先翻看他的短信，失望了，又翻看他的储存电话。看着看着，李山脸都涨红了，高喊："贵平，你真厉害，连大老板的手机号你都有？这可全是有头有脸的大人物啊！"惊得一帮[24]同学一个个朝着贵平瞪眼，说："嗬[25]，好狡猾，这么厉害的背景，从来不告诉我们。"贵平想解释也解释不清，只好一笑了之[26]。

第二天，李山就找到他办公室来了，提着贵重[27]的礼物，请贵平帮忙联系一位副市长。他正要办一个全市最大的电玩城[28]，没有那位副市长签字[29]就办不成。他已经找过那位副市长，碰了钉子[30]。

贵平知道自己的手机引[31]鬼上门了，只得老老实实说，自己其实并不认识那位副市长，李山一听就恼[32]了，说："你的手机里有他的电话，怎么会不认识？"贵平知道，怎么说李山也不会相信他，就说，反正你怎么想都无所谓，这件事我帮不了你。李山一气之下，走了。

贵平想，本来同学间是很和睦[33]融洽[34]的，现在美好的感觉都被手机里的一个储存电话破坏了。左思右想，也觉得将这么多领导的手机号码都输进手机，确实不妥[35]；但左看右看，又不知道哪些是该删[36]的哪些是不该删的，烦心哪……

哪知李山虽然被得罪[37]了，却不甘心，过了几天又来了。这次他换了一招，往办公室的沙发上一坐,说:"你不答应,我就不走了。"贵平说:"我要办公的,你坐在这里不方便。"李山说:"你办你的公,我听到了什么也不会传出去。"可是,就算贵平能够不当回事,来的人还会觉得拘束[38],该直说的话就不好直说了。半天班上下来,贵平吃不消[39]了,跟李山说:"你先坐着,我去一下卫生间。"李山说:"你溜[40]不掉的。"

过了一会儿,贵平硬着头皮回到办公室,哪曾想到,李山已经喜笑颜开[41]地站在门口迎候[42]他了,说:"行了,我用你的手机给市长[43]打过电话了,市长叫我等通知。"贵平急得跳起来,说:"你跟市长怎么说的?"李山说:"我告诉他我是贵平,我有个亲戚,有重要工作想当面[44]向他汇报[45]。"贵平说:"你是我的亲戚吗?"李山说:"同学和亲戚也差不多嘛,干吗这么计较?市长已经让秘书安排一下见面时间,尽快[46]答复。"话音未落,贵平的手机响了,真是那位副市长的秘书打来的,说市长明天下午四点有时间。贵平无可奈何,只好答应明天下午到市长办公室见面。

贵平下班回到家,心里仍然闷[47]闷的,长叹[48]了几声。正在这时候,手机响了,是李山打来的。贵平正想骂他几句,李山却抢先道:"贵平啊,明天不用麻烦你了,刚接到上级通知,电玩城电玩店一律[49]暂[50]停。"贵平说:"人家市长已经安排了时间,难道要我通知市长,不见面了?"李山笑道:"那你另外找个事情去一趟吧。"贵平气得差点儿喷出血来。

贵平经历了这场虚惊[51],立刻让秘书小赵给他换了手机号码。只告诉了少数亲戚朋友和工作上有来往[52]的人,结果给自己给大家都带来了很多麻烦。但无论出现什么情况,他都咬牙坚持住,他要把手机带来的烦恼彻底丢开。

现在手机终于安安静静地躺在办公桌上,但贵平却浑身[53]不自在[54],手机不干扰[55]他,他却去干扰手机了。他拿手机拨自己办公室的座机[56],通的,又用座机打手机,也是通的。又发一条短信给老婆[57],说:"你好吗?"老婆很快打来电话,带着火药味儿说:"你干什么?"贵平说:"奇怪了,今天大半天居然没一个电话和一条短信。"老婆说:"你才怪呢,老是抱怨电话多,今天难得[58]歇歇,你又火烧屁股。"贵平仍然坐不住,给一个同事打电话,问:"你今天打过我手机吗？"又给另一个朋友打电话，问："你今天给我发过短信吗？"

一天下午，情况忽然发生了变化，给他打手机电话的人忽然多起来，发来的短信也多起来，其中许多人，明明没告诉他们换了手机号码，也都打来了。贵平说："奇怪了，他们怎么知道我的电话？"小赵说："我帮你办的是停机留号。因为我估计你多半还用得着，果然我见你这几天非常不安，所以原来的号码又给你恢复过来了。"

贵平又恢复了从前的生活，手机从早到晚忙个不停。那才是贵平的正常生活，他早已适应了这样的生活。他照例抱怨手机烦人，但也照例人不离机，机不离人。

（作者：范小青。有删改）

生　词

1	交加	jiāojiā	（动）	(of two things) to accompany each other, to occur simultaneously	
2	闹钟	nàozhōng	（名）	alarm clock	二
3	答复	dáfu	（动）	to answer, to reply	二
4	局	jú	（名）	bureau	二
5	厌烦	yànfán	（动）	to be fed up with	三
6	保密	bǎo mì	（动）	to keep sth. secret	二
7	牵挂	qiānguà	（动）	to worry about, to keep thinking about, to be concerned about	三
8	招	zhāo	（动）	to incur, to provoke	二
9	请示	qǐngshì	（动）	to request (ask for) instructions	
10	原样	yuányàng	（名）	original state, previous condition	
11	索性	suǒxìng	（副）	might just as well	三
12	储存	chǔcún	（动）	to store up, to keep in reserve	二
13	省心	shěng xīn	（动）	to save worry	

14	笑眯眯	xiàomīmī	（形）	with a smile on one's face	
15	嘀咕	dígu	（动）	to have misgivings about sth.	
16	打哈哈	dǎ hāha		to make fun, to crack a joke	
17	地步	dìbù	（名）	extent, degree	三
18	而已	éryǐ	（助）	that is all, nothing more	三
19	一概	yígài	（副）	totally, one and all, without exception	附
20	聚会	jùhuì	（动、名）	to get together; party	二
21	话题	huàtí	（名）	subject of a talk, topic of conversation	一③
22	特	tè	（副）	especially, particularly	二
23	提议	tíyì	（动、名）	to propose; proposal	三
24	帮	bāng	（量）	(a measure word) group	
25	嗬	hē	（叹）	an interjection	
26	一笑了之	yí xiào liǎo zhī		to laugh off	
27	贵重	guìzhòng	（形）	valuable, precious	三
28	电玩城	diànwánchéng	（名）	video game center	
29	签字	qiān zì	（动）	to sign	二
30	碰钉子	pèng dīngzi		to meet with a rebuff, to run into snags	附
31	引	yǐn	（动）	to cause	一
32	恼	nǎo	（动）	to be annoyed, to be irritated	
33	和睦	hémù	（形）	harmonious	附
34	融洽	róngqià	（形）	harmonious	三
35	妥	tuǒ	（形）	appropriate, proper	附
36	删	shān	（动）	to delete	三
37	得罪	dézuì	（动）	to offend, to displease	三
38	拘束	jūshù	（形、动）	constrained; to restrict	三
39	吃不消	chībuxiāo	（动）	to be unable to stand (exertion, fatigue, etc.)	
40	溜	liū	（动）	to sneak off, to slip away	三
41	喜笑颜开	xǐ xiào yán kāi		to light up with pleasure, to smile happily	
42	迎候	yínghòu	（动）	to await the arrival of, to greet	

43	市长	shìzhǎng	（名）	mayor	一②
44	当面	dāngmiàn	（副）	to sb.'s face, in sb.'s presence	三
45	汇报	huìbào	（动）	to report, to give an account of	二
46	尽快	jǐnkuài	（副）	as soon as possible	二
47	闷	mèn	（形）	depressed, gloomy	三
48	叹	tàn	（动）	to sign	
49	一律	yílǜ	（副）	all, without exception	二
50	暂停	zàntíng	（动）	pause	二
51	虚惊	xūjīng	（名）	false alarm	
52	来往	láiwǎng	（动）	to come and go, to contact	二
53	浑身	húnshēn	（名）	whole body, from head to foot, all over	三
54	自在	zìzai	（形）	comfortable, at ease	二
55	干扰	gānrǎo	（动）	to disturb, to interfere	二
56	座机	zuòjī	（名）	telephone, fixed-line telephone	
57	老婆	lǎopo	（名）	wife	二
58	难得	nándé	（形）	rare, seldom	二

专有名词

| 1 | 贵平 | Guì Píng | name of a person |
| 2 | 李山 | Lǐ Shān | name of a person |

词语搭配与扩展

一 答复

［动～］要求～｜作出～｜拒绝～｜同意～

［～宾］～问题｜～读者｜～对方｜～媒体

［定～］满意的～｜明确的～｜领导的～｜上级的～

［状～］必须～｜不得不～｜难以～｜勉强～

［~补］~不了｜~完了｜~得及时｜~了三次｜~起来（很难）

［~中］~的内容｜~的方法｜~的时间｜~的效果

（1）请你耐心等待，我们一定会给你一个满意的答复。

（2）你提出的问题，等领导研究后再答复你。

二 请示

［动~］需要~｜同意~｜决定~｜想~

［~宾］~上级｜~有关部门｜~经理｜~领导

［状~］必须~｜尽快~｜多~｜向……~｜没~

［~中］~的内容｜~的原因｜~的目的｜~的结果

（1）这件事必须请示上级后才能决定。

（2）这么重要的问题，你怎么不向领导请示就自己决定了呢？

三 储存

［主~］图片~（起来了）｜饲料~（很多）｜食品~（够了）

［动~］决定~｜赞成~｜停止~｜重视~

［~宾］~粮食｜~资料｜~图书｜~物资

［状~］可以~｜要~｜值得~｜集中~

［~补］~充足｜把……~（起来）｜~一点儿｜~了一年

［~中］~的数量｜~的日期｜~的地点｜~的质量

（1）这个图片库储存了很多图片。

（2）这间房子专门储存图书。

四 聚会

［动~］想~｜决定~｜希望~｜要求~

［状~］经常~｜总~｜难~｜不~

［~补］~在一起｜~了三次｜~了一个小时｜~不了

［~中］~的时间｜~的地点｜~的目的｜~的次数

（1）我们这些老同学经常聚会。

（2）我们决定今年春节期间组织一次聚会。

五 得罪

[动~] 怕~（人）｜担心~（他）｜避免~｜不顾~

[~宾] ~朋友｜~老板｜~经理｜~人

[状~] （不）敢~｜常~｜总~｜把……~了

[~补] （得罪人）~得太多｜~过（他）两次｜~不起

[~中] ~的人｜~的后果｜~的对象｜~的原因

（1）做这个工作，他得罪了不少人。

（2）孩子，那些人你可得罪不起呀！

六 当面

[~动] ~批评｜~汇报｜~道歉｜~说（清楚）

[状~] 别~（批评他）｜不~批评（别人）｜经常~批评（别人）｜不得不~（问清楚）

[当……面] 当着面｜当着他的面（做某事）｜当着孩子的面｜当着大家的面

（1）这件事你要当面向他问清楚。

（2）他是当着我的面把我的电脑拿走的。

七 汇报

[动~] 开始~｜继续~｜听~｜停止~

[~动] ~结束了｜~完毕｜~（刚）开始

[~宾] ~（处理）结果｜~（公司的）情况｜~（群众的）意见

[定~] 详细的~｜认真的~｜你的~

[状~] 向（领导）~｜已经~了｜不~｜正在~｜严肃地~

[~补] ~完了｜~得及时｜~了三次｜~了一个小时｜~一下｜~起来

（1）明天上午我要向领导汇报调查的情况。

（2）这件事，我已经向上级作了详细的汇报。

语 法 例 释

一 小赵建议贵平索性别怕麻烦

"索性",副词。表示直截了当,相当于口语里的"干脆"。多做状语。多用于后一分句,前一分句一般表示原因或条件。例如:

(1)既然你来了,索性在我家多住几天再走吧。
(2)今天下午太热了,咱们索性明天上午再去吧。
(3)这种事你要是不想管,就索性躲远一些。
(4)他外语怎么学也学不好,后来索性就放弃了。
(5)老田一生气,索性把电话挂上了。
(6)文章涂改太多,看不清楚,我索性重抄一遍。

二 不管你是瞎忙还是白忙……

"不管",连词。有"不论"的意思。表示某种情况或行为的出现,不受任何条件的限制或影响。在使用上有两种格式。

1. "不管"与"多么"、"怎么样"、"谁"等疑问代词连用,后边与"总"、"都"、"也"等呼应,构成条件复句。例如:

(1)不管情况多么复杂,你都要想办法跟我们取得联系。
(2)不管条件多么困难,你也要想办法调动大家的积极性。
(3)她不管心里多么痛苦,脸上还总是带着笑容。
(4)不管怎么样,我们都要克服困难参加比赛。
(5)这个实验是秘密的,不管是谁,你都不要告诉。

2. "不管"与选择式的并列结构连用,有些并列结构的各项之间有连词"还是"、"或者"、"和"等,后面也常与"总"、"都"、"也"呼应,构成条件复句。例如:

(6)这是工作,不管你喜欢不喜欢,都应该努力去完成。
(7)不管冬天还是夏天,他都用凉水洗澡。
(8)不管是领导还是普通工人,都应该按规定办事。

三 我本来只是想请你关照一个人而已

"而已",助词。用在陈述句末尾。意思和用法与口语中的"罢了"基本一样。有把事情往小里说的意味,对整个句子的意思起减轻的作用。它前面常与"不过"、"仅仅"、"无非"、"只"等连用。例如:

(1)我不认为他是什么天才,他只不过比别人更肯钻研而已。

(2)这仅仅是我个人的一点儿看法而已,谈不上什么指导。

(3)他们仅仅是一般接触而已,并没有更深的了解。

(4)我们无非是想得到一个公正的评价而已。

(5)张先生只是举了几个例子而已,并没有做详细的说明。

(6)老人学电脑只是操作起来慢一点儿而已,熟练了就好了。

四 陌生号码一概不接是错误的

"一概",副词。表示适用于全体,没有例外。在动词前做状语。例如:

(1)这些杂志一概放在阅览室。

(2)改进工作的建议,我们一概欢迎。

(3)她整天忙于工作,所有的家务事一概不过问。

(4)电影票过期,一概作废。

(5)家中无论大事小事,一概由他妻子说了算。

(6)于先生对各种娱乐活动,一概不感兴趣。

"一概"偶尔用于形容词前做状语。例如:

(7)那天发生的事,我一概不清楚。

(8)所有程序的运行一概正常。

五 ……,碰了钉子

"碰钉子",惯用语。比喻遭到拒绝或受到斥责。常用于口语。例如:

(1)干推销工作,碰钉子是常有的事。

(2)我怕碰钉子,所以不敢去求他。

(3)你去找他借钱,肯定碰钉子。

(4)工作没经验,免不了碰钉子。

（5）你去向他查询，保证碰不了钉子。
（6）为这事，我已经碰过三回钉子了。

六 ……尽快答复

"尽快"，副词。表示尽量加快。在主语后、动词前做状语。例如：

（1）这件事你要尽快做出决定，不要拖拖拉拉。
（2）请尽快开通你的电话漫游。
（3）这本词典我自己也要用，你尽快还给我。
（4）你借给我的这本书，我一定尽快看完。
（5）我们提出的意见，请你尽快答复。
（6）这些粮食要尽快储存起来。

七 但无论出现什么情况，他都咬牙坚持住

"无论"，连词。表示在任何条件下结果或结论都不会改变。常与"也"、"总"、"都"等副词搭配，构成条件复句。"无论"后边要有"哪、什么、怎么"等疑问代词，或可供选择的两项或几项并列成分。例如：

（1）无论在哪种情况下，我们都不能失去信心。
（2）无论出了什么事，你都要保持镇静。
（3）无论我怎么安慰她，她还是感到不安。
（4）无论负担怎么重，他也没叫过苦。
（5）国家无论大小，都各有特点，人也如此。
（6）无论她做得怎么样，总应该给她一个机会。
（7）他无论是接受还是拒绝，你都要马上告诉我。

八 ……，明明没告诉他们换了手机号码

"明明"，副词。表示显然如此或确实，下文的意思往往转折。"明明"既可在主语前，也可在主语后，在句子中做状语，多修饰动词。例如：

（1）刚才我明明看见他上车了，怎么会没有他呢？
（2）她明明报了名，怎么名单上没有她的名字？
（3）班长明明通知他了，他却说不知道。

9. 厌烦　烦恼　　　　　　　　10. 招　惹

　　_____（那里的）生活　　　　_____不起（他）

三 选择一个最恰当的词语填在句中横线上。

1. 这条街堵车堵得厉害，咱们_____绕路走吧。
   A. 只管　　　B. 宁可　　　C. 或许　　　D. 索性
2. 在他的一生中从没有_____过一个人。
   A. 嘀咕　　　B. 得罪　　　C. 遭遇　　　D. 较量
3. 那个学开车的_____似的把车开跑了。
   A. 行驶　　　B. 溜　　　　C. 一溜烟　　D. 马拉松
4. 这个问题应当_____得到解决。
   A. 尽快　　　B. 高速　　　C. 早晚　　　D. 拼命
5. 你的意见等我_____领导之后再答复你。
   A. 请求　　　B. 请示　　　C. 恳求　　　D. 要求
6. 不管你怎么问他，他_____不回答。
   A. 一心　　　B. 一时　　　C. 一概　　　D. 一旦
7. 你穿的这件衣服_____漂亮，哪儿买的？
   A. 太　　　　B. 怪　　　　C. 颇　　　　D. 特
8. 她不应该放弃这次_____的机会。
   A. 难得　　　B. 难以　　　C. 难怪　　　D. 难言

四 把下列词语整理成正确的句子。

1. 是　呢　的　不　明明　为什么　你　错误　你　承认

2. 朋友　办　我　碰　不少　开始　过　公司　钉子　时

3. 说　对　什么　你　意见　我　请　当面　有　你

4. 一次　同学　回　我们　老　聚会　每年　学校

5. 多　张教授　用不着　储存　的　家里　卡片　了　一时　很

6. 俩　已经　我们　没有　多　十　了　年　来往

7. 朋友　时　结婚　市长　了　送　贵重　一份　礼物　的

8. 一律　中　课文　健康　掉　不　内容　删　的

9. 她　负担　重　工作　太　身体　了　吃不消　已经

10. 喜笑颜开　了　她　通过　说　毕业　地　论文　的　她

11. 在　总　拘束　面前　特　他　领导　说话　显得

12. 的　已经　小高　了　错误　严重　到　很　地步　的

五　把所给词语放在句中A、B、C、D一个最恰当的位置上。

（　　）1. A 家里的事情 B 无论大小，C 由父亲 D 决定。（一概）
（　　）2. 从 A 小云到国外留学那天起，母亲 B 一直 C 心里 D 着她。（牵挂）
（　　）3. A 这么重要的事情，你 B 怎么没 C 向部长 D 就自己做了呢？（请示）
（　　）4. 时间 A 来不及了，B 你 C 要 D 把论文交上去。（尽快）
（　　）5. A 明天上午八点，我 B 去向领导 C 这个案件 D 发生的经过。（汇报）
（　　）6. A 不管哪个单位的司机一旦 B 闯红灯 C 都要受到 D 惩罚。（一概）
（　　）7. 他 A 帮了我很大的忙，我 B 一定要 C 向他表示 D 感谢。（当面）
（　　）8. A 是他 B 开车时 C 横冲直撞出的车祸，他却 D 说不是他的责任。（明明）

六　用指定词语回答问题。

1. 这件事你不是说不告诉他吗？怎么又对他说了？（索性）

2. 你不是说以后不跟小伟来往了吗？为什么又给他发短信了？（而已）

3. 都到冬天了，你怎么还去游泳？（不管……还是……）

4. 你怎么不求你认识的那位局领导办事了？（碰钉子）

5. 你为什么不把你那辆豪华汽车停在老地方？（一概）

6. 博客和微博两种博文，你对哪种更感兴趣？（无论……都……）

7. 李贵说没人通知他开会，是吗？（明明）

8. 我家的空调想换个地方，你哪天来帮我重新安装一下？（尽快）

9. 《汉英词典》我还得用几天再还给你，行吗？（索性）

10. 这次去上海开会，你打算坐飞机还是坐火车？（无论……都……）

11. 小平整天上网玩游戏，没人批评他吗？（不管……还是…… 一概）

12. 你这个文学评论家，每天都写文章吗？（谈不上 而已）

七 用指定词语完成句子。

1. 既然你胃疼得厉害，_____。（索性）
2. _____，不会真的惩罚他。（而已）
3. 这件事要求保密，_____。（无论……都……）
4. _____，他都喜欢欣赏。（不管……还是……）
5. _____，我再也不找她办事了。（碰……钉子）
6. 我爷爷特别喜欢读书，_____。（无论……都……）
7. _____，我都去上课。（不管……怎么样）
8. _____，否则会出事的。（尽快）

9. _____，你都要坚持下去。（不管……多大）

10. 至于家务事，_____。（一概）

11. _____，怎么不见了呢？（明明）

12. _____，并不想在国外定居。（而已）

13. _____，并不想真的下海经商。（而已）

14. _____，我再也不去他的办公室查询了。（碰钉子）

八 指出下列句子中画线词语的句子成分（主、谓、宾、定、状、补）。

1. 因为他要求严格，常常得罪<u>人</u>。　　　　　　　　　　（　　）
2. 讨论的情况，我一会儿向<u>领导</u>汇报。　　　　　　　　（　　）
3. 我们决定<u>在中山公园</u>聚会。　　　　　　　　　　　　（　　）
4. <u>你的</u>汇报非常及时。　　　　　　　　　　　　　　　（　　）
5. 这件事怎么处理，我得请示<u>一下</u>上级。　　　　　　　（　　）
6. 粮食<u>储存</u>完了。　　　　　　　　　　　　　　　　　（　　）
7. 这个问题很复杂，得由<u>你</u>来答复。　　　　　　　　　（　　）
8. 你<u>应该</u>当面向他道歉。　　　　　　　　　　　　　　（　　）
9. 我们之间<u>没</u>什么来往。　　　　　　　　　　　　　　（　　）
10. 她回答问题时显得<u>十分</u>拘束。　　　　　　　　　　 （　　）
11. 对他这个人，大家厌烦<u>透</u>了。　　　　　　　　　　 （　　）
12. 这篇文章被老师<u>删</u>了一段。　　　　　　　　　　　 （　　）

九 指出课文中下列加点词语所表达的意思。

1. ……真是气不打一处来。
2. 贵平很快败下阵来。
3. 贵平先是心里一热……
4. 不管你是瞎忙还是白忙……
5. 送上门来的机会，被自己给关在了门外。
6. 这可全是有头有脸的大人物啊！
7. 贵平知道自己的手机引鬼上门了。

8. 贵平气得差点儿喷出血来。

9. ……他都咬牙坚持住。

10. ……带着火药味儿说……

11. ……你又火烧屁股。

12. 但也照例人不离机，机不离人。

十 根据课文内容回答下列问题。

1. 开了一上午的会，在办公室休息时，贵平为什么生气？
2. 贵平关闭过手机，可是为什么又恢复原样了？
3. 贵平跟组织部副部长说话时为什么那么紧张？
4. 老同学聚会时，李山在贵平的手机里发现了什么？李山为什么那么兴奋？
5. 李山找贵平帮他什么忙？贵平肯帮他吗？
6. 为了使贵平帮忙，李山是怎样做的？
7. 李山为什么又不用贵平帮忙了？
8. 换了手机号码以后，贵平感到轻松吗？

十一 交际训练。

1. 给亲友发一条手机短信（不少于150字）：

下面的词语可以帮助你表达：

> 聚会　特　贵重　引　和睦　融洽　拘束　喜笑颜开
> 难得　来往　信息　尤其　无论……都……　不管……
> 还是……　或……或……　不知……好　把……（看成）……

2. 讨论：

（1）手机给你带来过烦恼吗？有的话，请讲一讲。

（2）讲一讲手机给你带来的方便与快乐。

3. 语言游戏。

（1）请几位同学到黑板上写手机的功能，如上网、拍照，等等。然后大家评一评，谁写得最好。评论者可以到前面修改、补充。

（2）你知道"软磨硬泡"这个成语吗？想想看，这篇课文中的哪个人物的行为适合这个成语。

4. 看一看，说一说，写一写。

一天到晚，被手机牵着。

一生到老，被名利累着。

——郑辛遥

24 重读西藏

课文

　　说是重读西藏，只是一种感觉。在赴[1]西藏自治区参加中国红十字总会和西藏自治区红十字会的合作项目考察前，我查阅[2]了不少有关西藏的资料，心里装着从小在电影里看过的"百万农奴[3]"，因此，一到拉萨，那种心理上的感觉就如同[4]重读，既熟悉亲切又陌生新奇[5]。

　　毫不夸张[6]地说，西藏所具有的特殊的魅力，无论是谁都是不能抗拒[7]的。只要到了西藏，哪怕只住上三天，都会留下终生难忘的印象。

　　从雾蒙蒙[8]的成都，飞到晴空万里、海拔[9]3500多米的拉萨，迎接你的是灿烂的阳光和一片高原。没有到过西藏的人，谈起"世界屋脊[10]"的高度，总是把它想象得十分恐怖，其实，并没有那么可怕。当然，空气稀薄[11]、高山反应对每一个初访者都是一个考验[12]。据说，身体弱的比身体强壮的更容易适应，女性又比男性[13]适应得快。大概因为我是个不太强壮的女同志吧，我觉得高山反应还是可以忍受[14]的。最初的体验[15]便是心跳加速[16]，仿佛有一只小锤[17]不停地锤打你的喉咙[18]。不吃饭时，这种感觉是轻悠悠[19]的，吃了饭，这个小锤便从喉咙升到头顶，产生轻微[20]的震动[21]，震得头有些疼。不知为什么，我觉得这是一种生命的体验。在这样的反应中，生命好像听得见摸得着了。

　　西藏的气候是难以想象的反复无常[22]。上午还是阳光灿烂，下午就可能是狂风[23]暴雨[24]，那是决不提前打招呼[25]的。一天之内的气温有时相差[26]30多度，你时刻都得加以注意和警惕。太阳十分灼热[27]（保护眼睛的墨镜[28]是必不可少的），即使在寒冷的日子，你也能感觉到太阳在烧烤你的皮肤。西藏人之所以能适应这样的环境，是因为他们从小父母就要用牛油[29]（据说，这种东西可以有一千零一种用处）给他们擦身，并想方设法让他们接受烈日[30]和狂风的锻炼。

布达拉宫位于拉萨市中央的布达拉山上。站在我们所住的宾馆窗前，白天，可以看到宫殿[31]红白相间[32]的石墙和金灿灿[33]的宫顶；夜晚，这雄伟建筑的一扇[34]扇小窗户里，小油灯的灯光忽明忽暗地闪烁[35]着，显得格外神秘。在布达拉宫，我们欣赏到了藏族文化的精华[36]。布达拉宫里的一千多间房子，是西藏佛教中最神圣的珍品[37]。它初建于一千三百年前，以后历代[38]都有所扩充[39]。红衣喇嘛[40]们整天在庙里虔诚[41]地打坐[42]，或伴着有节奏的鼓声朗朗[43]地念经[44]。从小小的窗口透进的那一线阳光，穿过弥漫的香火[45]烟雾，照到了一个个喇嘛的脸上。眼前的情景会使你觉得好像与世隔绝[46]了。

大昭寺离我们的住处也很近，步行不过十几分钟。大昭寺门前有一块劝人种牛痘[47]的石碑，据记载[48]，这块碑石是清朝乾隆二十九年所立，距[49]今已有二百多年。当时西藏流行天花[50]，传染得很快，死的人不计其数[51]。清朝的驻[52]藏大臣[53]松筠为了推行[54]内地种牛痘预防[55]天花的措施，建立了这座碑。藏族同胞由此接受了种牛痘，收到了很好的效果。多少年来，藏族兄弟对这座古碑感激、崇敬，用藏族特有[56]的方式来表达他们的感情。一天，我见到一位长者，嘴里一边念叨[57]着，一边往碑石上抹酥油[58]，我赶忙上前问道："请问老人家[59]，您在祈祷[60]什么？"老人用混合[61]着藏语的汉语告诉我："家里有孩子生病了，来这里给石碑抹些酥油，再磕[62]上几个头，孩子的病就会好的。"老人还说，也有的是家里的病人好了，来表示感谢的。不少人临走时还要往碑石上沾[63]几个硬币。

人们常用"孤独[64]如碑"来形容人生的凄凉和碑石的孤独。可西藏的古碑却并不孤独，这里的人们为了健康、幸福，天天来到它身边磕头祈祷。如果红十字会能在藏民心中树立起这样一座丰碑[65]，我们的事业在西藏会有一个什么样的前景[66]呢？我久久地站在石碑前，心里沉[67]沉的。

像许多人所了解的，一些人为了来拉萨祈祷，要一步一磕地走上几个月。一些人要卖掉财产，步行千里、搭过路卡车，或者骑着毛驴到达目的地。之后，他们一般都住在附近自己搭起的帐篷里。朝拜[68]以后，有的人则要讨饭[69]归去。

西藏的宗教礼仪[70]真是数不清，甚至经过宗教之地怎么走路都有讲究。必须记住，路过寺庙、宝塔[71]或宗教纪念碑时，你一定要按顺时针[72]方向前进。如果是反时针方向，会被认为是对宗教的不尊重，甚至是一种罪恶[73]。

来到西藏才知道，这里有唱不尽的藏族民歌，歌里有许许多多美好的祝愿[74]。我从小就会唱藏族民歌："不敬青稞酒[75]，不打酥油茶，也不献哈达[76]，唱上一支心中的歌儿献给亲人金珠玛米[77]……"今天，在西藏高原上，酒尝了，茶喝了，脖子上挂了三条哈达，我也要唱上一支心中的歌儿来表达我的祝愿。我亲眼看到很多地方都有金珠玛米在修路。为了保护道路，总有战士在公路上清除[78]那些不打招呼就闯来的飞沙走石。他们还不停地为牧民维修[79]放牧牦牛[80]的小道。

说起第一次喝酥油茶，又有了重读的感觉。那天，我们去日喀则野外考察，和我同行的有藏族司机兼翻译扎西顿珠、合作伙伴[81]瑞士姑娘钟瑞。快到中午时，我们碰见了一群放牧牦牛的人正在地里吃午饭。他们身穿传统的藏族服装，头上的帽子和脚下的靴子都绣[82]满了花，就连牦牛也打扮得漂漂亮亮。开始时，他们对我们想和他们共进午餐并没有什么表示，显得有些冷淡。当扎西顿珠向他们介绍时，我把照片、相机递给我身边的一位长者。他很有兴趣地看着，又传给其他人看。一个接一个，都举起相机仔仔细细地往里瞧。这时候，气氛开始缓和[83]了。

于是，他们当中的一位递给我们每人一个碗，并倒上酥油茶。他做了个手势，请我们喝。扎西顿珠当然没有问题，我虽然从小就会唱酥油茶的歌，也从书本上知道酥油茶是藏族人民不可缺少的饮料[84]，可第一次喝，多少有些犹豫，但还是勇敢地喝了。钟瑞姑娘可为难了，她向我表示："在国外对于我不熟悉的东西是不敢随便喝的。这种陌生的黄色液体[85]，我怕喝了会得病的。"她用最有礼貌的声音和表情表示了谢绝[86]。我发现，围火而坐的每一个人都盯着她，看她是否接受他们自制的酥油茶。直到此时，我才明白，我想钟瑞姑娘也读懂了一双双眼睛里的热情期待[87]：这并不是一个简单的礼貌问题，而是对我们的接受。我看到这时的钟瑞表现出了"一不怕苦，二不怕死"的精神，端起酥油茶，把头一仰，脸朝太阳，一口气喝了下去。

牧民们高兴得鼓起掌来。从那一刻起，我们之间有了一种理解。牧民们热情地告诉我们，为了友谊的天长地久[88]，酥油茶是不能只喝一碗的。青稞酒也不能喝单数，要按二、四、六计算。按规矩，藏族姑娘唱歌，你就得喝酒，她们不停地唱，你就得不停地喝。好在这酒如同汽水，甜甜的、香香的，并不醉人，倒是藏族姑娘的歌会让你醉倒的。这真是酒不醉人，人自醉啊！

告别拉萨的前一天，藏族朋友陪我去拉萨的"王府井"——八角街买纪念品。八角街有一公里长，是一条椭圆[89]形的环城路，按藏民的规矩只能转一圈，要不然就得走三圈，绝不可以只转两圈。我跟在藏族朋友身后，装着很内行[90]的样子，一件件认真地讨价还价，满意地买了一大包"珍品"。走出八角街，顺便到停车场附近的一家大商店看看。啊，同样的一把藏刀要比八角街里面便宜20元，一串牛骨[91]项链[92]要便宜一半多。我和藏族朋友互相望着开心地大笑起来，而且笑了很久……我心里想着："什么时候还能再来呢？"

（选自《重读拉萨》，作者：胡殷红。有删改）

生 词

1	赴	fù	（动）	to go to, to set off	三
2	查阅	cháyuè	（动）	to consult, to look up	
3	农奴	nóngnú	（名）	serf	
4	如同	rútóng	（动）	like, as	二
5	新奇	xīnqí	（形）	strange, novel, new	三
6	夸张	kuāzhāng	（形）	exaggerated	三
7	抗拒	kàngjù	（动）	to resist	三
8	雾蒙蒙	wùméngméng	（形）	foggy	
9	海拔	hǎibá	（名）	height above sea level	三
10	世界屋脊	shìjiè wūjǐ		the roof of the world	

11	稀薄	xībó	（形）	thin, rare	
12	考验	kǎoyàn	（动）	to test, to trial	一③
13	男性	nánxìng	（名）	the male sex, man	二
14	忍受	rěnshòu	（动）	to bear, to put up with	二
15	体验	tǐyàn	（动）	to learn through one's personal experience	一③
16	加速	jiāsù	（动）	to speed up, to accelerate	二
17	锤	chuí	（名、动）	hammer; to knock with a hammer	
18	喉咙	hóulóng	（名）	throat	三
19	轻悠悠	qīngyōuyōu	（形）	light, gentle	
20	轻微	qīngwēi	（形）	light, slight	三
21	震动	zhèndòng	（动）	to shake	三
22	反复无常	fǎnfù wú cháng		changeable	
23	狂风	kuángfēng	（名）	fierce wind	
24	暴雨	bàoyǔ	（名）	rainstorm	二
25	打招呼	dǎ zhāohu		to give a previous notice	三
26	相差	xiāngchà	（动）	to differ	三
27	灼热	zhuórè	（形）	scorching, burning hot	附
28	墨镜	mòjìng	（名）	sunglasses	
29	牛油	niúyóu	（名）	butter, yak grease	
30	烈日	lièrì	（名）	burning sun, scorching sun	
31	宫殿	gōngdiàn	（名）	palace	三
32	相间	xiāngjiàn	（动）	to alternate with	
33	金灿灿	jīncàncàn	（形）	glittering, glistening	
34	扇	shàn	（量）	*a measure word for doors, windows, etc.*	二
35	闪烁	shǎnshuò	（动）	to glimmer	三
36	精华	jīnghuá	（名）	cream, essence	三
37	珍品	zhēnpǐn	（名）	treasure	
38	历代	lìdài	（名）	successive dynasties	
39	扩充	kuòchōng	（动）	to expand	

40	喇嘛	lǎma	（名）	lama	
41	虔诚	qiánchéng	（形）	pious, devout	附
42	打坐	dǎ zuò	（动）	(of a Buddhist or Taoist monk) to sit in meditation	
43	朗朗	lǎnglǎng	（象声）	*used for sound of reading aloud*	
44	念经	niàn jīng	（动）	to recite or chant scriptures	
45	香火	xiānghuǒ	（名）	burning incense	
46	隔绝	géjué	（动）	to completely cut off, to be isolated	
47	牛痘	niúdòu	（名）	cowpox, vaccinia	
48	记载	jìzǎi	（动）	to put down in writing, to record	三
49	距	jù	（动）	to be apart from	三
50	天花	tiānhuā	（名）	smallpox	
51	不计其数	bú jì qí shù		countless, innumerable	
52	驻	zhù	（动）	to be stationed	二
53	大臣	dàchén	（名）	minister (of a monarchy)	附
54	推行	tuīxíng	（动）	to carry out	二
55	预防	yùfáng	（动）	to prevent	一③
56	特有	tèyǒu	（形）	peculiar, characteristic (of)	二
57	念叨	niàndao	（动）	to talk about (sth.) again and again in recollection or anticipation	
58	酥油	sūyóu	（名）	butter	
59	老人家	lǎorenjia	（名）	old man or woman, the aged	三
60	祈祷	qídǎo	（动）	to pray	三
61	混合	hùnhé	（动）	to mix	二
62	磕	kē	（动）	to knock, to kowtow	三
63	沾	zhān	（动）	to paste, to stick	三
64	孤独	gūdú	（形）	lonely, solitary	二
65	丰碑	fēngbēi	（名）	monument	
66	前景	qiánjǐng	（名）	prospect, future	二
67	沉	chén	（形、动）	heavy; to sink	二

68	朝拜	cháobài	（动）	to pay respect to (a sovereign), to worship	
69	讨饭	tǎo fàn	（动）	to beg for food	
70	礼仪	lǐyí	（名）	etiquette, rite, ceremony	三
71	宝塔	bǎotǎ	（名）	pagoda	
72	时针	shízhēn	（名）	hands of a clock or watch	
73	罪恶	zuì'è	（名）	crime	二
74	祝愿	zhùyuàn	（动）	to wish	二
75	青稞酒	qīngkējiǔ	（名）	wine made of highland barley	
76	哈达	hǎdá	（名）	hada	
77	金珠玛米	jīnzhūmǎmǐ	（名）	(in Tibetan) People's Liberation Army	
78	清除	qīngchú	（动）	to clear away	三
79	维修	wéixiū	（动）	to keep in good repair, to maintain	二
80	牦牛	máoniú	（名）	yak	
81	伙伴	huǒbàn	（名）	partner	二
82	绣	xiù	（动）	to embroider	三
83	缓和	huǎnhé	（动、形）	to relax, to ease up; relaxed	三
84	饮料	yǐnliào	（名）	drink, beverage	二
85	液体	yètǐ	（名）	liquid	三
86	谢绝	xièjué	（动）	to refuse	
87	期待	qīdài	（动）	to expect, to look forword to	二
88	天长地久	tiān cháng dì jiǔ		enduring as the universe, everlasting and unchanging	附
89	椭圆	tuǒyuán	（形）	ellipse, oval	
90	内行	nèiháng	（名）	expert, adept	附
91	骨	gǔ	（名）	bone	
92	项链	xiàngliàn	（名）	necklace	三

专有名词

1	西藏自治区	Xīzàng Zìzhìqū	Tibet Autonomous Region
2	中国红十字总会	Zhōngguó Hóngshízì Zǒnghuì	Red Cross Society of China
3	西藏自治区红十字会	Xīzàng Zìzhìqū Hóngshízì Huì	Tibet Autonomous Region
4	成都	Chéngdū	name of a city
5	拉萨	Lāsà	capital of Tibet
6	布达拉宫	Bùdálā Gōng	Potala Palace
7	布达拉山	Bùdálā Shān	Potala Mountain
8	佛教	Fójiào	Buddhism
9	大昭寺	Dàzhāo Sì	Dazhao Temple
10	清朝	Qīngcháo	Qing Dynasty
11	乾隆	Qiánlóng	an emperor in the Qing Dynasty
12	松筠	Sōngyún	name of a person
13	日喀则	Rìkāzé	name of a city in Tibet
14	扎西顿珠	Zhāxīdùnzhū	name of a person
15	瑞士	Ruìshì	Switzerland
16	钟瑞	Zhōng Ruì	name of a person
17	王府井	Wángfǔjǐng	name of a street in Beijing
18	八角街	Bājiǎo Jiē	name of a street in Lhasa

词语搭配与扩展

一 考验

［动～］接受～｜进行～｜经受～｜害怕～

［～宾］～着（每一个）人｜～干部｜～（人的）思想｜～（人的）意志

［定～］战争的～｜时间的～｜组织的～｜艰苦的～

［状～］长期地～｜全面地～｜严格地～｜彻底地～

［～补］～下去｜～一番｜～了一年

［～中］～的时期｜～的过程｜～的目的｜～的结果

（1）他们的友谊经受了时间的考验。

（2）经过战争的考验，他们的意志更加坚强了。

二 体验

［动～］需要～｜进行～｜开始～｜没有～

［～形］～深刻｜～（很）多

［～宾］～……痛苦｜～（家庭）幸福｜～（劳动人民的）感情｜～生活

［状～］亲身～｜深刻地～｜充分地～｜好好地～（一下）

［～补］～到（生活的艰难）｜～过（家庭的温暖）｜～得（很）深刻｜
　　　～一番｜～一下｜～了一年

（1）对于高山反应，我没有亲身体验过。

（2）没有真正的生活体验，怎么能写出好作品？

三 警惕

［动～］提高～｜加强～｜引起（大家的）～｜丧失～｜放松～

［～宾］～走私犯｜～坏人｜～（敌人的）阴谋诡计｜～（敌人的）破坏

［状～］高度地～着｜紧张地～着｜经常～着｜时刻～｜对……要～

［～补］～起来｜～得很

［～中］～的心情｜～的目光｜～的心理｜～的神情

（1）什么时候都不能放松对敌人的警惕。

（2）对男人她总有一种警惕的心理。

四 传染

［动～］受到（细菌的）～｜担心～｜注意（别）～｜防止～

［～宾］～疾病｜～肝炎｜～别人｜～孩子

［状～］迅速地～｜直接～｜间接～｜被……～了

［～补］～得很快｜～严重｜～上｜～起来｜～过一阵

［～中］～途径｜～的渠道｜～的方式｜～媒介

（1）这种病是空气传染，屋子要彻底消毒。

（2）她担心被传染，所以总戴着口罩。

五 预防

[~宾] ~疾病 | ~传染病 | ~中毒 | ~流感 | ~肝炎 | ~火灾

[状~] 提前~ | 积极~ | 全面地~ | 及时地~

[~补] ~得早 | ~得及时 | ~得好 | ~得了 | ~一下 | ~过一阵

[~中] ~工作 | ~措施 | ~的步骤 | ~的结果

（1）他们坚持预防，所以肝炎的发病率一直很低。

（2）对可能发生的自然灾害，要及时采取预防措施。

六 祝愿

[动~] 表示~ | 转达（他们的）~ | 接受~

[~动/形] ~……成功 | ~胜利 | ~……幸福 | ~……顺利

[定~] 美好的~ | 父母的~ | 亲朋好友的~ | 我们的~

[状~] 衷心地~ | 热情地~ | 亲自~ | 共同~ | 正式~ | 默默地~

[~中] ~的话 | ~的信 | ~的人群

（1）感谢大家美好的祝愿，我会努力去做的。

（2）我们祝愿你获得好成绩。

七 清除

[~宾] ~垃圾 | ~积雪 | ~障碍 | ~坏人 | ~旧思想

[状~] 逐渐地~ | 彻底地~ | 迅速地~ | 及时地~ | 想方设法~

[~补] ~完 | ~干净 | ~掉 | ~得（很）及时 | ~得（很）顺利 | ~得（很）彻底

[~中] ~的原因 | ~的范围 | ~的工具 | ~的情况 | ~的结果

（1）他们负责清除垃圾、污水，我们负责消毒。

（2）对垃圾邮件，要坚决清除掉。

八 缓和

[主~] 态度~ | 语调~ | 关系~

[动~] 开始~ | 希望~ | 继续~ | 赞成~ | 得到~

[～宾] ～关系｜～矛盾｜～气氛｜～（紧张）局面

[定～] 表面的～｜真正的～｜暂时的～

[状～] 逐渐地～｜明显地～｜迅速地～｜想方设法～

[～补] ～多了｜～下来｜～一下｜～过一阵｜～了一些｜～了一年

[～中] ～的局势｜～的标志｜～的程度｜～的前景

（1）双方的紧张局势得到了缓和。
（2）张先生参加讨论以后，气氛缓和多了。

语法例释

一 那是决不提前打招呼的

"打招呼"是一个惯用语。"打"和"招呼"之间可以插入其他成分，如"打个招呼、打了招呼、打一下招呼、打过招呼"，等等。具体表示的意思是问候或事前事后就某件事、某个问题告诉一下。例如：

（1）他每次看见我，老远地就打招呼。
（2）我们没什么交往，只是见面时打个招呼而已。
（3）放心吧，那件事我已经跟他们领导打过招呼了。
（4）你如果哪天不能来，一定要事先打个招呼。
（5）我今天不能去训练了，你替我跟教练打一下招呼。
（6）等事情办妥以后，你再跟他们打个招呼。

二 西藏人之所以能适应这样的环境，是因为他们……

"之所以……是因为……"这一格式所构成的因果复句，先用"之所以"引出结果或结论，再用"是因为"说出原因或理由。这种先提出结果后说明原因的格式，更加强调突出了原因或理由。"之所以"一般放在前一分句的主语和谓语之间，"之所以"前边的主语不能省去。例如：

（1）阿里之所以学汉语，完全是因为工作的需要。
（2）安娜之所以取得这么优异的成绩，是因为她平时努力学习。
（3）这块金牌之所以特别有意义，是因为它是香港的第一块奥运会金牌。

（4）这件毛衣之所以特别珍贵，是因为它是妈妈亲手织的。
（5）这篇课文之所以特别难懂，是因为有很多半文半白的句子。
（6）他之所以受得了委屈，能吃苦，有毅力，是因为他从小生活在苦难中。

三 小油灯的灯光忽明忽暗地闪烁着

"忽……忽……"这一格式由副词"忽"连用构成。在此格式里可嵌入相对的单音节动词、形容词，表示动作、状态、情况在较短的时间里交替、更迭，有"一会儿这样，一会儿那样"的意思。多用于书面。例如：

（1）他坐在那儿玩儿电灯开关，忽开忽关，忽关忽开，一会儿电灯就坏了。
（2）他早上起来就觉得身上忽冷忽热的，好像发烧了。
（3）风筝在空中忽上忽下，忽左忽右，好不自由。
（4）这个录音机的声音忽大忽小，忽高忽低，可能有毛病了。
（5）老王的脾气忽好忽坏，谁也摸不准。
（6）忽严忽松是教育不好孩子的。

四 距今已有二百多年

"距"，介词。"离"的意思。由"距"组成的介词结构表示时间或空间上的距离。用"距"时，要有两点作比较。一般用于书面。例如：

（1）博物馆距我们的住处约有20公里。
（2）这里距拉萨尚有400公里。
（3）辛亥革命距今已有80余年的历史了。
（4）第一次奥运会距今已有一百年了。
（5）他现在所举的重量距他过去的最好成绩还差3公斤。
（6）距终点还有500米时，安娜开始加速了。

"距"还可以表示两个抽象事物之间的差距。例如：

（7）我们所取得的进步距时代的要求还差得很远。
（8）我们深知距理想的目标还有较大的差距。

五 我赶忙上前问道

"赶忙",副词。表示动作行为迅速而急迫。做状语,修饰动词。一般只用于陈述句,不能用于祈使句。可以和"连忙"互换。例如:

(1)电话铃刚一响,桂兰就赶忙去接了。
(2)看到他俩要吵架,我赶忙过去把他们劝开了。
(3)丈夫看我有些犹豫,赶忙笑着对售货员说:"请您收起来,我们以后再买。"
(4)丈夫一进门,小妹就赶忙接过他手里的东西,忙着给他拿毛巾擦汗。
(5)张师傅晕倒了,大家赶忙跑过去,把他抬到车上。
(6)听到父亲回来的声音,小海赶忙把电视关了。

六 一口气喝了下去

"一口气",副词。表示不间断地做某件事,多做状语。例如:

(1)拿到这本书后,我一口气看到夜里3点。
(2)他饿极了,一口气吃了两个大馒头。
(3)他欠了很多信,今天一口气写了十几封。
(4)老王不管干什么,都是要一口气干完,从不拖拉。
(5)自从那次犯了心脏病以后,他不敢一口气干很长时间了,而是一天干一点儿。

有时"一口气"也可以说"一气儿"。例如:

(6)他们不顾疲劳,一气儿把车卸完了。
(7)小红今天一气儿买了好几百块钱的书。

七 好在这酒如同汽水

"好在",副词。表示具有某种有利的条件或情况。"好在"多用在分句的开头。例如:

(1)小王把开会的时间通知错了,好在大家还没走,赶快再去通知一下。
(2)他们这次考察的环境确实很艰苦,好在他们的身体都很棒,完成任务是没有问题的。
(3)扎一个灯笼要花很多时间,好在没有几个了,春节前一定能扎完。
(4)这件事只有张先生能帮上忙,好在我们是老朋友,我去请他。

（5）路上情况很危险，好在张大夫跟着去，药也准备得比较齐全。

（6）时候不早了，赶紧出发吧，好在这儿什么时候都能叫到车。

八 按藏民的规矩只能转一圈，要不然就得走三圈

"要不然"，连词。和前面学过的"要不"、"不然"意思相同，更加强了假设的语气。例如：

（1）一定要尽早动手术，要不然后果是很可怕的。

（2）好在咱们带了厚衣服，要不然非冻感冒不可。

（3）这本书明天再给你，要不然你一看就放不下，今晚就别睡觉了。

（4）你还是早一点儿通知老王好，要不然就派身边的小李去。

（5）这个暑假咱俩可以回老家看姥姥，要不然就去西藏找你爸爸。

（6）现在企业面临危机，我们应该尽全力整顿，要不然就只好让它倒闭。

练 习

一 给下列名词前后各搭配一个适当的成分。

1. _____气温
   气温_____

2. _____宫殿
   宫殿_____

3. _____佛教
   佛教_____

4. _____老人家
   老人家_____

5. _____液体
   液体_____

6. _____罪恶
   罪恶_____

7. _____伙伴
   伙伴_____

8. _____饮料
   饮料_____

9. _____喉咙
   喉咙_____

10. _____牧民
    牧民_____

二 给下列动词搭配宾语和补语。

1. 忍受_____
   忍受_____

2. 维修_____
   维修_____

3. 预防_____
   预防_____

4. 考验_____
   考验_____

5. 警惕_____
   警惕_____

6. 沾_____
   沾_____

7. 清除_____
   清除_____

8. 绣_____
   绣_____

三 选词填空。

距今　赶紧　绣　扇　赶忙　要不然　缓和　佛教　毫不
想方设法　如同　赶快　无怨无悔　青春　忽高忽低　查阅

1. 这屋子里的烟味太大了，你_____把那_____窗户打开吧!
2. 那件旗袍上的牡丹花，是她自己_____的。
3. 我_____感到陌生，_____回到了自己的家里一样。
4. 在这里，他_____到有关西藏_____的珍贵资料。
5. 我_____说些玩笑话，尽量使气氛_____下来。
6. 听到敲门声，她_____放下手里的活儿去开门。
7. _____出发吧，_____就来不及了。
8. 这里的天气变化无常，气温_____。
9. 五四运动_____快有100年了。
10. 为了建设新西藏，他们献出了宝贵的_____，但他们_____。

四 用指定词语回答问题。

1. 你找安娜有事吗？（跟……打个招呼）

2. 赵老师为什么批评小王？（打招呼）

3. 小王为什么没参加周六的义务劳动？（考察　要不然）

4. 明天下午的辩论会你参加吗？（考察　要不然）

5. 你对张强获得了两块金牌有什么感想？（之所以……是因为……）

6. 小王为什么被取消了考试资格？（之所以……是因为……）

7. 阿里最近身体不太好，他还能参加比赛吗？（好在）

8. 这次考试，你准备得怎么样？（好在）

9. 太晚了，你不要再干了，你明天再来不好吗？（一口气）

10. 安娜，你的胃怎么又疼了？（一口气）

11. 对待这种传染病，你们是怎么做的？（一系列 预防）

12. 这次流感很厉害，为什么你们还能保持这么高的出勤率？（一系列 预防）

五 根据课文内容，判断下列说法是否正确，并说明理由。

（　）1. 一谈起"世界屋脊"的高度，"我"就十分恐怖。
（　）2. 高山反应对每一个初访者都是逃避不了的考验。
（　）3. 大昭寺门前那块劝人种牛痘的石碑，是清朝乾隆皇帝所立。
（　）4. 路过寺庙、宝塔或宗教纪念碑时，不能按反时针方向走。
（　）5. 很多人告诉我，这里的解放军经常清除公路上的飞沙走石。
（　）6. 日喀则野外的牧民初次见面便热情地欢迎我们与他们共进午餐。
（　）7. 我们喝了酥油茶后，互相才有了理解，气氛也热烈起来。
（　）8. 经过多次讨价还价，我们才买到了便宜的纪念品。
（　）9. 西藏的魅力是无法抗拒的，"我"希望还能再来。

六 根据课文内容回答下列问题。

1. "重读西藏"是什么意思？
2. 高山反应可怕不可怕？"我"为什么说高山反应是一种生命的体验？
3. 西藏的气候怎么样？有什么特点？
4. 布达拉宫为什么会给人一种神秘的感觉？
5. 大昭寺门前的石碑是怎么回事？藏族同胞对石碑的感情怎么样？
6. 西藏有哪些风俗习惯？

七 交际训练。

1. 请告诉你的朋友（说一段话或写一段话）：

（1）我去过西藏……

（2）我想去西藏……

（3）我去过中国的……

（4）我知道那个地方的文化、宗教、风俗习惯……

下面的词语可以帮助你表达：

> 旅游　考察　入乡随俗　被……所……　吸引　体验
> 亲身　反应　适应　之所以……是因为……　打招呼
> 忽……忽……　赶忙　要不然　感兴趣　佛教　伙伴

2. 讨论：

（1）为什么人们都说西藏具有不可抗拒的魅力？谈谈你的看法。

（2）到一个地方去考察或旅游，你都要做哪些方面的准备？

（3）你们国家在保护大自然、保护动物方面采取了哪些有力措施？

（4）你对画家陈先生的一系列原则有什么看法？介绍介绍你做人的原则。

3. 语言游戏。

（1）猜一猜。

礼品盒里的秘密

明朝末年，清兵占领北京后，准备南下。当时远在江西的官员郭都贤不知道这一消息。他的一位在北京的同事打算通知他，但又不敢明说，就派了两个家人准备好一个大礼品盒，急急忙忙赶往江西。郭都贤收到礼品盒后，打开一看，盒子里第一格是红枣，第二格是梨子，第三格是生姜，第四格是西瓜。郭都贤想了半天，终于明白了礼品盒里的秘密。你现在知道这里的秘密了吗？

（2）你知道下面这两句俗语的意思吗？请给大家讲一讲。

到什么山上唱什么歌

不看僧面看佛面

4. 看一看，说一说，写一写。

huà
化

古文字形是一正一倒的两个人的形象。变化之大莫过于颠倒，所以用人形正倒来表示变化的意思。

——选自《汉字的故事》，施正宇编著

25 远离吸毒[1]

课文

他叫方增，今年二十三岁，出生于西南边疆[2]的云南。他家庭条件十分优越，头脑[3]聪明，外表[4]又英俊[5]，因此，深得同伴[6]们的羡慕和赞赏[7]。

高中毕业以后，他进了当地一家大型国营[8]工厂，成了一名工人。然而，在商品大潮的猛烈[9]冲击[10]下，他的心怎么也静不下来了。于是，他向工厂提出辞职[11]，北上石家庄，开了一家饭馆。虽说[12]饭馆不算大，但因他善于经营，倒也顾客盈门[13]。这样，两年下来，除了各项开支，居然攒下了数万元。

生意场上的一帆风顺[14]，使他更加自信。他卖掉了石家庄的饭馆，来到北京，以寻求更大的发展。他先是在某旅游中心工作，后又到某现代办公用品[15]公司做起了广告生意。这一来，他又赚了一笔钱。这山望着那山高。时隔不久，他又在一家远近闻名[16]的大饭店找到工作。由于他聪明能干，很快就被提升[17]为副经理。在上上下下一片赞扬[18]声中，他说："人往高处走，水往低处流。我没有满足的时候。没见识过的东西还多着呢。我什么都想试试，这样才不白来世上一回。"

事也凑巧[19]，今年七月，老板要从云南购[20]进一批货物[21]，并且需要派专人把货运回来。方增自然被选中了。凭着他的才能和经验，他在云南事情办得很顺利。

一天晚上，有个老板请他到一家歌舞厅[22]娱乐。歌舞厅的小姐一听他是北京来的副经理，便伺候[23]得格外周到。酒喝了一杯又一杯。小姐见他脸色通红[24]，已有七八分醉，就趴向他耳边问："吸粉[25]吗？"

小姐见他有点儿犹豫，便有声有色[26]地向他介绍吸粉的妙处。这时，他想起了"在社会上混，什么都得尝试[27]尝试"这句常挂在嘴边上的话，便点点头答应了。

那位小姐拿出一个小纸包，很快打开。方增一看，是白色的粉末[28]。小姐耐心地教他吸粉的方法。可方增吸过以后却怎么也没有她说的那种想什么就有什么的美妙[29]感觉，只觉得有点儿恶心[30]。心想，可能是因为酒喝多了的缘故。回到住处，还没来得及躺下，就忍不住吐了一地。

第二天醒来，他心想，小姐把吸粉说得那么美妙，可自己竟一点儿感觉也没有，无论如何也得再试一次。

好容易盼到了晚上，他很快来到那家歌舞厅。那位小姐见他又来了，高兴得不得了。不过这次给他的海洛因[31]可不是免费的了。就那么一点点儿粉末，竟花了一百多元。

回到住处，他迫不及待[32]地吸起来。这次吸后的感觉大不一样了：晕晕乎乎[33]的，仿佛进入了一个虚幻迷离[34]的世界。

就这样，在云南的一个月里，他不时[35]地往那家歌舞厅跑，很快就吸上瘾了。他意识到如此下去会毁[36]了自己。可毒瘾一发作[37]，他就不停地流眼泪、流口水[38]，哈欠[39]连天，接着便浑身冒冷汗，颤抖，肌肉疼，骨头疼，心呀、肝呀、肺呀什么的，全都翻了个儿，真是求生不得，求死无门。

回到北京后，他把吸毒的事告诉了老板，要求老板给他两个月的时间戒毒，他说："如果戒了，我还来上班；如果戒不了，你们就别管我了。"

老板对他很好，给他开了两个月工资，劝他无论如何要把毒瘾戒掉。

在家只待了两天，他的毒瘾就犯了。在实在受不了的情况下，他去一家医院找大夫开药。他告诉那个大夫，说自己染上了吸毒的坏毛病，虽然想戒，可现在难受得简直无法忍受，请求大夫先给他开几支杜冷丁[40]。经过再三[41]恳求，大夫只好给他开了八支。他从药房买好杜冷丁，急忙找到一家药店，买了注射器[42]和针头[43]，回到家里，自己注射[44]起来。

第一次去医院没出事，只花了二百元钱就搞到了毒品。以后他就常找那个大夫，给他好处费，有时五十元，有时一百元。那个大夫给他填写假病历[45]，病症是癌，姓名也是假的。

仅两个来月，为买毒品和贿赂[46]大夫，他就花了近万元。钱花光了，就卖彩电等家里的东西。值钱的东西卖光了，就向邻居和朋友们借，骗他们说自己得了肾炎[47]需要钱。这下，毒瘾没戒成，倒欠了一身债，体重[48]减了五十多斤。一天到晚什么事也不想干，扎完针就昏沉沉[49]地躺着。

一天晚上，药用完了，他拖着沉重的身子又去了那家医院。他从药房窗口往里一看，里面的值班大夫是个女的，正在睡觉。恰好[50]门没上锁，他溜进药房，翻遍了柜子，终于找到七十支杜冷丁和十支吗啡[51]。当他把药品放进兜里正要离开时，女大夫突然惊醒[52]，刚要喊叫，被他用身边的一条手巾堵住了嘴。他迅速割下一米多长的电话线，捆住女大夫的手脚，然后匆匆地逃出了医院。

没过几天，那些东西用完了，他不由得又去了那家医院。他正往楼上走，不料正碰见那位女大夫。女大夫很快认出他来。就这样，他被扭送到派出所。

一位记者采访[53]了他，见他的脸色灰里带黄，眼睛充血[54]，目光发呆，瘦得皮包着骨头。由于吸毒，内脏[55]受到严重损害[56]，一只手总得按着肚子，连腰都直不起来。他哆哆嗦嗦[57]地伸手向记者要了一支香烟点上，眯[58]着眼睛深深地吸了一大口。

"你现在被拘留[59]，此时此刻有什么想法？"记者问道。

"我进来后，毒瘾犯了，真想死了算了……我特想我儿子，我儿子长得漂亮，可好玩儿了……"

"你这次进来知道后果吗？"

"知道。说不定我得判[60]五年。我媳妇儿[61]可能跟我离婚。可我儿子……"他说不下去了。

"你后悔吗？"记者问。

"那还用说。这都是我自己找的，只怨我自己。"

"现在你只有一条路——下决心戒毒。"

"我是想戒，可不知怎么，只要我看见那东西，就控制不住自己。现在如果桌子上放着一包粉，我拼了命也要去抢的……"

毒品太可怕了。它使人丧失[62]理智[63]，丧失人格[64]，丧失人生的一切美好愿望和追求。记得有人曾说过这样一句话："戒毒最有效的办法就是——别沾它。"

毒品是试不得的！

(选自《北京晚报》，作者：席立民。有删改)

生 词

#	词	拼音	词性	英文	
1	吸毒	xī dú	(动)	to take drugs	三
2	边疆	biānjiāng	(名)	border area, frontier	三
3	头脑	tóunǎo	(名)	brain, mind	一③
4	外表	wàibiǎo	(名)	(outward) appearance	三
5	英俊	yīngjùn	(形)	handsome	三
6	同伴	tóngbàn	(名)	companion	三
7	赞赏	zànshǎng	(动)	to appreciate, to admire	二
8	国营	guóyíng	(形)	state-own, state-run	三
9	猛烈	měngliè	(形)	fierce, violent	三
10	冲击	chōngjī	(动)	to impact	二
11	辞职	cí zhí	(动)	to resign	二
12	虽说	suīshuō	(连)	though	三
13	盈门	yíngmén	(动)	to be crowded (with customers)	
14	一帆风顺	yì fān fēng shùn		plain sailing, as right as rain	三
15	用品	yòngpǐn	(名)	appliance, articles for use	二
16	闻名	wénmíng	(动)	to be well-known	三
17	提升	tíshēng	(动)	to promote	二
18	赞扬	zànyáng	(动)	to speak highly of, to praise	三
19	凑巧	còuqiǎo	(形)	by chance	三
20	购	gòu	(动)	to purchase, to buy	三
21	货物	huòwù	(名)	goods, commodity	三
22	厅	tīng	(名)	hall	二
23	伺候	cìhou	(动)	to wait upon	附
24	通红	tōnghóng	(形)	very red, red through and through	二
25	粉	fěn	(名)	powder	三
26	有声有色	yǒu shēng yǒu sè		vivid and dramatic	附
27	尝试	chángshì	(动)	to attempt, to try	二

28	粉末	fěnmò	（名）	powder	
29	美妙	měimiào	（形）	wonderful	三
30	恶心	ěxin	（动、形）	to feel like vomiting; nauseated	二
31	海洛因	hǎiluòyīn	（名）	heroin	
32	迫不及待	pò bù jí dài		cannot wait (to do sth.)	附
33	晕晕乎乎	yūnyunhūhū		dizzy, giddy	
34	虚幻迷离	xūhuàn mílí		unreal, illusory, visionary	
35	不时	bùshí	（副）	frequently, now and then	二
36	毁	huǐ	（动）	to destroy, to ruin	二
37	发作	fāzuò	（动）	to show effect	三
38	口水	kǒushuǐ	（名）	saliva	三
39	哈欠	hāqian	（名）	yawn	
40	杜冷丁	dùlěngdīng	（名）	dolantin	
41	再三	zàisān	（副）	over and over again	二
42	注射器	zhùshèqì	（名）	injector, syringe	
43	针头	zhēntóu	（名）	needle	
44	注射	zhùshè	（动）	to inject	二
45	病历	bìnglì	（名）	medical record, case history	
46	贿赂	huìlù	（动）	to bribe	三
47	肾炎	shènyán	（名）	nephritis	
48	体重	tǐzhòng	（名）	(body) weight	二
49	昏沉沉	hūnchénchén	（形）	dazed, drowsy	
50	恰好	qiàhǎo	（副）	just right, as luck would have it	二
51	吗啡	mǎfēi	（名）	morphine	
52	惊醒	jīngxǐng	（动）	to wake up with a start	三
53	采访	cǎifǎng	（动）	to interview	二
54	充血	chōngxuè	（动）	hyperemia, congestion	
55	内脏	nèizàng	（名）	internal organs	
56	损害	sǔnhài	（动）	to harm, to damage	二

57	哆嗦	duōsuo	（动）	to tremble, to shiver	附
58	眯	mī	（动）	to narrow (one's eyes)	
59	拘留	jūliú	（动）	to detain	三
60	判	pàn	（动）	to sentence	二
61	媳妇儿	xífur	（名）	wife	
62	丧失	sàngshī	（动）	to lose	二
63	理智	lǐzhì	（名、形）	reason; sensible	二
64	人格	réngé	（名）	character, human dignity	三

专有名词

1	方增	Fāng Zēng	name of a person
2	云南	Yúnnán	name of a province
3	石家庄	Shíjiāzhuāng	name of a city

词语搭配与扩展

一 赞扬

［动~］受到~｜加以~

［~宾］~医生｜~（本厂的）产品｜~（他们的）友谊

［状~］热烈地~｜应该~｜被（群众）~｜不要~

［~补］~得太过分了｜~起来｜~了半天｜~一番｜~了一次

［~中］~的原因｜~的目的｜~的目光｜~的话

（1）他们这种做法受到了群众的拥护和赞扬。

（2）今天上课的时候，李老师赞扬了那些刻苦学习的学生。

远离吸毒 **25**

二 伺候

［～宾］～老人 ｜ ～病人（吃饭）｜ ～主人
［状～］专门～ ｜ 耐心地～ ｜ （这个人）难～ ｜ 没～（过）｜ 应该～ ｜ 被（人）～
［～补］～得好 ｜ ～下去 ｜ ～了三天 ｜ （只）～了一回 ｜ ～下去
［～中］～的方法 ｜ ～的时间 ｜ ～的人

（1）爷爷前不久去世了，奶奶整整伺候了他五年。
（2）再这样日日夜夜伺候下去，他非累坏不可。

三 尝试

［～动］～着做 ｜ ～着安装 ｜ ～着制造 ｜ ～着修理
［～宾］～了各种方法
［状～］主动～ ｜ 亲自～ ｜ 大胆～ ｜ 正在～ ｜ 可以～（一下）｜ 没～（过）
［～补］～一下 ｜ ～了几次 ｜ ～过了
［～中］～的原因 ｜ ～的目的 ｜ ～的过程 ｜ ～的结果

（1）为了提高产品质量，工人们曾尝试过各种方法。
（2）他今天也尝试了一回当"皇帝"的滋味。

四 戒

［～宾］～烟 ｜ ～酒 ｜ ～毒
［～补］～得早 ｜ ～掉（毒瘾）｜ ～不了 ｜ ～（不）下去 ｜ ～了一个多月 ｜ ～了三次
［～中］～（烟）的原因 ｜ ～的结果 ｜ ～的决心 ｜ ～的过程

（1）他没有决心戒烟，戒了些日子，现在又抽上了。
（2）叔叔一到冬天就喘，大夫劝他戒烟，他老不听。

五 注射

［～宾］～葡萄糖 ｜ ～吗啡 ｜ ～青霉素 ｜ ～兴奋剂
［状～］早～（过了）｜ 及时～ ｜ 正在～ ｜ 必须～ ｜ 慢慢～
［～补］（刚）～完 ｜ ～起来 ｜ ～下去 ｜ ～了一次
［～中］～（青霉素）的原因 ｜ ～的方法 ｜ ～的效果

（1）你这种病注射青霉素很快就能好。
（2）他轻易不让大夫给他注射麻药。

六 贿赂

[动~] 开始~（干部）｜拒绝~｜接受~｜禁止~

[~宾] ~老板娘｜~医生｜~厂长｜~那个人｜~（那个）公司

[状~] 偶然~了（一次）｜经常~｜秘密~｜想方设法~｜（被坏人）~了｜
不要~｜只~了（一次）

[~补] ~得少｜~得巧妙｜~起（干部）来｜~一下｜~了几回

[~中] ~的干部｜~的目的｜~的钱物｜~的手段

（1）我很了解她，她不会接受别人的贿赂。

（2）宋少华！你知道贿赂是一种什么行为吗？

七 采访

[动~] 希望~（他）｜进行~｜决定~｜接受~｜拒绝~

[~动/形] ~结束｜~开始｜~（被）取消｜~（很）顺利｜~（很）及时

[~宾] ~一位教师｜~著名作家｜~电影明星｜~（他的先进）事迹｜~大会

[状~] 成功地~｜单独~｜经常~｜秘密地~｜没~（过）｜可以~

[~补]（刚）~完｜~起来｜~下去｜~不了｜~一下｜（只）~了一次｜~了三天

[~中] ~的时间｜~的作家｜~的过程｜~的内容

（1）我看过老于的采访笔记，记得非常详细。

（2）他是一位著名的老作家，经常有记者去采访他。

八 损害

[动~] 遭受~｜受到~｜造成~｜继续~（他的名誉）

[~宾] ~身体健康｜~心脏｜~集体利益｜~……友好关系｜~团结

[状~] 严重地~｜故意~｜随便地~｜已经~

[~补] ~得很厉害｜~不了（群众利益）｜（白蚁）~起（房屋）来｜~下去

[~中] ~的情况｜~的程度｜~的后果

（1）你发表的那篇报道损害了我的名誉，我要去法院告你。

（2）既然你知道吸烟损害身体健康，为什么不戒掉呢？

九 丧失

[动~] 担心~（自己的地位）｜害怕~（自理能力）｜避免~（公司的信誉）

[~宾] ~威信｜~勇气｜~原则｜~警惕性｜~信心｜~领土

[状~] 完全~了（记忆力）｜早就~｜已经~｜不要~……

[~补] ~完｜~尽｜~掉｜~不了｜~了一会儿（知觉）

（1）我哥哥已经丧失过一次出国机会了。

（2）由于他的错误严重，他的威信已经丧失得一干二净。

语法例释

一 **虽说**饭馆不算大，但因他善于经营，倒也顾客盈门

"虽说"，连词。同"虽然"，表示让步，后面常有"但、但是、可、可是、不过"等表示转折的连词与之呼应。常用于口语。例如：

（1）虽说老杨不算老，可毕竟也有五十多岁了。

（2）虽说那间屋子小了点儿，可阳光倒挺充足的。

（3）虽说这个事故不是我造成的，但我心里还是很不好受。

（4）虽说那里的环境不错，我还是不愿意搬过去住。

（5）虽说他们夫妻俩常吵架，不过离婚的可能性不大。

（6）虽说你的工资不高，不过一年攒两三千块钱应该是不成问题的。

二 小姐见他有点儿犹豫，便**有**声**有**色地向他介绍吸粉的妙处

动词"有"连用，构成"有……有……"格式，其意义和用法是：

1.连接两个意思相同或相近的名词或动词，表示强调。如"有名有姓、有吃有喝、有说有笑"等，在句中可做谓语、定语、状语或补语。例如：

（1）几个人有说有笑，一直聊到深夜才睡。

（2）那两个演员有声有色的表演，赢得了观众热烈的掌声。

（3）弟弟刚从新疆回来，他有声有色地给我们讲述那里有趣的事情。

（4）我做的菜不怎么好，没想到他却吃得有滋有味。

2. 嵌入两个意思相反或相对的名词、动词或形容词，表示既有这方面，又有那方面，如"有男有女、有头有尾、有得有失、有问有答、有长有短、有厚有薄"等。在句中可做谓语、定语、状语或补语。例如：

（5）屋子里有男有女，有老有少，一共二十多个人。

（6）爷爷，今天晚上你不忙了，得给我讲个有头有尾的故事了。

（7）你要有始有终地把这件事做好，千万不要中间停下来。

（8）各种蔬菜种得有早有晚，这样一年四季都可以吃到新鲜蔬菜。

三 无论如何也得再试一次

"无论如何"，表示强调不管情况如何变化，都要完成某项工作或做某件事情。做状语，有时可放在主语前。例如：

（1）今天的会很重要，你无论如何要参加。

（2）小王，我托你办的事情你无论如何别忘了。

（3）我劝了她半天，可她无论如何也不回来。

（4）你们无论如何要把丢失的文件找到。

（5）这份文件很紧急，无论如何要在12点以前送给校长。

（6）明天上午，无论如何你得来一趟。

四 好容易盼到了晚上

"好容易"，副词。意思是很不容易地完成某种动作、办成某件事情或出现某种情况。用在动词谓语前做状语，后边常有"才"搭配并带有感叹语气。"好容易"也可说成"好不容易"，意思不变。例如：

（1）我去了好几个书店，好容易才买到这本词典。

（2）这几天老下雨，今天好容易才晴了天，咱们去公园玩儿吧。

（3）好容易才得到这么个好机会，他怎么会轻易放弃呢？

（4）我好容易修好了电脑，又让他给弄坏了。

（5）我好不容易钓到几条鱼，都叫猫给吃了。

（6）我们好不容易才找到他家，可他偏偏出差了。

五 他不时地往那家歌舞厅跑

"不时",副词。表示行为、动作或情况连续地(有间断)多次发生。做状语。多用于书面。例如:

(1)老人听着我的话,不时地点头。
(2)她不时向四处张望,看看大哥来了没有。
(3)远处不时传来枪声,战斗还在进行着。
(4)四周很安静,窗外不时吹来阵阵花香,这里的环境很好。
(5)她不时地向窗外看,希望丈夫早点儿回来。
(6)看话剧时,中国朋友怕我听不懂,不时地给我翻译。

六 经过再三恳求,大夫只好给他开了八支

"再三",副词。一次又一次的意思,强调为达到某种目的多次重复某一动作或行为。做状语。例如:

(1)他再三表示,一定要完成好领导交给他的任务。
(2)经过再三恳求,母亲终于答应我去打工了。
(3)离开家时父母再三嘱咐我要注意安全。
(4)医生再三对叔叔说,要尽量少喝酒。
(5)我们经过再三研究,决定提升小徐为公司副经理。
(6)我再三劝他戒烟,可他就是听不进去。
(7)老白再三向她道歉,她才不生气了。

七 有时五十元,有时一百元

"有时……有时……",这一格式中的"有时"是"有时候"的意思。可连用两次或两次以上,表示有时这样,有时那样,没有什么规律。"有时"后面常为某些意义相反或相对的形容词、动词或某些词组。例如:

(1)父亲的病有时轻,有时重。
(2)爷爷九十多岁了,有时明白,有时糊涂。
(3)妹妹精神受了刺激,有时哭,有时笑,我们明天就送她去医院治疗。
(4)训练时他有时跑得快,有时跑得慢,没想到,他今天比赛获得了第一名。
(5)这孩子对考试的分数有时重视,有时又不在乎,不像你们小明。

（6）他早晨跑步，有时往东边去，有时往西边去，有时就在学校操场上跑。

八 钱花光了，就卖彩电等家里的东西（被₅）

前面讲了四种形式的带"被"字的被动句。在现代汉语里有些不能发出动作的事物做主语时，后边的动词谓语本身就带有被动的意思。如不需要特别指明主动者（或施动者），一般不用介词"被"，这种句子可以叫做意义上表示被动的句子。例如：

（1）李佳，信发出去了吗？
（2）菜端上来以后，没有一个人动筷子。
（3）告诉你，电影票买到了。
（4）文章写好了吗，雷鸣？
（5）零件卸下来以后，不知放在哪儿了。
（6）摩托车该检修了，先骑自行车吧。

九 恰好门没上锁

"恰好"，副词。意思是（在时间、空间、数量等方面）正好、正合适。例如：

（1）我正要出去找老赵，恰好老赵来了。
（2）他醒来一看表，恰好六点半，比上闹钟还准。
（3）这几年我攒的钱恰好够买一辆汽车的。
（4）这个教室恰好有二十个座位。
（5）你想看的那本书，恰好我家有一本，你拿去看吧。
（6）今年夏天，我去青岛开会，我母亲恰好也要在青岛住一个月。
（7）你举的这个例子，恰好证明我的看法是正确的。

练 习

一 给下列动词搭配一个宾语、一个补语和一个状语。

1. 赞扬_____ 2. 伺候_____ 3. 尝试_____
   赞扬_____   伺候_____   尝试_____
   _____赞扬   _____伺候   _____尝试

25 远离吸毒

4. 戒_____
   戒_____
   _____戒

5. 注射_____
   注射_____
   _____注射

6. 贿赂_____
   贿赂_____
   _____贿赂

7. 采访_____
   采访_____
   _____采访

8. 损害_____
   损害_____
   _____损害

二 给下列形容词和动词前后各搭配一个适当的成分。

1. 英俊_____
   _____英俊

2. 美妙_____
   _____美妙

3. 猛烈_____
   _____猛烈

4. 凑巧_____
   _____凑巧

5. 哆嗦_____
   _____哆嗦

6. 丧失_____
   _____丧失

7. 发作_____
   _____发作

8. 拘留_____
   _____拘留

三 用指定词语回答问题。

1. 小刘，昨天参加义务植树的人多吗？（有……有…… 算起来）

2. 你过生日请了很多朋友去家里，一定很高兴吧？（有……有…… 尤其）

3. 你想调到我们饭店工作，你们单位的领导同意了吗？（再三 好容易）

4. 你开玩笑时得罪了宋小华，她还生你的气吗？（再三 才）

5. 我借给你的《红楼梦》你看完了吗？（好不容易……才……）

6. 你在中国学习的时候，每天晚上都干什么？（有时……有时……有时……）

7. 老吴的胃病治好了吗？（有时……有时……）

8. 我妈来了，我得陪她去看病，期中考试我参加不了怎么办？
   （无论如何 要不然）

9. 老宋，明天去长城几点发车？（无论如何　否则）

10. 星期六我们去石花洞玩儿，你愿意跟我们一起去吗？（无论如何　否则）

11. 你有《汉英小词典》吗？借我用用。（恰好　索性）

12. 老白五十多岁了，他还能参加长跑比赛吗？（虽说……可是……）

13. 小王那么年轻，你为什么不愿意把这个任务交给他？（虽说……不过……）

四 在下面短文中的横线上填上适当的词语，然后复述大意。

有个小偷，外出去偷东西，走进了一个穷人家的屋子。他四处寻找，_____没有找到可偷的东西。心想，总不能白来_____，_____也得弄点儿东西走。他一边想，一边用手摸，忽然摸_____了一个缸，里面_____还有一点儿米。他决定脱_____自己的上衣，_____米装在袖子里。其实，小偷进屋子时就_____躺在床上的老头儿发现了。老头儿_____地注意着小偷，当小偷转身搬缸时，很快_____小偷的上衣。小偷要装米时，不见了自己的上衣，很_____。这时，老头儿的妻子被小偷搬缸的声音_____了，忙问老头儿："是什么在响？是不是小偷进来了？"老头儿说："咱们家什么也没有，哪儿来的小偷？"小偷听了，_____说道："是有小偷，_____没有小偷，我的上衣怎么没有了呢？"

五 完成下列无"被"字的被动句。

1. 今天出去玩儿的时候，我的照相机_____。
2. 风太大，我晒的衣服_____。
3. 小于，这本书_____，还给你吧。
4. 我的毕业论文_____。
5. 这辆自行车_____，你骑骑怎么样？
6. 啤酒_____，我再去买一箱。
7. 饿死我了，妈妈，_____吗？
8. 进来吧，教室_____。

六 根据课文内容回答下列问题。

1. 方增的同伴们为什么羡慕他?
2. 他当工人后为什么向工厂提出辞职?辞职后他的生意做得怎么样?
3. 老板为什么派方增去南方运货?
4. 歌舞厅的小姐劝他"吸粉"时,他为什么没有拒绝?
5. 方增吸粉后有什么感觉?
6. 毒瘾发作时方增感觉怎么样?
7. 回到北京后,方增为什么常去医院?
8. 方增吸毒的后果是什么?

七 交际训练。

1. 根据提示写一段话或说一段话(150字左右):

   提示 (1)吸毒不能尝试……
   　　 (2)有这样一个吸毒者……
   　　 (3)有这样一个小偷……

   下面的词语可以帮助你表达:

   > 吸毒　海洛因　发作　戒　注射　损害　理智
   > 丧失　人格　无论如何　再三　虽说　晕晕乎乎
   > 哆嗦　美妙　毁　浑身　尝试　无可奈何　无济于事

2. 讨论:

   (1)是什么使得方增走上了犯罪的道路?
   (2)在你们国家有没有吸毒的问题?都是哪些人吸毒?说一说出现吸毒问题的社会原因和个人原因。
   (3)在你们国家,政府对吸毒和贩毒行为是怎样惩治的?
   (4)你认为吸毒的现象能杜绝吗?为什么?
   (5)读"阅读课文",说说法院对"四把红木椅子"的判决正确吗?为什么?

3. 根据提示内容完成下列对话。

内容提示：

　　刘四和王晶已办好离婚手续。共同财产中的两只木箱归王晶所有。王晶的弟弟帮她把木箱取走，暂时放在李家。王晶去李家取箱子时，发现里面是空的。在回家的路上，王晶恰好遇见刘四，于是和刘四争吵起来，指责他不该拿走箱子里的东西，足足吵了一个小时。刘四告到法院。法院认为王晶的行为已构成对刘四名誉权的损害，因而判决王晶赔偿刘四精神和名誉损失费并承担本案诉讼费共计2620元。

　　王晶：刘四，你为什么拿走箱子里的东西？
　　刘四：你凭什么说我拿走了箱子里的东西？
　　王晶：我问你，箱子原来是不是放在你那儿？
　　刘四：是呀。你弟弟不是取走了吗？
　　王晶：是他取走了，可……
　　刘四：……
　　法官：根据法庭调查，法庭判决如下……

下面的词语可以帮助你表达：

无论如何	损害	人格	判	本来	违背	固然	上诉	无效
行为	判决	道德	法院	法庭	审理	开庭	律师	诉讼	构成
告	起诉	丢失	物品	派出所	名誉权	赔偿	承担	侵犯

4. 语言游戏。

（1）猜一猜。

　　一个胖子跑到派出所报案说："我独自一个人生活。一个月前，我去了香港，今天刚回来。到家一看，门被撬（qiào）了，丢了很多东西。你们无论如何要帮我把丢失的东西找回来。"老王带着小李立即来到胖子家，见门锁果然坏了。进屋里一看，箱子里的东西扔了一地，墙上的钟正常地走着。老王问："从你发现门被撬到报案，屋子里是否有人进来过？"胖子回答："没有。"又问："墙上的钟是用电池的吗？"胖子回答："不是。"老王悄悄地对小李说："这个胖子在说谎，报的是假案。"

　　请问：老王为什么说胖子报假案呢？请坐在每行的第一位同学迅速把答案写在卡片上。凡答不出来或答错者罚说一遍这个谜语故事。

（2）你知道"自讨苦吃"和"弄巧成拙（zhuō）"这两个成语吗？不知道的话请查一下词典并结合课文（包括《扩展学习手册》）中的人物，用这两个成语说一说。

5. 看一看，说一说，写一写。

决心　　　　华君武作

26 价 值

课 文

两间大屋子里，十几个年轻人，喝着饮料，吃着零食¹在闲聊²。话题是文艺圈子³里的事，也有社会新闻。男主人路非在逗着一只狮子狗玩儿。

忽然女歌手⁴冯敏和一个男记者争论起来。争论的事情是去年一个女歌手和一个记者的一桩⁵诉讼案，两个人都站在同行⁶的立场上。冯敏说："那个记者就是歪曲⁷事实，损害别人名誉⁸。"记者说："根据消息来源⁹，报道完全属实。那位女歌手确实以不出场¹⁰为手段，勒索¹¹高额¹²出场费。"两个人谁也不让谁，话越说越尖锐。

这时，门开了。进来一位三十来岁的男子¹³。路非放下怀¹⁴里的狗，迎过去说："你怎么才来？"

"手术的时间拖了，洗了手就往这儿跑。"

路非指着进来的男子说："给大家介绍一位新朋友，这是我高中的同学李彬，医学博士，刚从国外回来，在市医院脑外科¹⁵工作。"说完，又向李彬一一¹⁶介绍屋里的人。

李彬在路非旁边坐下。路非接着说："我这位同学在修理人的脑袋方面可称得上是国内第一刀。国外有个医院曾——"

"拒绝高薪¹⁷聘请¹⁸，回来报效¹⁹祖国！"冯敏话里有话地紧接着高声说。

李彬看了她一眼。

过了一会儿，冯敏又同一个作家争论起来。争论的是作家和歌手报酬的合理性问题。作家说："写一部长篇至少一年，稿费也就是一两万；唱歌的上台喊三五分钟就是三五万，太不合理。"冯敏说："这体现²⁰了价值规律，你辛苦干一年创造的东西就值一两万，我们上台喊三五分钟就是值三五万。"作家还是坚持认为不合理，并引用²¹社会上广为流传的两句话——造原子弹²²的不如卖茶鸡蛋的,拿手术刀的不如拿剃[23]头刀的——作为论据[24]。冯敏也仍坚持她的价值论[25],说:"剃头刀怎么啦?剃头刀怎么就不应该比手术刀强?理发也是技术,不但是技术,还是艺术。他要几十元、几百元,顾客愿意付给他那么多钱,说明他理得好,他创造了那么多价值,这有什么不合理?我唱歌,要三万,他们觉得值,同意了,我就唱。一句话,有人给,就是值;不给,就是不值。很简单的道理,到了你们这些学究那里,就弄得那么复杂。"

李彬一直在翻一本画报,似乎对这场争论不感兴趣,这时却忽然扔下画报说道:"我看并不那么简单。现在是有的能自己要价钱,有的不能。造原子弹的要是能自己要价钱,该要多少?"

冯敏正要说话,主人路非站起来拍着手说:"好啦,今天大家消耗[26]的热量[27]很多,到补充热量的时候了。争论暂时停止。"

两个多月后的一天晚上,路非下班回来,刚坐下,电话就响起来了。拿起一听,是冯敏的,声音焦急,说:"你怎么才回来?我给你拨了四五次电话了。告诉你,今天下午四点多,陈亮出车祸了!右臂[28]受伤[29],严重的是头,要动手术。"

路非说:"我跟他说了多少次了,别骑那玩意儿[30],他不听,到底还是出事了。"

冯敏说:"现在说什么都没用了。他现在在市医院,手术就在这一两天。我给你打电话,是想让你跟你那位医学博士说说,请他给做这个手术。"

路非问:"在他的病房吗?"

冯敏说:"不在他的病房。不过我问了,请别的大夫做也不是不可以。"

路非立即给李彬打电话,把冯敏的意思跟他说了。

李彬说:"不行,那样不好。再说[31]我这几天手术都排满了。"

路非说:"安排的事,让她自己去跟医院里的大夫说。你排满了,就加个班[32]。"

沉默了一会儿,李彬说:"让我给做也可以,不过她得付报酬。"

这次是路非沉默了,半天才说:"这话可不像你说的呀!"

李彬笑道:"哎,在价值规律面前人是会变的嘛。"

路非想了一下，说："行。你说个数吧。"

李彬说："她出一次场多少钱？"

路非说："最多两万吧。"

李彬说："那天她不是说三万吗？"

路非说："那是她瞎吹。她还够不上那个份儿，她是跟着三万的出去的。"

李彬说："那就三万。"

路非简直不相信自己的耳朵，说："你疯了？"

李彬说："就是三万。她不愿意就算，就这样。我在手术台上已经站了六个小时，饿得不行了，我得吃饭了。"

路非放下电话，坐在那里，考虑怎么跟冯敏说。电话响起来，是冯敏打来的，开口便问："找到他没有？"

路非说："找是找到了，就是……唉，怎么说呢……"

冯敏说："有什么不好说的。我知道是怎么回事。我不会白求人的，我当然要表示点儿意思。"

路非想了想，下了决心："他说，你让他给做，得拿出三万块钱来！"

冯敏一听，高声叫起来："多少？三万？他这不是乘人之危进行勒索吗？"她砰[33]地一声把电话挂上了。

沉默了有一分多钟，冯敏又给路非打电话，无可奈何地说："行，三万就三万！不就是三万吗？我多出一次场就有了。"

路非又给李彬打电话，说冯敏同意三万。李彬让冯敏手术前把钱送到路非那里。手术是第二天晚上做的，做了五个小时，很成功。几个助手[34]下来都说，手术做得真漂亮。

第二天早上，路非刚起床就接到李彬打来的电话。李彬说："你把那三万块钱还给那位歌手吧，我只是想叫她知道，一个脑外科医生比她这样的歌手价值高。"

路非笑道："哎呀，你何苦为几句闲聊那么认真呢！"

路非很高兴事情这样圆满解决，打算等陈亮出院后去看他时再把钱带去，大家一说一笑，皆[35]大欢喜。半个月后，冯敏打电话告诉路非："陈亮恢复得很快,今天出院。"路非说:"这两天太忙,过几天就去看他。"

第二天晚上,想不到李彬打来电话,张口就问:"你把钱还给那位歌手没有?"

路非说:"还没有,过几天我去看陈亮时顺便带去。怎么,后悔了?"

李彬说:"我估计你还没有给她。我念个电话记录你听听:'李彬,我认为你是乘人之危进行勒索,你不仅没有医德[36],也违反了法律。我决定告你。我向来[37]明人不做暗事,所以我先跟你打个招呼,你好有所准备,免得[38]你感到突然。'"

路非问:"你听清了是她的声音?"

李彬说:"绝对没错。"

路非骂道:"这个女人,真得给她换个脑袋了!你让她去告吧,我是唯一的证人[39],最后让她落个诬陷[40]罪[41]。"

路非气得要命,开始他真恨不得[42]让冯敏去法院告,叫她落个诬陷罪。第二天,气消了些,觉得毕竟都是朋友,还是不要把事闹大了。他给冯敏打电话,说:"是不是因为陈亮的车祸,你的精神不正常了?"

冯敏说:"李彬告诉你了是不是?我就是要去告他,他太欺负人了!"

路非骂起来:"你太没良心了,是你一个劲儿地求人家,三万也是你亲口答应的。你去告吧,我是唯一的证人,我非叫你落个诬陷罪不可!"说完就把电话挂上了,不再理她。

冯敏是个明白人,并没有去告。二十天后,她接到一封从边远[43]地区寄来的信——她去年曾去这个地方演出过。信中说,她寄的三万元扶贫[44]款已收到,当地扶贫组织代表贫困地区人民向她表示感谢。

提到三万元,她的心又痛起来。不过她想:原来以为这三万元是白白地进了别人的腰包,现在总算还换来了这么一封信。她把信放进了存放贵重物品的保险箱[45]里。

(选自《人民文学》,作者:萧平。有删改)

生 词

1	零食	língshí	（名）	snack	二
2	闲聊	xiánliáo	（动）	to chat	
3	圈子	quānzi	（名）	circle, group	三
4	歌手	gēshǒu	（名）	singer	一③
5	桩	zhuāng	（量）	a measure word for matters, events, etc	三
6	同行	tóngháng	（名）	a person of the same trade or occupation	二
7	歪曲	wāiqū	（动）	to distort	三
8	名誉	míngyù	（名）	fame, reputation	
9	来源	láiyuán	（名）	source, origin	二
10	出场	chū chǎng	（动）	to come on the stage, to appear on the scene	二
11	勒索	lèsuǒ	（动）	to blackmail	
12	高额	gāo'é	（形）	a large sum, a large amount	三
13	男子	nánzǐ	（名）	man	一③
14	怀	huái	（名）	bosom	
15	外科	wàikē	（名）	surgical department	二
16	一一	yīyī	（副）	one by one, one after another	三
17	高薪	gāoxīn	（名）	high salary	
18	聘请	pìnqǐng	（动）	to engage, to hire	二
19	报效	bàoxiào	（动）	to render service to repay sb.'s kindness	
20	体现	tǐxiàn	（动）	to embody, to reflect	一③
21	引用	yǐnyòng	（动）	to quote, to cite	三
22	原子弹	yuánzǐdàn	（名）	atom bomb	
23	剃	tì	（动）	to shave	三
24	论据	lùnjù	（名）	grounds of argument	
25	论	lùn	（动、尾）	to discuss; theory	
26	消耗	xiāohào	（动）	to consume, to dissipate	二
27	热量	rèliàng	（名）	quantity of heat	二

26 价值

28	臂	bì	（名）	arm	
29	受伤	shòu shāng	（动）	to be injured, to be hurt	一②
30	玩意儿	wányìr	（名）	thing	附
31	再说	zàishuō	（连）	besides	二
32	加班	jiā bān	（动）	to work overtime	二
33	砰	pēng	（象声）	*an onomatopoeia*	
34	助手	zhùshǒu	（名）	assistant	二
35	皆	jiē	（副）	all, each and every	三
36	医德	yīdé	（名）	medical ethics	
37	向来	xiànglái	（副）	always, all along	三
38	免得	miǎnde	（连）	so as not to	二
39	证人	zhèngren	（名）	witness	三
40	诬陷	wūxiàn	（动）	to frame a case against, to frame sb. up	
41	罪	zuì	（名）	crime, guilt	二
42	恨不得	hènbude	（动）	one wishes one could, to be very anxious	三
43	边远	biānyuǎn	（形）	remote	附
44	扶贫	fúpín	（动）	to help the poor	
45	保险箱	bǎoxiǎnxiāng	（名）	safe, strongbox	

专有名词

1	路非	Lù Fēi	name of a person
2	冯敏	Féng Mǐn	name of a person
3	李彬	Lǐ Bīn	name of a person
4	陈亮	Chén Liàng	name of a person

词语搭配与扩展

一 争论

［动~］防止~｜发生~｜引起~｜展开~｜进行~

［~动］~停止了｜~（已经）结束｜~影响了……关系

［~宾］~价钱｜~问题｜~一件事｜~一句话

［定~］一场~｜这次~｜有趣的~｜你们的~

［状~］激烈地~｜长期~｜已经~了（三次）｜别~了

［~补］~得很激烈｜~起来｜~了一个小时｜~一番｜~过两次

［~中］~的问题｜~的焦点｜~的原因｜~的情况｜~的结果

（1）今天下午就价值观的问题，我们班争论得很激烈。

（2）都十二点了，他们还在争论究竟去哪儿旅游的问题。

二 歪曲

［动~］企图~（事实）｜进行~｜加以~｜继续~

［~宾］~事实｜~历史｜~……政策

［状~］严重~｜故意~｜被……~｜不能~

［~补］~得厉害｜~一番｜~不了

［~中］~的手段｜~的情况｜~的后果

（1）在昨天的辩论会上，他歪曲了我的意思，所以我很生气。

（2）这部电影完全歪曲了山区农民的形象。

三 聘请

［动~］打算~｜负责~｜答应~｜接受~｜需要~

［~宾］~律师｜~技术人员｜~演员｜~教师

［状~］正式~｜容易~｜正在~｜被……~为（经理）｜应该~｜不要~

［~补］~得早｜~不起（他）｜~过一次｜~了一年

［~中］~的人员｜~的期限｜~的办法｜~的手续

（1）老张刚退休就被外单位聘请去了。

（2）为了打赢官司，她聘请了一位有名的律师。

四 体现

[动~] 得到~ ｜ 开始~ ｜ 需要~ ｜ 继续~

[~宾] ~了（两国人民之间的）友谊 ｜ ~（协作）精神 ｜
　　　~（助人为乐的好）品德 ｜ ~……（深厚）感情

[状~] 充分~ ｜ 生动地~ ｜ 应该~ ｜ 具体~ ｜ 很好地~

[~补] ~不了 ｜ ~出来

[~中] ~的精神 ｜ ~的风格

（1）他的行动体现了他改正错误的决心。

（2）刘先生的创作风格在这幅画上充分体现出来了。

五 引用

[~宾] ~一段话 ｜ ~（鲁迅）著作 ｜ ~……语录

[状~] 大段地~ ｜ 少~ ｜ 可以~ ｜ 不要~

[~补] ~得太多 ｜ ~错了 ｜ ~了一次

[~中] ~的内容 ｜ ~的原因 ｜ ~的目的 ｜ ~的效果

（1）他的博士论文引用了不少名家著作。

（2）老王做报告喜欢引用名人名言。

六 消耗

[动~] 限制~ ｜ 避免~ ｜ 继续~ ｜ 减少~

[~宾] ~热量 ｜ ~汽油 ｜ ~粮食 ｜ ~体力 ｜ ~时间

[状~] 慢慢地~ ｜ 大量地~ ｜ 已经~ ｜ 不能~

[~补] ~得多 ｜ ~尽了 ｜ ~掉 ｜ ~不了（那么多）

[~中] ~的汽油 ｜ ~的数量 ｜ ~的原因 ｜ ~的过程

（1）造纸工业每年要消耗大量木材。

（2）比赛之前要注意休息，不要过多地消耗体力。

七 加班

[动~] 需要~ ｜ 拒绝~ ｜ 决定~ ｜ 减少~ ｜ 停止~

[~动] ~停止了 ｜ ~结束 ｜ ~开始 ｜ ~（已经）安排好

[状~]少~｜不得不~｜正在~｜必须~｜不~

[~中]~的必要性｜~的理由｜~的时间｜~的次数

[加……班]加了三天班｜加了四次班｜加了不少班｜加过班

（1）小杨，你今天晚上还加班吗？

（2）这个月我总共才加了两次班。

八 绝对

[主~]看法（太）~了｜（这种）观点（太）~

[~动/形]~吃（不了）｜~看（不完）｜~相信｜~安全｜~正确

[状~]有点儿~｜太~了

（1）你说怎么办吧，我们绝对服从你的安排。

（2）我说的绝对没错，这是我亲眼看见的。

九 诬陷

[动~]遭到~｜遭受~｜企图~｜继续~｜停止~

[~宾]~好人｜~别人｜~张经理

[状~]故意~｜多次~｜并没~｜被……~｜对（他进行）~

[~中]~（他）的目的｜~（厂长）的手段｜~（他人）的后果

（1）他诬陷别人，反而害了自己。

（2）诬陷他人是犯法的行为。

语法例释

一 争论的事情是去年一个女歌手和一个记者的一桩诉讼案（量词₂）

"桩"，名量词。只用于事情。例如：

（1）当时，这桩婚事是由我父母决定的，我做不了主。

（2）在刘真的领导下，这桩案子很快就破了。

（3）三十多岁的女儿终于结婚了，了却了母亲的一桩心事。

（4）这是一桩喜事，她老人家哪能不乐意呢？

（5）不就替你搬个箱子吗？小事一桩，你等着，我马上就到。

（6）这些日子，一桩桩不顺心的事让他心烦意乱。

名量词除了"桩"，我们学过的还有"位、部、本、场、块、封、家、名、批、支、条"等等。

二 说完，又向李彬一一介绍屋里的人

"一一"，副词。意思是"一个一个地"，表示动作挨个儿施于每个对象。做状语。只能修饰动词性成分。例如：

（1）春节期间，我一一去给我的老师拜年。

（2）老人每天把报纸一一送到院子里的各家。

（3）这些词，你们可以自己去查词典，我就不一一解释了。

（4）周先生走上前去，和工作人员一一握手问候。

（5）她把新产品一一介绍给顾客，任顾客选购。

（6）这次来这里出差的时间太紧，几个老朋友我就不一一拜访了。

三 找是找到了，就是……

"是"前后用同一个形容词或动词性结构，然后以"就是、不过、可惜"等引出后一个分句，构成"……是……，就是（不过、可惜）……"格式，表示让步，相当于"虽然……但是……"。例如：

（1）这条路近是近，就是不太好走。

（2）这个教室大是大，就是光线太暗。

（3）许民这个学生聪明是聪明，就是好玩儿，学习不够努力。

（4）这件事他说是说了，不过当时人太多，我没听清楚。

（5）那部电影好是好，可惜我没时间去看。

（6）借钱的事老马同意是同意了，就是有点儿勉强。

四 有什么不好说的

"不好"多用在动词性词语前，做状语，意思是由于前面提到的情况或原因，再按照后面说的去做不合适。例如：

（1）她提出的要求是合理的，我们不好拒绝。

（2）借钱的事我不好跟他说，还是你自己跟他说吧。

（3）小杨一个劲儿地问我，我不好不告诉他。

（4）这件事不好再拖下去了，一定要抓紧时间办。

"不好"在句中作状语时，还有"不容易"的意思。例如：

（5）这个字笔画太多，不好写。

（6）刚下过雪，路不好走，你要多加小心。

五 我向来明人不做暗事

"向来"，副词。表示某种情况或状态从过去到现在一直这样，保持不变。相当于"一向"。例如：

（1）朱丽学习非常用功，向来就没有放松过。

（2）钱师傅向来办事认真，从不马虎。

（3）向来不喝酒的叔叔，今天却出人意料地喝起酒来。

（4）我们两个人的关系向来很好，这点儿忙，他肯定会帮的。

（5）每个星期六的下午他都去操场踢足球，向来如此。

（6）我向来不吃牛羊肉，除了牛羊肉，什么肉都吃。

六 免得你感到突然

"免得"，连词。表示避免发生某种不希望发生的情况。同"省得"。多用于后一个分句的开头。例如：

（1）你到了东京，要赶快给家里打电话，免得父母挂念。

（2）动手术之前，要对各种医疗用具进行仔细检查，免得到时候发生意外。

（3）你最好提醒他一下，免得他忘了。

（4）外边特别冷，出去时你要多穿点儿衣服，免得着凉。

（5）你跟她好好解释解释，免得引起不必要的误会。

（6）那条路不好走，骑车要小心，免得出事。

七 路非气**得要命**

"……得要命",程度补语。"形/动+得+要命",表示动作或状态的程度达到极点,如"气得要命、急得要命、渴得要命、慢得要命、别扭得要命、后悔得要命、讨厌得要命"等等。例如:

(1)朴明浩把护照丢了,急得要命。
(2)小牛又没去上课,妈妈知道了,气得要命。
(3)这部电影恐怖得要命,你最好别去看。
(4)小张这个人窝囊得要命,什么事也办不了。
(5)小张对小王讨厌得要命,不愿意跟他住在一起。
(6)这只箱子重得要命,你帮我把它抬上楼去吧。

八 开始他真**恨不得**让冯敏去法院告

"恨不得",表示急切地盼望做成某事,带有夸张的语气。多用于实际做不到的事情。后面常有"马上、立刻、一下子"等副词与之配合。例如:

(1)这本书真有意思,我恨不得一天就把它看完。
(2)问题那么多,我恨不得一下子都解决了。
(3)听到伊万来到西安的消息,我恨不得立刻见到他。
(4)见到录取通知书后,他恨不得马上把这个好消息告诉给父母。
(5)当时,他后悔得要命,恨不得马上钻进地缝里去。
(6)放假了,我恨不得立刻飞回家。

练 习

一 给下列名量词搭配两个恰当的名词。

1. 一桩_____   2. 一位_____   3. 一部_____   4. 一本_____
   一桩_____   一位_____   一部_____   一本_____

5. 一块儿_____ 6. 一封_____   7. 一家_____   8. 一名_____
   一块儿_____   一封_____   一家_____   一名_____

9. 一批_____　　10. 一支_____　　11. 一条_____　　12. 一场_____
　　一批_____　　　　一支_____　　　　一条_____　　　　一场_____

二 给下列动词搭配一个宾语和一个补语。

1. 争论_____　　2. 聘请_____　　3. 体现_____　　4. 引用_____
　　争论_____　　　　聘请_____　　　　体现_____　　　　引用_____
5. 消耗_____　　6. 诬陷_____　　7. 勒索_____　　8. 报效_____
　　消耗_____　　　　诬陷_____　　　　勒索_____　　　　报效_____

三 给下列词语搭配适当的词语。

1. _____助手　　　2. 加_____班　　　3. _____罪
4. _____贵重　　　5. 绝对_____　　　6. 高额_____
7. 歪曲_____　　　8. 一桩_____　　　9. _____争论
10. _____聘请　　11. _____诬陷　　12. _____体现

四 用指定词语完成句子。

1. 他的工作能力很强，上任不久，_____。（一……）
2. 上复习课的时候，李老师_____。（一……）
3. 这件衣服_____
　_____。（……是……，就是……）
4. 骑自行车去香山_____
　_____。（……是……，就是……）
5. 我问她为什么不喜欢小强，她不说，_____
　_____。（不好）
6. 我跟他借的几千块钱，至今还没还，_____。（不好）
7. 老刘只看国产电影，_____。（向来）
8. 爷爷八十多岁了，什么事都自己做，_____。（向来）
9. 明天上午8点考试，_____。（免得）
10. 咱们说话小声点儿，_____。（免得）
11. 这件大衣_____
　_____。（……得要命　非……不可）

12. 这孩子_____几乎每次考试都不及格，爸爸_____。（……得要命　恨不得）

13. 在公共汽车上，有个不怀好意的人故意挤我，_____。（……得要命　恨不得）

14. 我见到清华大学的录取通知书时，_____。（几乎　恨不得）

五 在下面文中的横线上填上适当的词语，然后复述大意。

连连　一一　极　因此　免得　恨不得　好不容易　随即　一桩　出来　要命

石头快四十岁了，_____才娶到一个媳妇，了却了_____心事。举行婚礼那天，来了很多客人，石头把客人_____介绍给新娘。新娘见新郎做事那么认真，高兴_____了。客人走了以后，新娘对新郎说："今后咱们俩就像一个人啦，_____说话不能再说'我的'了，要说'我们的'，_____人家说咱们俩不亲热。"新郎听了，_____点头，_____进浴室洗澡。可进去后半天不出来，新娘着急了，便问："你干什么呢？怎么还不_____？"新郎答道："亲爱的，别着急，我在刮'我们的'胡子呢！"新娘听了，气得_____，_____打他一顿。

六 根据课文内容，选择正确答案。

1. 你怎么才来？
   "才"的意思是：
   A. 来得太晚　　　　　B. 来得太早
   C. 来得及时　　　　　D. 来得凑巧

2. 我这位同学在修理人的脑袋方面可称得上是国内第一刀。
   "第一刀"的意思是：
   A. 工作中必须用手术刀　B. 工作认真负责
   C. 技术水平高　　　　　D. 总是第一个给病人做手术

3. 冯敏话里有话地紧接着高声说……
   "话里有话"的意思是：
   A. 说话很难听　　　　　B. 话里含着称赞
   C. 话说得很快　　　　　D. 话里暗含着另外的意思

4. 写一部长篇至少一年，稿费也就是一两万。
   "也就是"表示：
   A. 比较多   B. 不太多
   C. 正合适   D. 太多了

5. 路非简直不相信自己的耳朵。
   "不相信自己的耳朵"的意思是：
   A. 对方的回答出乎意料   B. 自己的耳朵出了毛病
   C. 自己听错了对方的话   D. 不相信对方的话

6. 我当然要表示点儿意思。
   "表示点儿意思"的意思是：
   A. 感谢对方   B. 要找对方谈话
   C. 要送对方礼物   D. 要帮助对方

7. 我向来明人不做暗事……
   这句话的意思是：
   A. 我是个聪明人   B. 我是个很会办事的人
   C. 我不背着人做事   D. 我办事很快

七 根据课文内容，用指定词语进行语段练习。

1. 一桩　歪曲　损害　勒索
   冯敏和男记者争论起来……

2. 三十来岁　一一　第一刀　话里有话　拒绝
   李彬来到路非家……

3. 合理性　至少　体现　值　引用　创造　一句话
   冯敏又同作家争论起来……

4. 下班　出车祸　动手术　博士
   两个月后，冯敏给路非打来电话……

5. 受伤　求　再说　加班　付　简直
   路非给李彬打电话……

6. ……是……，就是……　当然　乘人之危　误
   冯敏又给路非打来电话……

7. 后悔　估计　勒索　不仅……也……　向来　免得　唯一　绝对

手术做完后，一天早晨李彬给路非打来电话……

8. 恨不得　毕竟　一个劲儿　诬陷

路非气得要命……

八 根据课文内容回答下列问题。

1. 女歌手冯敏和记者是怎样争论的？
2. 冯敏和作家是怎样争论的？
3. 李彬同意冯敏的观点吗？为什么？
4. 冯敏为什么求李彬帮忙？李彬的手术做得怎么样？
5. 冯敏为什么要去法院告李彬？
6. 路非和李彬把钱退还冯敏了吗？他们是怎么处理这笔钱的？

九 交际训练。

1. 根据提示写一段话或说一段话（200字左右）：

   提示　（1）一个对工作认真负责的医生
   　　　（2）一次募捐活动
   　　　（3）学跳舞，学太极拳，学包饺子

   下面的词语可以帮助你表达：

   一桩　……是……，就是……　不好　向来　免得
   ……得要命　恨不得　体现　加班　绝对　医德　赞扬　恰好
   别扭　以便　一个劲儿　由于　禁不住　只有……才……

2. 讨论：

   （1）冯敏说："有人给（那个价），就是值；不给，就是不值。"你同意她的看法吗？为什么？
   （2）李彬终于答应为陈亮做手术，但冯敏必须付三万元报酬，你认为他这样做对吗？
   （3）最后路非和李彬在未经冯敏同意的情况下，把三万元寄给了贫困地区，你对他们的做法有什么看法？
   （4）你怎么看待冯敏和李彬等人有关价值的争论？介绍一下你们国家有关价值观的认识。

3. 语言游戏。

（1）猜一猜。

有个懒汉，什么活儿也不愿意干，所以穷得连饭都吃不上。一天，他听人家说，世界上有一种摇钱树，只要找到它，一摇就有钱，那就可以不愁吃穿了。他恨不得立刻找到这种树，见人就问："你知道哪儿有摇钱树吗？"最后问到一个正在种地的农民。农民说："我告诉你吧，'摇钱树，两枝叉（chà），两枝叉上十个芽（yá），摇摇它，开金花。'"

懒汉听了，说："我明白了！"随即跑回自己家的田地里干起活儿来。

你知道农民说的摇钱树是什么吗？答不出来或答错了，说说这个绕口令：

　　杨家养了一只羊，

　　蒋家修了一堵墙。

　　杨家的羊撞倒了蒋家的墙，

　　蒋家的墙压死了杨家的羊。

　　杨家让蒋家赔杨家的羊，

　　蒋家让杨家砌（qì）蒋家的墙。

（2）你知道"公说公有理，婆说婆有理"和"种瓜得瓜，种豆得豆"这两个成语的意思吗？查查词典，讲给大家听。

4. 看一看，说一说，写一写。

我捐一首好听的歌

——《漫画世界》

27 干得好不如嫁得好吗

课文

要寻找[1]一生的幸福,是靠"干",还是靠"嫁"?前不久,八名勇敢的女性面对广大的电视观众就"干得好不如嫁得好吗"这一问题展开了面对面的辩论。甲方指出,女性只有建立一个幸福美满[2]的家庭,才可能在事业上有所发展,"干得好不如嫁得好";乙方则强调,女性只有获得事业上的成功,才能立足[3]于社会,从而找到一个满意的伴侣,"嫁得好不如干得好"。双方的辩论,紧张激烈,不时引起观众的热烈掌声。现将有关发言摘录[4]如下:

干得好不如嫁得好

甲1:

"干"与"嫁",是大多数女性都非常关心的话题。干得好与嫁得好并非[5]绝对对立[6]。但是,在鱼与熊掌[7]不可兼得的现实选择面前,我认为干得好不如嫁得好。

首先应弄清"嫁"的概念。新的时代赋予[8]了"嫁"新的含义。它不再是带有封建色彩[9]的被动选择,不再是女性寻找依靠的方式,而是摆脱[10]束缚[11]后的主动选择,是在重新塑造[12]自我。其次,要正确理解干得好与嫁得好。干得好,是指女性在社会中找到自己的位置,干好自己的事业,并且能得到社会的承认。嫁得好,既指女性自我感觉良好,家庭成员[13]感情融洽,也包括社会地位、经济实力[14]、今后的发展前途。任何一个不拒绝婚姻的女性,都希望嫁得好,但并非是为了金钱[15]、权势[16]而丧失人格、尊严[17],或从此走回家庭,无所事事[18]。

甲2:

我方一致认为:干得好的确不如嫁得好。"嫁"不等于"傍大款[19]"、"靠权势"。"嫁"是男女双方的平等结合,"嫁得好"则是指夫妻恩爱[20]、家庭和睦、事业成功。

可以说，事业和婚姻是女性世界的两大重心[21]，它们应是互相促进的。但对方辩友却始终认为干得好是嫁得好的前提[22]和基础。只有先干得好，才能嫁得好。这在逻辑上是讲不通的，而在现实生活中，很多干得好的女性未必[23]嫁得好。有人说一个好的婚姻是女性的第二起跑线[24]。我们同样赞成女性要创造自己的事业，倘若[25]嫁得好，有坚强后盾[26]的支持，在奋斗的过程中，不是会干得更好吗？所以说，要嫁得有质量，才能干得更有水平。

甲3：

一个优秀的女性，不仅能在家庭的帮助下丰富自己、充实[27]自己，更能将自己的所学所能通过家庭转化[28]为生产力[29]，创造出1＋1＞2的社会价值，为人类的文明进步而发挥一个女性特有的作用。这又何尝[30]不是一项成功的事业呢？

在封建社会中，女性的命运掌握在他人手里，根本谈不上想嫁得好；而由于过去"左"的思潮[31]影响，人们也同样不敢谈论想嫁得好。今天，勇敢、智慧的中国女性终于说出了自己的心声[32]：我们不仅要选择，我们更要选择嫁得好！这本身就是一种社会的进步。

面对事业和家庭的双重[33]压力，承担[34]着重大社会责任的新时代女性，应该找准自己的位置，协调[35]好"干"与"嫁"的关系，出色[36]地扮演好女性应该扮演的角色[37]，这才是完整意义上的女性自我实现。所以，我方坚持认为：干得好不如嫁得好！祝愿天下所有的女同胞：首先善嫁，能干更佳[38]！

嫁得好不如干得好

乙1：

中国社会调查所的调查材料表明，目前男性的择偶[39]标准发生了很大变化。他们偏重[40]选择头脑敏锐[41]、内心[42]丰富的女性与他们共度风雨人生[43]。这是男性对女性、同时也是变革[44]的时代对女性的新的要求。女性首先是人，作为具有独立人格的人，面对社会，都会遇到生存和发展两大问题。人从呱呱坠地[45]到入土为安，为了生存，不管你愿意不愿意，都要兢兢业业[46]地去干，去工作；而要发展，就必须时时[47]完善[48]自我，处处[49]体现自我价值。由此可见

[50]，干得好是一个女人在社会上生存、发展的前提，而嫁得好只是女人一生中的一项重要选择。一个女人可以一辈子不嫁，但不能一辈子不干。因此，我认为，女人只有先干而后[51]言嫁。

乙2：

凭心而论，谁不想嫁得好呢？可是天上连个馅儿[52]饼都掉不下来，更何况会掉下一个活生生[53]的好老公[54]呢？因此，怎样才能嫁得好呢？我方认为，干在嫁之先，干得好促进嫁得好。干得好为嫁得好提供可能。嫁得好以后还要坚持干得好。总之，干得好比嫁得好更好，干得好比嫁得好更重要。

乙3：

现代社会是效率的社会，是实干[55]的社会。干是任何男人或女人立足于这个世界的前提，干得好是不会被社会淘汰的根本。

而嫁娶，只是成人[56]的一种需要，一种选择。嫁之所以对女性显得特别重要，有很大成分是受传统观念的影响。过去，女性只求嫁得好，"夫者，天也"，丈夫就是老天爷，就是上帝，就是一切；而现在，夫妻都必须做社会的人，共同承担社会的义务。因此，女性应为社会发展贡献更多的力量。

再有，婚姻毕竟不同于事业。二者可把握的程度也不一样。事业的绝大部分可以把握在自己手里。可婚姻好坏却至少有一半取决于[57]对方。（当然，女性更需要安全，可正因为如此，女性才更要用自己的头脑和双手来为自己的安全保险，而不是青春、相貌，或者爱情之类容易变化的东西。）一对夫妻，既可能白头到老，也可能半路分开。如果有一天分开了，那么，女性该怎么办呢？我们认为，女性只有干得好才不至于因为失去男人，就失去了世界；也不至于因为失去了家庭，就失去了自我！

（据北京电视台《我们》节目录像整理。有删改）

生 词

1	寻找	xúnzhǎo	（动）	to seek, to look for	二
2	美满	měimǎn	（形）	happy, perfectly satisfactory	三
3	立足	lìzú	（动）	to have a foothold	三
4	摘录	zhāilù	（动）	to make extracts	
5	并非	bìngfēi	（副）	by no means, in no sense	三
6	对立	duìlì	（动）	to oppose, to set sth. against	二
7	熊掌	xióngzhǎng	（名）	bear's paw	
8	赋予	fùyǔ	（动）	to give	
9	色彩	sècǎi	（名）	color	二
10	摆脱	bǎituō	（动）	to cast off, to extricate oneself from	二
11	束缚	shùfù	（动）	to fetter	三
12	塑造	sùzào	（动）	to create, to shape	三
13	成员	chéngyuán	（名）	member	一③
14	实力	shílì	（名）	actual strength	一③
15	金钱	jīnqián	（名）	money	二
16	权势	quánshì	（名）	power and influence	
17	尊严	zūnyán	（名）	dignity, honor	三
18	无所事事	wú suǒ shì shì		to have nothing to do	附
19	傍大款	bàng dàkuǎn		to depend upon a moneybag, to be a mistress of a rich man	
20	恩爱	ēn'ài	（形）	affectionate, conjugal love	
21	重心	zhòngxīn	（名）	core, focus	三
22	前提	qiántí	（名）	prerequisite, presupposition	
23	未必	wèibì	（副）	may not, not necessarily	二
24	起跑线	qǐpǎoxiàn	（名）	starting line (for a race)	附
25	倘若	tǎngruò	（连）	if, supposing	三
26	后盾	hòudùn	（名）	backing, backup force	附
27	充实	chōngshí	（动、形）	to enrich; substantial, fulfilled	三

28	转化	zhuǎnhuà	（动）	to change, to transform	二
29	生产力	shēngchǎnlì	（名）	productivity	
30	何尝	hécháng	（副）	(used in a rhetorical question) it's not that, how can it be that	
31	思潮	sīcháo	（名）	trend of thought, ideological trend	
32	心声	xīnshēng	（名）	heartfelt wishes, words from the bottom of one's heart	三
33	双重	shuāngchóng	（形）	double	三
34	承担	chéngdān	（动）	to take on, to shoulder	二
35	协调	xiétiáo	（动）	to coordinate	二
36	出色	chūsè	（形）	remarkable	二
37	角色	juésè	（名）	part, role	二
38	佳	jiā	（形）	good, fine	
39	择偶	zé'ǒu	（动）	to choose a mate	
40	偏重	piānzhòng	（动）	to lay particular stress on	
41	敏锐	mǐnruì	（形）	sharp, acute, keen	三
42	内心	nèixīn	（名）	heart	一③
43	人生	rénshēng	（名）	life	一③
44	变革	biàngé	（动）	to transform, to change	三
45	呱呱坠地	gūgū zhuì dì		to be born	
46	兢兢业业	jīngjīngyèyè	（形）	cautious and conscientious	附
47	时时	shíshí	（副）	often, constantly	二
48	完善	wánshàn	（动、形）	to consummate; perfect	一③
49	处处	chùchù	（副）	in all respects	二
50	由此可见	yóu cǐ kě jiàn		thus it can be seen, this shows that	三
51	而后	érhòu	（副）	after that, then	
52	馅儿	xiànr	（名）	filling, stuffing	三
53	活生生	huóshēngshēng	（形）	real	
54	老公	lǎogōng	（名）	husband	二
55	实干	shígàn	（形）	doing solid work	

| 56 | 成人 | chéngrén | （名） | adult | 二 |
| 57 | 取决于 | qǔjué yú | | to be decided by, to depend on | 三 |

词语搭配与扩展

一 辩论

［动~］进行~｜开展~｜提倡~｜参加~

［~宾］~……问题｜~（人生的）价值｜~（句子的）含义｜~（法律的）作用｜~（产销）关系

［定~］毫无意义的~｜（关于）价值的~｜双方的~｜上午的~｜这种~

［状~］热烈地~｜自由地~｜公开地~｜被迫地~

［~补］~得很激烈｜~得及时｜~起来｜~下去｜~一番｜~了一下午

［~中］~的时间｜~的必要性｜~的内容｜~的双方

（1）这个问题提得很好，有辩论价值。

（2）双方辩论了一上午，也没辩论出个结果。

二 对立

［动~］开始~｜形成~｜引起~｜闹~

［定~］双方的~｜两国的~｜感情的~｜根本的~｜态度的~

［状~］尖锐地~｜公开地~｜明显地~｜免得~

［~补］~得很｜~得（很）厉害｜~起来｜~下去｜~了一年

［~中］~的原因｜~的情况｜~的结果｜~的双方

（1）你这样做，很容易使双方形成对立，那事情就更难办了。

（2）表面上看，两家不那么对立了，但矛盾并没有解决。

三 色彩

［动~］选择（鲜艳的）~｜分辨~｜增加了（民族）~｜富有（神秘）~

［~形］~美丽｜~明亮｜~协调｜~柔和｜~暗淡｜~单调

［定~］鲜明的~｜鲜红的~｜政治~｜感情~｜喜剧~｜恐怖~｜一种~

（1）宗教色彩和迷信色彩是一回事吗？

（2）阿雄的诗富有浓厚的浪漫主义色彩。

四 摆脱

［动~］企图~｜希望~｜开始~｜决定~

［~动/形］~控制｜~影响｜~统治｜~干扰｜~纠缠｜~痛苦｜
　　　　~烦恼｜~危险｜~贫穷

［~宾］~他｜~困境｜~危机｜~家务事

［状~］逐渐地~｜完全~｜拼命地~｜暂时~｜想法设法~

［~补］~掉（烦恼）｜~得及时｜~不了

［~中］~的目的｜~的方式｜~的结果

（1）我想方设法摆脱她的纠缠。

（2）这笔巨款帮助公司摆脱了经济危机。

五 充实

［主~］内容~｜生活（很）~｜思想~｜材料~

［动~］觉得~｜感到~｜认为~｜过得~

［~宾］~自己｜~（文章的）内容｜~（领导）班子｜~（精神）生活

［状~］逐渐地~｜迅速地~｜相当~｜主动地~｜积极地~

［~补］~得很｜~极了｜~多了｜~起来｜~一下

［~中］~的生活｜~的表现｜~的内容

（1）她每天很忙很累，但她觉得过得很充实。

（2）如果把他求职的经历写进去，文章的内容就更充实了。

六 承担

［~宾］~责任｜~义务｜~重任｜~罪名｜~（科研）项目｜~费用

［状~］共同~｜积极~｜主动~｜专门~｜尽力地~

［~补］~起来｜~下去｜~不了｜~了一回｜~了一年

［~中］~的方式｜~的义务｜~的条件｜~的结果

（1）她完全具备承担这个科研课题的能力。

（2）他们主动承担起举办这次义演的重任。

七 头脑

［动~］有~｜充满~｜（用知识）武装~｜运用（自己的）~｜摸不着~

［~动/形］~发昏｜~发热｜~简单｜~灵活｜~清楚｜~聪明｜~敏锐｜~迟钝

［定~］智慧的~｜清醒的~｜政治~｜军事~｜艺术家的~｜数学家的~

（1）他总说自己头脑简单，四肢发达。

（2）你应该选一个头脑清楚、有办事能力的人做你的助手。

八 完善

［~宾］~（教学）大纲｜~（考勤）制度｜~（经济）体制｜~（学科）建设

［状~］及时地~｜进一步~｜全面地~｜更加~｜越来越~

［~补］~起来｜~不了｜~一下

［~中］~的条件｜~的情况｜~的过程｜~的方面

（1）我们制定的教学大纲，应该进一步完善。

（2）学校的教学设备越来越完善了。

九 追求

［~动/形］~发展｜~改革｜~解放｜~享受｜~完美｜~独立｜~自由

［~宾］~趣味性｜~（色彩的）效果｜~名利

［定~］物质~｜精神~｜事业的~｜艺术~｜一生的~

［状~］不断地~｜盲目地~｜积极地~｜片面地~｜坚定地~

［~补］~对了｜~错了｜~到（自由）｜~下去｜~起（时髦）来｜~了一辈子

［~中］~的目标｜~的方向｜~的方式｜~的结果

（1）争取世界和平是他一生的追求。

（2）后来，她竟变成一个追求名利、追求享受的人。

语法例释

一 ……面对广大的电视观众**就**"干得好不如嫁得好吗"这一问题展开了面对面的辩论

"就",介词。介绍出动作的对象或范围。例如:

（1）两家公司就双方共同关心的问题交换了意见。
（2）动物保护小组就目前所观察到的情况,研究分析了大熊猫生长发育的规律。
（3）张局长就住房改革问题,向大家作了报告。
（4）赵教授就建校四十年来的工作成绩作了初步的回顾和总结。

"就"还可以与"来说"、"来看"等词语相呼应,构成"就……来说/来看"的格式。例如:

（5）这本书就内容来说非常丰富,但就语言来说,文言色彩较浓。
（6）就目前中华公司的发展形势来看,最重要的是提高企业人员的文化素质。

二 干得好与嫁得好**并非**绝对对立

"并非",副词。表示"并不是"的意思,它后边还可以加"是",构成"并非是"的格式。常用在表示转折的句子中,有否定某种看法、说明真实情况的意味。例如:

（1）他们并非要买,只是想看看。
（2）安娜不参加,并非怕花钱,而是最近身体不好。
（3）这种消炎药并非没有副作用,只是稍微小一点儿罢了。
（4）走这条路线并非为了省时间,而是为了安全。
（5）他赶着去工厂并非是去参加晚会,而是去加班。
（6）这个方案并非是他一个人决定的,办公室的人也都参加了讨论。

三 很多干得好的女性**未必**嫁得好

"未必",副词。表示委婉的否定,有"不见得"、"不一定"的意思。说话人不赞成或不相信某事,不直接否定,而是用商量的语气提出。做状语。例如:

（1）即使你提出来,他们也未必同意。
（2）这样解释,他父亲未必相信。

（3）我认为，他未必真的崇拜你。

（4）事情未必会像你们预料的那样顺利。

有时，"未必"后边有"不、没有"等，两个否定表示肯定。例如：

（5）他讲得很慢，你未必记不下来。

（6）青年人追求浪漫情调未必不好。

四 倘若嫁得好，有坚强的后盾支持……

"倘若"，连词。表示假设和推论，相当于"如果"，文言色彩较浓，多用于书面语。"倘若"多用于前一小句，后一小句常有"就"、"便"与之呼应。例如：

（1）倘若他们问起此事，你就说不知道。

（2）倘若他的病有传染性，那就要坚决住院治疗。

（3）倘若没有大家的热情帮助，我不会这么顺利地通过考核。

（4）倘若公司的每个成员都能重视这一问题，那产品的质量就有保证了。

"倘若"也用于后一小句。例如：

（5）你可以提出申请，倘若你已经考虑成熟。

（6）双方定于6月15日举行签字仪式，倘若情况没有什么变化。

五 这又何尝不是一项成功的事业呢

"何尝"，副词。文言词语，在句中以反问语气表示肯定或否定，相当于"哪里"、"怎么能"、"怎么会"，略含辩解的意味。"何尝"在肯定形式前表示否定，在否定形式前表示肯定。例如：

（1）他何尝了解这里的情况？完全是他自己的想象。

（2）我何尝表示过反对？但是有人故意要这样说。

（3）他何尝会赞扬我？不批评我就不错了。

（4）出了这么大的事，他何尝不着急呢？

（5）不要怪他了，他何尝不愿意顺利通过呢？

（6）经理对这个方案有意见，我何尝没看出来呢？

六 处处体现自身价值

"处处",副词。有"到处"、"各个地方"的意思。概括说话人所指的动作或状态的全部范围。例如:

(1)校园里,处处洋溢着节日的气氛。

(2)楼道里,处处都堆满了行李。

(3)在这小小的山村里,处处都能听到广播站播出的新闻节目。

有时,"处处"引申为"各个方面"的意思。例如:

(4)王英非常热情、能干,缺点是处处表现自己。

(5)接待工作令人十分满意,处处都考虑得很周到,安排得很好。

(6)他追求十全十美,处处都希望别人说好,这怎么可能呢?

七 ……,由此可见,干得好是一个女人在社会上生存、发展的前提

"由此可见"这一固定格式,由"由此+可见"组成。连接句子或段落,表示推论关系。强调后面的结论是从上文所述事实或观点中引出的,多用于书面语。例如:

(1)……,由此可见,依靠群众是取得成功的重要原因之一。

(2)四十多年来,他们工厂一直十分重视疾病的预防工作。由此可见,预防与治疗并重的方针是完全正确的。

(3)……,由此可见,事物的性质主要是由取得支配地位的矛盾的主要方面所决定的。

(4)他们的科研项目获奖,主要是因为实验所取得的一系列数据的有效率达80%。由此可见,数据统计在科学实验中具有重要作用。

(5)有关材料表明,饮酒者比不饮酒者患肝硬化的人数要高7倍。由此可见,长期饮酒对肝脏的损害是严重的。

(6)……,由此可见,心理素质的训练和技术、能力的训练同等重要。

八 女性只有干得好才不至于因为失去男人,就失去了世界

"不至于",副词。表示不会达到某种程度,多指不希望的。有"不到……地步"的意思,前面常与"但"、"还"、"才"搭配使用。例如:

(1)他这次考得不好,但不至于不及格。

(2)这篇文章内容比较深,但还不至于看不懂。

（3）安娜出勤不太好，但还不至于被取消考试资格。

（4）这些词上一课刚学完，他还不至于全忘光了吧。

（5）如果不是你上次得罪了她，她也不至于对咱们这么冷淡。

（6）我对老王很了解，他不至于因为怕得罪人而放弃原则。

练 习

一 辨字组词或词组。

1. 辨_____　　2. 险_____　　3. 博_____　　4. 姓_____　　5. 偏_____
   辨_____　　　　检_____　　　　搏_____　　　　性_____　　　　编_____

6. 提_____　　7. 情_____　　8. 忧_____　　9. 赌_____　　10. 扮_____
   题_____　　　　请_____　　　　优_____　　　　堵_____　　　　盼_____

二 在下列名词前后各搭配一个适当的成分。

1. 色彩_____　　　　2. 辩论_____　　　　3. 话题_____
   _____色彩　　　　　　_____辩论　　　　　　_____话题

4. 人格_____　　　　5. 人生_____　　　　6. 内心_____
   _____人格　　　　　　_____人生　　　　　　_____内心

7. 智慧_____　　　　8. 女性_____　　　　9. 成员_____
   _____智慧　　　　　　_____女性　　　　　　_____成员

10. 馅儿_____　　　11. 变革_____　　　　12. 逻辑_____
    _____馅儿　　　　　 _____变革　　　　　　_____逻辑

三 在下列形容词前后各搭配一个适当的成分。

1. 美满_____　　　　2. 充实_____　　　　3. 出色_____
   _____美满　　　　　　_____充实　　　　　　_____出色

4. 恩爱_____　　　　5. 主动_____　　　　6. 完善_____
   _____恩爱　　　　　　_____主动　　　　　　_____完善

7. 和睦_____　　　　8. 被动_____　　　　9. 保险_____
   _____和睦　　　　　　_____被动　　　　　　_____保险

10. 敏锐＿＿＿＿ 11. 文明＿＿＿＿ 12. 糟糕＿＿＿＿
    ＿＿＿＿敏锐   ＿＿＿＿文明   ＿＿＿＿糟糕

四 用指定词语完成句子。

1. 他嘴上说同意，＿＿＿＿＿＿＿＿＿＿＿＿＿＿＿＿＿＿＿＿＿＿＿。（未必）
2. 如果你把道理讲清楚，＿＿＿＿＿＿＿＿＿＿＿＿＿＿＿＿＿＿。（未必）
3. 我认为作为一个领导，＿＿＿＿＿＿＿＿＿＿＿＿＿＿＿＿＿＿。（处处）
4. 今天是国庆节，＿＿＿＿＿＿＿＿＿＿＿＿＿＿＿＿＿＿＿＿＿。（处处）
5. 小王虽然年轻，＿＿＿＿＿＿＿＿＿＿＿＿＿＿＿＿＿＿＿＿＿。（并非）
6. 他虽然跟老王很熟，＿＿＿＿＿＿＿＿＿＿＿＿＿＿＿＿＿＿＿。（并非）
7. ＿＿＿＿＿＿＿＿＿＿＿＿＿＿＿＿，王小山不会取得这么好的成绩。（倘若）
8. ＿＿＿＿＿＿＿＿＿＿＿＿＿＿＿＿，我们的事业还能向前发展吗？（倘若）
9. 大家如果都赞成，＿＿＿＿＿＿＿＿＿＿＿＿＿＿＿＿＿＿＿？（何尝）
10. 我对张先生很了解，＿＿＿＿＿＿＿＿＿＿＿＿＿＿＿＿。（不至于 贿赂）
11. 杨兰小姐虽然很忙，＿＿＿＿＿＿＿＿＿＿＿＿＿＿＿＿。（不至于 采访）
12. ＿＿＿＿＿＿＿＿＿＿＿＿＿＿＿＿＿＿＿＿＿＿＿＿＿＿＿＿
    ＿＿＿＿＿＿，我认为还不适合参加激烈的体育活动。（就……来看 营养）
13. ＿＿＿＿＿＿＿＿＿＿＿＿＿＿＿＿＿＿＿＿＿＿＿＿＿＿＿＿
    ＿＿＿＿＿＿，大夫认为还是住院治疗比较好。（就……来看/来说 传染）
14. 自从实行新的治疗方案以后，张强的病情得到了控制，＿＿＿＿＿＿
    ＿＿＿＿＿＿＿＿＿＿＿＿＿＿＿＿＿＿＿＿＿＿＿＿＿。（由此可见）
15. 过去遇到这种情况老王一定要发脾气，现在＿＿＿＿＿＿＿＿＿＿＿
    ＿＿＿＿＿＿＿＿＿＿＿＿＿＿＿＿＿＿＿＿＿。（由此可见 冷静）

五 熟读下列语段，并模仿运用所给句式进行语段表达。

1. 一个优秀的女性，**不仅**能在家庭的帮助下丰富自己、充实自己，**更**能将自己的所学所能通过家庭转化为生产力，创造出 1＋1＞2 的社会价值，**为**人类的文明进步**而**发挥一个女性特有的作用。这又**何尝**不是一项成功的事业呢？

（不仅……更…… 为……而…… 何尝……）

2. 一对夫妻，既可能白头到老，也可能半路分开。如果有一天分开了，那么，女性该怎么办呢？我们认为，女性只能干得好才不至于因为失去男人，就失去了世界；也不至于因为失去了家庭，就失去了自我！

（既……也……　如果……那么……　不至于……　也不至于……）

六 根据课文内容回答下列问题。

1. 甲方和乙方各自的观点是什么？
2. 甲1是怎样论述"干得好"和"嫁得好"的？
3. 甲2是如何批驳乙方"干得好是嫁得好的前提和基础"这一论点的？
4. 甲3如何进一步阐明"干得好不如嫁得好"？
5. 乙1是如何阐述"干得好是一个女人在社会上生存、发展的前提"这一论点的？
6. 乙2是怎样说明"干"与"嫁"的关系的？
7. 乙3是如何从"社会"这一角度来阐述"干得好"的重要性的？
8. 乙3如何进一步从"婚姻与事业可把握的程度不一样"来阐明"干得好"的重要性？

七 交际训练。

1. 请讲一讲你的看法（说一段话或写一段话）：

（1）对生活与事业的选择，每个人都有自己的看法，我的看法是……

（2）婚姻和事业总会有矛盾，很难两全，如果产生了矛盾，我选择……

（3）我希望干得漂亮，嫁得如意……

下面的词语可以帮助你表达：

> 追求　价值　体现　充实　选择　适合
> 不仅……而且……　美满　恩爱　和睦　促进　伴侣　束缚
> 摆脱　出色　协调　承担　人生　倘若　由此可见　总之

2. 讨论：

（1）谈谈你对这场辩论的看法？

（2）为什么说"干得好不如嫁得好吗"这一论题的提出，是社会进步和女性地位提高的一种体现？

（3）说说你对"为人类的文明进步而发挥一个女性特有的作用"这句话是怎样理解的？

（4）根据听力课文，讨论生与死的问题，既很重大又很平凡，梁先生在面对死亡时的态度，给了我们哪些启示？那是一种什么样的境界？

3. 语言游戏。

（1）填词比赛。

　　珍惜　生命　消磨　放弃　金钱　赢得　力量　浪费　争取

1）劳动者_____时间，懒惰者_____时间。

2）有志者_____时间，碌碌无为者_____时间。

3）勤奋者_____时间，闲聊者_____时间。

4）浪费时间，就等于浪费_____。

5）时间就是_____，时间就是_____。

（2）说一说下面这两句成语的意思，并试着用一用。

一寸光阴一寸金，寸金难买寸光阴

争分夺秒

4. 看一看，说一说，写一写。

神　童

陈四益　文　　丁聪　画

中国人喜欢神童,自古如此。三岁能诗,五岁能文,七岁能为孔子师,十二岁当了上卿,真好像天下干大事的都是孩子。……

宋代元丰年间,饶州有个叫朱天锡的,因"神童"得官。于是,那地方家家都逼着五六岁的孩子读《五经》。孩子贪玩儿,便把他放在竹篮里,吊在树梢上,叫他玩儿不成。许多人家还聘了"家教","奖金"与读经挂钩,读完一经,付钱若干。结果如何呢?没听说那里又出了什么神童,倒是"儿非其质,苦之至死者盖多也"。

如今,早已科学昌明,但对神童的嗜好似依然如故。三岁的书法家、六岁的小画家、十一岁上大学之类的报道,常有所见。家长逼着孩子学书、学琴、学画、学外文之类的事也多有所闻,虽然还没有吊到树上去。

我担心,对"神童"的过分热心,只会给孩子带来灾难。诗曰:

　　自古曾闻硬拔苗,
　　竹篮凄惨挂林梢。
　　可怜多少乖儿女,
　　未做神童命早夭。

28 中庸[1]的修养[2]

课文

孔子的弟子[3]子贡，有一次跟孔子谈论师兄弟[4]的性格优劣[5]时，禁不住[6]向孔子提了个问题："先生，子张与子夏两人哪一个更好些呢？"

孔子想了一会儿说："子张过头[7]了，子夏没有达到标准。"

子贡接着问："是不是子张要好些呢？"

孔子说："过了头就像没有达到标准一样，都是没有掌握好分寸[8]的表现。"

这就是"过犹不及"[9]的出处[10]。如何做到中庸，实在是一门博大[11]精深[12]的学问。

有一回，孔子带领弟子们在鲁桓公的大庙里参观，看到一个特别容易倾斜[13]翻倒的器物[14]，孔子围着它转了好几圈，左看看，右看看，还用手摸摸，始终拿不准[15]它究竟是干什么用的，于是就问守庙的人："这是什么器物？"守庙人回答说："这是放在座位右边的器物。"

孔子恍然大悟[16]说："我听说过这种器物，它什么都不装时就倾斜，装的东西适量[17]就端端正正[18]的，装满了就会翻倒。国君[19]把它当作自己最好的警戒[20]物，所以总放在座位的右边。"

孔子回过头对弟子说："把水倒进去，试验一下。"

子路很快取来了水，慢慢地往里倒，倒进一点儿水时，它还是倾斜的；倒进了适量的水，它就正立；装满了水，松开手后，它就翻了，多余[21]的水都洒了出来。孔子感慨[22]地说："哎呀！我明白了，哪里有装满了水而不倒的呢！"

子路走上前去，说："有保持满而不倒，也洒不出来的办法吗？"

孔子不慌不忙[23]地说："聪明、智慧，用笨拙[24]来调节[25]；威风[26]无比，用软弱[27]来调节；富可敌国[28]，用谦逊[29]来调节。这就是抑制[30]过分，达到适中[31]的方法。"子路听了连连[32]点头，接着又问道："古时候的国君，除了在右边放置³³这种器物警戒自己外，还采取什么措施来防止自己的行为过头呢？"

孔子侃侃而谈³⁴："上天³⁵生了百姓又定下他们的国君，让国君治理³⁶百姓，不让百姓失去天性³⁷。有了国君，又为他安排了辅佐³⁸的人，让辅佐的人规劝³⁹、保护国君。朝廷⁴⁰上下⁴¹的各级官员⁴²也都会有副手⁴³相互辅助⁴⁴。读书人有朋友帮助，工人、农民、商人、放牧的以及干各种工作的人都有亲近的人相互帮助。有功劳⁴⁵就奖励，有错误就纠正，有灾难⁴⁶就救助。自国君以下，人与人各有父兄子弟⁴⁷来观察、补救⁴⁸彼此的得失⁴⁹。有人记载历史，有人写作⁵⁰诗歌⁵¹，诵读⁵²劝诫⁵³大小官员的书信⁵⁴。一般百姓提建议，商人在市场上议论，各种身份的人用不同的方式进行规劝、提醒，从而⁵⁵使国君不至于骑在老百姓的头上，想做什么就做什么，任意⁵⁶行使⁵⁷他的权力。"

子路继续追问："先生，您能不能举出一位具体的国君来？"

孔子回答道："卫武公就是一个好的典型⁵⁸啊！他95岁时，还下令给他的各级官员：只要是拿着国家的薪水⁵⁹，正在职位⁶⁰上的就不要以为我已经昏庸老朽⁶¹而丢开我不管，一定要不断地劝诫我；我乘车时，守护⁶²在旁边的保卫人员应提醒我，不能放松警惕；我处理国家大事时，有关官员应建议我查阅前朝⁶³的规章⁶⁴制度，并放置座右铭⁶⁵提醒我；我闲下来休息时，左右陪同⁶⁶应让我听听来自全国各地的声音。"卫武公就是这样让天下人时常鞭策⁶⁷自己，使自己的言行⁶⁸不至于走向极端⁶⁹。

弟子们听后一个个面露⁷⁰喜悦⁷¹之色。他们从孔子的话中明白了一个道理：在任何情况下，人们都要调节自己，使自己的一言一行合乎⁷²标准，不过分，也不要达不到标准。

古人说，即使是给予⁷³恩惠⁷⁴，也不可以过分，因为过分地给予，是不能永远持续下去的，一旦中断⁷⁵，就会有怨恨⁷⁶产生；交往不可以过于密切，因为密切的交往是很难永久不变的，一旦中断，就让人有了疏远⁷⁷、冷淡⁷⁸的感觉。

当今的学者、研究者认为，任何事情都要讲究一个"度⁷⁹"，这是朴素⁸⁰的人生哲学，古今中外皆如此。俄国的普希金在《渔夫⁸¹和金鱼⁸²的故事》中描写一个渔夫的妻子起初⁸³只是想要一个新木盆，因为家里用的那个太破旧⁸⁴了。

但得到了新木盆之后,她马上想要木房子;有了木房子,她要当贵妇人85;当了贵妇人,她又要当女皇86;当了女皇,她又要当海上的女霸王87,让那条能满足她欲望的金鱼做她的仆人88。这就太过分了,如同吹肥皂泡,吹得过大,必然破裂89。渔夫的妻子没有适可而止90,因而受到惩罚91。最后摆在她面前的依然是那个破旧的木盆。人的欲望是填不满的黑洞92,所以要时刻提醒自己,克制93过分的欲望。而克制过分的欲望,最直接、最有效的手段就是法律和规章制度。归根结底94,人类社会千百年来就是以法律、宗教95、道德、文学等形式与人的过分欲望的搏斗96。人与人之间的友好关系,需要克制损人利己97的欲望才能实现;国与国之间的关系,也要克制霸道98的欲望才能实现。一个人的欲望失去控制,可能酿成大祸;一个国家的欲望失去控制,那就会酿成战争。

当今的世界充满了诱惑,我们只有端正自己的言行,时刻提醒自己过犹不及、适可而止,才能找到不倾斜也不满出来的平衡99点,摆正自己的位置,与周围和谐100相处。

中庸,在孔子和整个儒家学派101里,既是高深102的学问,又是高深的修养。追求恰到好处103,适可而止,这是做人处世104的一种理想境界。

(作者:孙健。有删改)

生 词

1	中庸	zhōngyōng	(名)	the golden mean (of the Confucian school)	附
2	修养	xiūyǎng	(名)	self-cultivation	二
3	弟子	dìzǐ	(名)	disciple, follower	三
4	师兄弟	shīxiōngdì	(名)	senior and junior fellow apprentices	
5	优劣	yōuliè	(名)	good and bad	
6	禁不住	jīnbuzhù	(动)	cannot help doing sth.	

7	过头	guòtóu	（形）	overdone	三
8	分寸	fēncun	（名）	proper limits for speech or action, sense of propriety	附
9	过犹不及	guò yóu bù jí		going too far is as bad as not going far enough	
10	出处	chūchù	（名）	source (of a quotation or allusion)	
11	博大	bódà	（形）	extensive	
12	精深	jīngshēn	（形）	profound	
13	倾斜	qīngxié	（动）	to tilt, to incline	三
14	器物	qìwù	（名）	implement, utensil	
15	拿不准	nábuzhǔn		to be not sure	
16	恍然大悟	huǎngrán dà wù		suddenly see the light, suddenly realize what has happened	附
17	适量	shìliàng	（形）	just the right amount	三
18	端正	duānzhèng	（形）	straight, upright, regular	三
19	国君	guójūn	（名）	monarch	
20	警戒	jǐngjiè	（动）	to warn, to admonish	
21	多余	duōyú	（形）	unnecessary, superfluous, surplus	三
22	感慨	gǎnkǎi	（动）	to sigh with emotion	三
23	不慌不忙	bù huāng bù máng		unhurriedly, leisurely	
24	笨拙	bènzhuō	（形）	clumsy	
25	调节	tiáojié	（动）	to regulate, to adjust	二
26	威风	wēifēng	（名、形）	power and prestige; awe-inspiring	附
27	软弱	ruǎnruò	（形）	weak, feeble	三
28	富可敌国	fù kě dí guó		fabulously rich	
29	谦逊	qiānxùn	（形）	modest, unassuming	三
30	抑制	yìzhì	（动）	to restrain, to curb	三
31	适中	shìzhōng	（形）	moderate	
32	连连	liánlián	（副）	repeatedly, again and again	
33	放置	fàngzhì	（动）	to put, to place	三

34	侃侃而谈	kǎnkǎn ér tán		to talk with ease and fluency	
35	上天	shàngtiān	（名）	Heaven, Providence, God	
36	治理	zhìlǐ	（动）	to administer, to govern	二
37	天性	tiānxìng	（名）	natural instinct, nature	三
38	辅佐	fǔzuǒ	（动）	to assist (an ruler) in governing a country	
39	规劝	guīquàn	（动）	to admonish, to persuade	
40	朝廷	cháotíng	（名）	royal or imperial court	
41	上下	shàngxià	（名）	high and low, old and young	二
42	官员	guānyuán	（名）	official	二
43	副手	fùshǒu	（名）	assistant	
44	辅助	fǔzhù	（动）	to assist	二
45	功劳	gōngláo	（名）	contribution, meritorious service, credit	三
46	灾难	zāinàn	（名）	disaster	二
47	父兄子弟	fù xiōng zǐ dì		senior member and junior member of a family	
48	补救	bǔjiù	（动）	to remedy	三
49	得失	déshī	（名）	gains and losses, success and failure	附
50	写作	xiězuò	（动）	to write	一③
51	诗歌	shīgē	（名）	poems and songs, poetry	二
52	诵读	sòngdú	（动）	to read aloud, to chant	
53	劝诫	quànjiè	（动）	to admonish	
54	书信	shūxìn	（名）	letter, written message	
55	从而	cóng'ér	（连）	thus, thereby	二
56	任意	rènyì	（副）	at will, arbitrarily	三
57	行使	xíngshǐ	（动）	to exercise, to perform	三
58	典型	diǎnxíng	（名、形）	typical case; typical	二
59	薪水	xīnshui	（名）	salary, pay, wage	二
60	职位	zhíwèi	（名）	position, post	二
61	昏庸老朽	hūnyōng lǎoxiǔ		old, muddle-headed, stupid and worthless	

62	守护	shǒuhù	（动）	to guard, to defend	三
63	前朝	qiáncháo	（名）	preceeding dynasties	
64	规章	guīzhāng	（名）	rules, regulations	
65	座右铭	zuòyòumíng	（名）	motto, maxim	三
66	陪同	péitóng	（动）	to accompany, to be in the company of	二
67	鞭策	biāncè	（动）	to spur on, to urge on	附
68	言行	yánxíng	（名）	words and deeds, statements and actions	附
69	极端	jíduān	（名、形、副）	extreme; exceeding; exceedingly	二
70	露	lù	（动）	to reveal, to show	二
71	喜悦	xǐyuè	（形）	happy, joyous	三
72	合乎	héhū	（动）	to conform with, to correspond to	三
73	给予	jǐyǔ	（动）	to give, to grant	二
74	恩惠	ēnhuì	（名）	favor, kindness	附
75	中断	zhōngduàn	（动）	to suspend, to break off, to discontinue	二
76	怨恨	yuànhèn	（名、动）	resentment; to hate, to have a grudge against sb.	附
77	疏远	shūyuǎn	（形）	(of family or social relations) distant, estranged	
78	冷淡	lěngdàn	（形）	cold, indifferent	附
79	度	dù	（名）	extent, degree	一②
80	朴素	pǔsù	（形）	simple, plain	三
81	渔夫	yúfū	（名）	fisherman	
82	金鱼	jīnyú	（名）	gold fish	
83	起初	qǐchū	（名）	originally, at first	三
84	破旧	pòjiù	（形）	old and shabby, worn-out	三
85	贵妇人	guìfùrén	（名）	honored madam, noble lady	
86	女皇	nǚhuáng	（名）	empress	
87	霸王	bàwáng	（名）	overlord	
88	仆人	púrén	（名）	(domestic) servant	
89	破裂	pòliè	（动）	to break, to burst	三

90	适可而止	shì kě ér zhǐ		to stop before going too fat, to know when or where to stop	
91	惩罚	chéngfá	(动)	to punish, to penalize	三
92	黑洞	hēidòng	(名)	black hole	
93	克制	kèzhì	(动)	to restrain, to control	三
94	归根结底	guī gēn jié dǐ		in the final analysis	
95	宗教	zōngjiào	(名)	religion	二
96	搏斗	bódòu	(动)	to wrestle, to struggle	三
97	损人利己	sǔn rén lì jǐ		to harm others to benefit oneself, to benefit oneself at the expense of others	附
98	霸道	bàdào	(形)	overbearing, aggressive	
99	平衡	pínghéng	(形)	balanced	二
100	和谐	héxié	(形)	harmonious	二
101	学派	xuépài	(名)	school of thought, school	
102	高深	gāoshēn	(形)	advanced, profound, recondite	
103	恰到好处	qià dào hǎo chù		just right	附
104	处世	chǔshì	(动)	to conduct oneself in society	

专有名词

1	孔子	Kǒngzǐ	Confucius, a Chinese teacher, editor, politician and philosopher of the Spring and Autumn Period in Chinese history
2	子贡	Zǐgòng	one of the followers of Confucius
3	子张	Zǐzhāng	one of the followers of Confucius
4	子夏	Zǐxià	one of the followers of Confucius
5	鲁桓公	Lǔ Huángōng	a monarch of the State of Lu in the Spring and Autumn Period in Chinese history
6	子路	Zǐlù	one of the followers of Confucius
7	卫武公	Wèi Wǔgōng	a monarch of the State of Wei in the Spring and Autumn Period in Chinese history
8	俄国	Éguó	Russia

9	普希金	Pǔxījīn	Pushkin, a Russian poet
10	《渔夫和金鱼的故事》	《Yúfū hé Jīnyú de Gùshì》	The Story of a Fisherman and a Goldfish
11	儒家	Rújiā	the Confucianism, the Confucianschool

词语搭配与扩展

一 抑制

[~宾] ~情绪｜~喜悦｜~兴奋｜~膨胀｜~物价上涨

[状~] 有效地~｜过于~｜应该~｜不得不~

[~补] ~不住｜~不了｜~下去｜~了一辈子

[~中] ~的过程｜~的状态｜~的原因｜~的结果

（1）她抑制不住内心的喜悦，一连发了十几条短信。
（2）他无法抑制内心的愤怒，冲天开了枪。

二 端正

[主~] 五官~｜行为~｜品行~｜态度~

[动~] 写得~｜放得~｜长得~｜站得~

[状~] 相当~｜必须~｜不~｜应该~

[~中] ~的相貌｜~的字体｜~的言行｜~的作风

（1）上课了，孩子们端正地坐在座位上。
（2）你首先要端正自己的态度，再去真诚地道歉。

三 奖励

[动~] 给予~｜进行~｜受到~｜获得~

[~宾] ~学生｜~勤奋｜~优秀｜~发明者

[定~] 物质~｜精神~｜上级的~｜优胜者的~

[状~] 要~｜年年~｜可以~｜不能~

[~补] ~得及时｜~得好｜~了三次

［～中］～的原因｜～的目的｜～政策｜～形式

（1）公司一贯是奖励勤奋、惩罚懒惰的。

（2）学生的进步是对老师最好的奖励。

四 调节

［动～］经过～｜进行～｜需要～｜继续～

［～宾］～体温｜～温度｜～气氛｜～心情｜～饮食

［状～］逐渐～｜适当地～｜以……～｜用……～

［～补］～一下｜～不了｜～过来｜～上去｜～下来

［～中］～的分寸｜～的量｜～的程度｜～的作用｜～的时间

（1）不能让体温一下子降下来，要慢慢地调节。

（2）音量大小你再帮着调节一下。

五 交往

［动～］有～｜进行～｜开始～｜停止～

［～动/形］～开始了｜～中断了｜～密切｜～频繁

［定～］一般的～｜友好～｜儿时的～｜两国的～

［状～］广泛地～｜频繁地～｜从未～过｜跟……～

［～补］～起来｜～下去｜～得早｜～了一年

［～中］～的目的｜～的原因｜～方式｜～的后果

（1）我们只是网上交往，从未见过面。

（2）自从跟张导演交往以后，小东成了摄影爱好者。

六 平衡

［主～］自我～｜心理～｜收支～｜力量～｜营养～

［动～］保持～｜得到～｜失去～｜持续～｜觉得～

［定～］表面的～｜真正的～｜暂时的～｜产销的～

［状～］逐渐地～｜迅速地～｜不～｜无法～

［～补］～一下｜～不了｜～了一些｜～了一年

［～中］～的方面｜～的原因｜～的条件｜～的程度

（1）他们公司收支平衡已经持续多年了。

（2）在基础阶段，各方面的能力应该平衡发展。

语 法 例 释

一 禁不住向孔子提了个问题

"禁不住"，动补结构。抑制不住、不由得的意思。例如：

（1）主持人刚一报出李红的名字，粉丝们就禁不住鼓起掌来。

（2）看到两辆卡车相撞的那一刹那，人们禁不住喊了起来。

（3）从网上看到网友向我伸出援助之手时，我禁不住流下了眼泪。

（4）看到老师拿着考卷走进教室，我的心禁不住跳起来。

"禁不住"还有承受不住的意思，用于人或物。例如：

（5）去那种地方，他明知不对，但禁不住诱惑，还是去了。

（6）她呀，既禁不住批评也禁不住表扬。

（7）这根绳子太细了，禁不住这么重的东西。

"禁得住"是可能式（肯定形式），表示承受得住，用于人或物。例如：

（8）河上的冰已经禁得住人走了。

（9）年轻人要禁得住失败的打击。

（10）我们要禁得住艰苦环境的考验。

二 始终拿不准它究竟是干什么用的

"拿不准"，动补结构，意思是不能准确地把握或确定。例如：

（1）这是大事，拿不准的时候，千万不要轻易做决定。

（2）到底投资哪家公司，我到现在还拿不准。

（3）关于这个新的设计方案，我拿不准的地方还很多，不能马上答复。

（4）是不是免疫系统出了问题，在拿不准的情况下，不能简单下结论。

（5）到底选哪几个人参赛，我现在还拿不准，想再看看他们的资料。

（6）他们争论得很激烈，我也拿不准该怎么办。

三 孔子**不慌不忙**地说

"不……不……"这一固定格式，常嵌入两个意思相同或相近的词语，表示否定，并稍有强调的意思。例如：

（1）一向活泼的她，现在不说不笑，一下子变了一个人。

（2）我们讨论得很热烈，天不知不觉地黑了。

（3）她说得不明不白的，我拿不准她到底是什么意思。

这种"不……不……"格式，嵌入同类而意思相对的词语，相当于"既不……也不……"。表示适中，恰到好处；令人不满意的中间状态。例如：

（4）下学期学生人数不增不减，跟这几年保持平衡。

（5）夏天太热，秋天再来吧，那时不冷不热，很舒服。

（6）这件衣服你穿不肥不瘦，正合适。

（7）他打扮的样子不男不女的，真让人看不惯。

（8）真不愿意跟这种不死不活的人打交道。

（9）不早不晚，我正要出门，来电话了，真烦人！

四 子路听了**连连**点头

"连连"，副词。表示连续不断，在短时间内动作、行为一个接一个反复进行。例如：

（1）评委们连连称赞一号选手回答得流利、正确。

（2）她冻得牙齿打着牙齿，连连问我有没有热水。

（3）我向她连连招手，叫她快过来。

（4）走在前面的小王连连回头，好像在找谁。

（5）小李救了落水的孩子，大家连连称赞他是好样的。

（6）我们在海上遇见了风暴，连连发出了求救的信号。

"连连"不能带数量词（"几"除外）。例如：

（7）该起床了，我连连叫了他三次。（×）

五 从而使国君不至于……

"从而",连词。表示结果或进一步的行动,用于后一小句的开头。前一小句是条件、方法、原因等。多见于书面语。例如:

(1) 我们制定了严格的安检制度,从而保证了旅客的安全。

(2) 他们严格按标准制造产品,从而大大提高了产品的质量。

(3) 大家通过讨论解决了矛盾,从而达到了新的团结。

(4) 我们从各方面做了准备,从而为大会的召开创造了条件。

(5) 老师们努力钻研、互相学习、取长补短,从而提高了教学水平。

(6) 大夫为病人合理安排了作息时间,调节饮食,从而逐渐改善了病人的健康状况。

六 任意行使他的权利

"任意",副词。没有拘束,不加限制,爱怎么样就怎么样的意思。例如:

(1) 要像真正的军人一样,没有批准,不能任意行动。

(2) 这里是实验室,没有证件,不能任意进出。

(3) 即使是父母也不能任意翻看孩子的日记。

(4) 我们对他任意修改计划的做法提出了批评。

(5) 要按公司的规定办,任何人都不能任意招收或解雇员工。

(6) 这里是学校的宣传栏,不得任意张贴广告。

七 交往不可以过于密切

"过于",副词。表示程度或数量过分,"太"的意思。多修饰双音节形容词、动词及有关词组。"过于"后面不加否定词"不"。例如:

(1) 他的性格过于极端,搞公关、外交不太合适。

(2) 她刚参加工作,过于单纯,你帮帮她吧。

(3) 因为过于抑制自己的情感,使得他心理上出了一些问题。

(4) 这个领导过于感情用事了,这对工作很不利。

(5) 她穿衣服过于讲究,谁也不敢给她买衣服。

(6) 那些过于考虑自身利益的人,不能当领导。

八 归根结底，人类社会千百年来……

"归根结底"，"归结到根本上"的意思。与连词"总之"的语法作用相近。对上文列举的并列成分加以总括。例如：

（1）那些虚假广告无论怎么保证产品质量，归根结底还是不能让人信服。
（2）大家给他提了很多好建议，归根结底，大主意还得他自己拿。
（3）虽然大家身处他国，职业、爱好都不同，但归根结底都是中国人。
（4）他的心情很复杂，悲？喜？难以形容，归根结底，他有了回家的感觉。
（5）归根结底，帮助你考上大学的是你大哥。
（6）不管是以哪种形式宣传，归根结底，都是要提高遵守交通规则的自觉性。

九 ……就是以法律、宗教……等形式与人的过分欲望的搏斗

"以"，介词，相当于口语中的"用"、"拿"。此外还可以说："以……方式"、"以……身份"、"以……条件"、"以……优势"，等等。表示动作、行为赖以进行的凭借，有"凭、靠"的意思。在句中做状语。例如：

（1）这个网站以信息准确快速的优势获得了成功。
（2）他不能以外交官的身份出席这次会议。
（3）她们以志愿者的名义参加了灾区的救助工作。
（4）他以惊人的速度进行冲刺，获得了冠军。
（5）他以知名学者的身份，多次到落后边远地区进行防治艾滋病的义务宣传。
（6）王强以坚强的毅力，克服了一个又一个困难，实现了自己的理想。

练 习

一 辨字组词或词组。

1. 慌_____
   谎_____

2. 尔_____
   而_____

3. 至_____
   致_____

4. 密_____
   蜜_____

5. 励_____
   历_____

6. 洒_____
   晒_____

7. 慨_____ 8. 摸_____ 9. 衡_____
   概_____   模_____   横_____
10. 思_____ 11. 薪_____ 12. 辅_____
    恩_____   新_____   辐_____

二 按要求进行词语搭配。

1.（状）_____慌忙   2.（状）_____调节
3.（定）_____奖励   4.（定）_____言行
5. 补救_____（补）   6. 警惕_____（补）
7. 讲究_____（中）   8. 端正_____（中）
9.（动）_____交往   10.（动）_____平衡
11.（主）_____平衡 12.（主）_____端正
13. 查阅_____（宾） 14. 补救_____（宾）
15. 抑制_____（补） 16. 极端_____（补）

三 用指定词语完成句子。

1. 听了李平动人的事迹，_____。（禁不住）
2. 这张床不结实，_____。（禁不住）
3. 张经理太霸道，群众给他提意见，_____
   _____。（一概 从而）
4. 大明超市的检查制度非常严格，过期食品_____
   _____。（一概 从而）
5. 他一直做慈善工作，这三年里，_____
   _____。（以……方式）
6. 这是个新来的导游，当地情况很复杂，_____
   _____。（拿不准 索性）
7. 我们是首次冬季登山，所以关于这个计划_____
   _____。（拿不准 索性）
8. _____访问过不少国家。（以……身份）

中庸的修养 **28**

9. 不能派田力去搞销售，_____
   _____。（过于 一……就……）

10. 陈健有能力，有智慧，可是_____
    _____。（过于 一……就……）

四 根据指定词语回答问题。

1. 是哪些人泄露了公司的经济信息呢？（拿不准）

2. 你打算怎么调节 A 床病人的饮食？（拿不准）

3. 安娜对自己的论文答辩满意吗？（连连）

4. 老师问孩子们浪费粮食对不对？（连连）

5. 你打算什么时候去海南旅游？（不……不……）

6. 他俩最近关系怎么样？（不……不……）

7. 赵董事长上半年的民意支持率为什么下降了？（任意）

8. 搞科研和进行文学创作有什么不同？（任意）

9. 大家对张华博士的讲座有什么反映？（从而）

10. 这部作品的翻译水平比较高，主要原因是什么？（从而）

五 把下面的词语整理成正确的句子。

1. 必须 我们 抑制 办法 想尽 过于 他的 极端

2. 大会 这次 安排 特别 了 表演 幽默，从而 达到 气氛 的 调节 目的

3. 没有 他们 遵守 以……优劣 质量 产品 标准 的 等级 定

4. 低碳 公司 以 经营 方式 的 平衡 保持 了 收支

5. 上级 关注 将 这次 持续 事故 调查 的 尽 并 全力 补救 进行

6. 这种 药物 过于 毫不 减肥 依赖 办法 的 可取

7. 这个 新 设计 通过 网络 的 方案，我 地方 很多 拿不准 还

8. 的 他 观点 极端 过于 接受 令人 难以

9. 我 出来 认 不 一时，那个 人 是 谁 向 连连 我 招手 的

10. 他 地 拿出 盗版 新书 的 被 两本 不慌不忙

六 判断下列句子对错。

( ) 1. 他这次之所以失败是因为过于不勇敢。
( ) 2. 小林的性格是禁得住批评、禁不住表扬。
( ) 3. 一经过网络调查，问题就暴露过去了。
( ) 4. 临出门，母亲连连三次嘱咐我，要注意安全，注意身体。
( ) 5. 他以爱国者的名义捐款10万元，相当于他两年的工资。
( ) 6. 不用表示感谢，大家的成功就是对我最好的鼓励。
( ) 7. 我是个自由自在的人，跟一个过于认真的人难以相处。
( ) 8. 他们一致反对我，我禁不住他们了。

（　　　）9. 他们同学四年，但是从来没有什么交道。

（　　　）10. 世界是你们的，也是我们的，但归根结底是你们年轻人的。

七 选择一个中最恰当的词语填空。

1. 他_____不住想占有一切的欲望，失去了控制才犯了法。
   A. 掌握　　　　B. 限制　　　　C. 抑制　　　　D. 把握

2. 台子要搭结实，要能_____孩子们在台上又唱又跳。
   A. 禁不住　　　B. 禁得住　　　C. 控制住　　　D. 抑制得住

3. 为什么用行政命令制止不住呢？这里_____有原因。
   A. 必然　　　　B. 必须　　　　C. 必要　　　　D. 必需

4. 他介绍的情况大多不_____事实，难以令人相信。
   A. 合格　　　　B. 合乎　　　　C. 合法　　　　D. 合理

5. 不管是天灾还是人祸，_____世界是要向前进的，不会倒退。
   A. 归根结底　　B. 这样一来　　C. 总结起来　　D. 无可奈何

6. 经过训练，现在两个球队的实力比较_____了。
   A. 平均　　　　B. 公平　　　　C. 平等　　　　D. 平衡

7. 期末考试试卷的检查需要细心，你_____交给小王吧。
   A. 只管　　　　B. 不管　　　　C. 保管　　　　D. 只顾

8. 他很注意自己的_____，尽量做到符合标准。
   A. 一心一意　　B. 一点一滴　　C. 一言一行　　D. 一模一样

9. 李厂长广泛征求意见，做了各种调研，_____得到了广大职工的支持。
   A. 从来　　　　B. 自从　　　　C. 从而　　　　D. 反而

10. 赵力很谨慎，办事_____的，这事交给他完全可以放心。
    A. 不左不右　　B. 不前不后　　C. 不慌不忙　　D. 不吵不闹

八 指出下列句子中画线词语的句子成分（主、谓、宾、定、状、补）。

1. 水装得<u>太满</u>，就会洒出来了。　　　　　　　　　　　　（　　　）
2. 记者拍摄下了旅客们抢购奢侈品的<u>场面</u>。　　　　　　　（　　　）
3. 在那偏僻的乡村，<u>书籍</u>便成了罕见的奢侈品。　　　　　（　　　）
4. 这套书好像是在<u>讲述</u>三千年前的历史。　　　　　　　　（　　　）
5. 那就是一个被<u>饿</u>怕了的孩子对美好生活的向往。　　　　（　　　）

6. 他的精神会因为他的作品的流传而永垂不朽。（   ）
7. 子贡禁不住向孔子提了个问题。（   ）
8. 把水倒进去，试验一下！（   ）
9. 这本书表现了我对腐败官僚的痛恨。（   ）
10. 各种身份的人以不同的方式进行规劝、提醒。（   ）
11. 孔林前的千年古柏象征着孔子的精神风貌。（   ）
12. 传统的中华文化是中国很重要的软实力。（   ）

九 根据课文内容，完成下列句子或语段。

1. 过了头就像没有达到标准一样，都是_____。
2. 国君把这种器物当作自己的警戒物，所以_____。
3. 抑制过分，达到适中的方法有_____
   _____。
4. 各种身份的人以不同的方式对国君进行规劝，从而_____
   _____。
5. 在任何情况下，人们都要调节自己，使自己的言行_____
   _____。
6. 渔夫的妻子之所以受到惩罚，是因为_____。
7. 不管个人还是国家都要克制自己过分的欲望，因为_____
   _____。
8. 面对充满诱惑的世界，我们只有_____。
9. 中庸，在儒家学派里，既是_____。

十 根据课文内容回答下列问题。

1. 说说"过犹不及"的出处。
2. 在鲁桓公的大庙里，孔子带领弟子们发现了一个什么样的器物？有什么特点？
3. 子路提了一个什么问题？
4. 说说孔子是怎么回答的。
5. 卫武公是怎样的一位国君？他是怎样让天下人时常鞭策自己的？
6. 为什么说给予恩惠也不可以过分？
7. 举例说明任何事情都要有个"度"。
8. 在当今社会，儒家学派的中庸对人们有什么启示？

十一 交际训练。

1. 根据提示，选择下列词语（至少5个）说一段话或写一段话：

提示 介绍自己或朋友（相貌、性格、职业、处世、为人，等等）。

> 端正　和谐　融洽　相处　极端　过于　过分　过头
> 不……不……　中庸　平和　适中　奖励　给予　任意
> 一旦……就　一……就　沉不住气　连连……

2. 讨论：

（1）你在什么时候、什么地方读到过有关孔子的事迹、语录的介绍？

（2）《中庸的修养》这样的课文，你喜欢吗？难不难？你学到了什么？

3. 语言游戏。

　　发给每个学生一张卡片，在限定时间内，用"过"、"中"、"和"组词或词组。老师按所组数量评出优胜者，给予奖励；在老师指导下，用所组词语介绍一个人。大家可以讨论喜欢与哪种性格的人相处。

　　读读下面的"国学语录"，你明白它的意思吗？能写出与此有关的一个成语吗？

　　子曰："温故而知新，可以为师矣。"（《论语·为政》）

意思是，孔子说："温习已经学过的知识，却能够有新的体会和收获，这样就可以当老师了。"

4. 看一看，说一说，写一写。

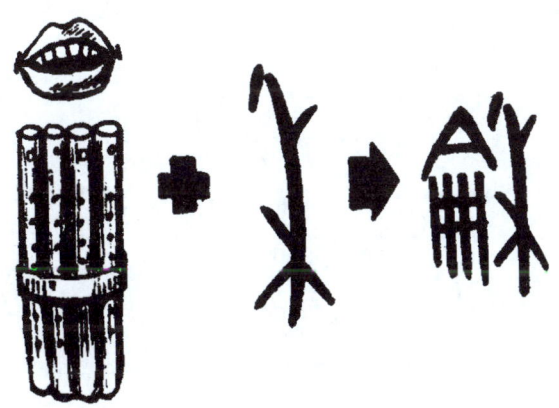

甲骨文 金文 小篆

hé
和

　　"和"本作"龢",到了秦汉以后,为书写方便,将"龠(yuè)"简化成一个"口","禾"用来标音。"龠"是古代一种乐器,将几根竹管编排在一起,可吹出好听的乐曲,象征不同的音调组成和谐的乐章,这就是古代中国的和谐思想。孔子说"君子和而不同",他把"和"看作是人际关系的最佳状态。

——刘宗汉

29 孔乙己

课　文

　　鲁镇的酒店的格局[1]，是和别处不同的：都是当街[2]一个曲尺[3]形的大柜台[4]，柜台里面预备着热水，可以随时温[5]酒。做工的人，傍午傍晚散了工[6]，每每花四文[7]铜钱[8]，买一碗酒，——这是二十多年以前的事，现在每碗要涨到十文，——靠柜台外站着，热热的喝了休息；倘肯多花一文，便可以买一碟[9]盐煮笋[10]，或者茴香豆[11]，做下酒物[12]了；如果出到十几文，那就能买一样荤菜[13]。但这些顾客，多是短衣帮[14]，大抵[15]没有这样阔绰[16]。只有穿长衫[17]的，才踱[18]进店面隔壁的房子里，要酒要菜，慢慢地坐喝。

　　我从十二岁起，便在镇口的咸亨酒店里当伙计，掌柜[19]说，样子太傻，怕侍候[20]不了长衫主顾[21]，就在外面做点事罢。外面的短衣主顾，虽然容易说话，但唠唠叨叨缠夹不清[22]的也很不少。他们往往要亲眼看着黄酒[23]从坛子[24]里舀[25]出，看过壶子底里有水没有，又亲眼看着将壶子放在热水里，然后才放心：在这严密监督之下，掺[26]水也很为难。所以过了几天，掌柜又说我干不了这事。幸亏荐头[27]的情面[28]大，辞退[29]不得，便改为专管温酒的一种无聊[30]职务[31]了。

　　我从此便整天的站在柜台里，专管我的职务。虽然没有什么失职[32]，但总觉有些单调，有些无聊。掌柜是一副凶[33]脸孔[34]，主顾也没有好声气[35]，教人活泼不得；只有孔乙己到店，才可以笑几声，所以至今还记得。

　　孔乙己是站着喝酒而穿长衫的唯一的人。他身材[36]很高大；青白脸色[37]，皱纹间时常[38]夹些伤痕；一部乱蓬蓬[39]的花白的胡子。穿的虽然是长衫，可是又脏又破，似乎十多年没有补，也没有洗。他对人说话，总是满口[40]之乎者也[41]，教人半懂不懂的。因为他姓孔，别人便从描红纸[42]上的"上大人孔乙己"这半懂不懂的话里，替他取下一个绰号[43]，叫作孔乙己。孔乙己一到店，所有喝酒的人便都看着他笑，有的叫道，"孔乙己，你脸上又添上新伤疤[44]了！"

他不回答，对柜里说，"温两碗酒，要一碟茴香豆。"便排出九文大钱。他们又故意的高声嚷道，"你一定又偷了人家的东西了！"孔乙己睁大眼睛说，"你怎么这样凭空[45]污[46]人清白[47]……""什么清白？我前天亲眼见你偷了何家的书，吊着打。"孔乙己便涨[48]红了脸，额上的青筋[49]条条绽[50]出，争辩[51]道，"窃[52]书不能算偷……窃书！……读书人的事，能算偷么？"接连便是难懂的话，什么"君子固穷"[53]，什么"者乎"之类，引得众人[54]都哄笑[55]起来；店内外充满了快活的空气。

听人家背地里谈论，孔乙己原来也读过书，但终于没有进学[56]，又不会营生[57]；于是愈过愈[58]穷，弄到将要讨饭了。幸而[59]写得一笔好字，便替人家抄抄书，换一碗饭吃。可惜他又有一样坏脾气，便是好喝懒做。坐不到几天，便连人和书籍纸张笔砚[60]，一齐失踪[61]。如是[62]几次，叫他抄书的人也没有了。孔乙己没有法，便免不了[63]偶然做些偷窃[64]的事。但他在我们店里，品行[65]却比别人都好，就是从不拖欠[66]，虽然间或[67]没有现钱[68]，暂时记在粉板[69]上，但不出一月，定然[70]还清，从粉板上拭[71]去了孔乙己的名字。

孔乙己喝过半碗酒，涨红的脸色渐渐复了原[72]，旁人便又问道，"孔乙己，你当真[73]认识字么？"孔乙己看着问他的人，显[74]出不屑[75]置辩[76]的神气[77]。他们便接着说道，"你怎的连半个秀才[78]也捞不到呢？"孔乙己立刻显出颓唐[79]不安模样，脸上笼[80]上一层灰色，嘴里说些话；这回可是全是之乎者也之类，一点儿也不懂了。在这时候，众人也都哄笑起来，店内外充满了快活的空气。

在这些时候，我可以附和[81]着笑，掌柜是决不责备[82]的。而且掌柜见了孔乙己，也每每这样问他，引人发笑。孔乙己自己知道不能和他们谈天，便只好向孩子说话。有一回对我说道，"你读过书么？"我略略[83]点一点头，他说，"读过书……我便考你一考。茴香豆的茴字，怎么写的？"我想，讨饭一样的人，也配[84]考我么？便回过脸去，不再理会[85]。孔乙己等了许久，很恳切[86]的说道，"不能写罢？……我教给你，记着！这些字应该记着。将来做掌柜的时候，写账要用。"我暗想我和掌柜的等级[87]还很远呢，而且我们掌柜也从不将茴香豆上账；又好笑，又不耐烦[88]，懒懒的答他道，"谁要你教，不是草头底下一个来回的回字么？"孔乙己显出极高兴的样子，将两个指头的长指甲敲着柜台，点头说，"对呀对呀！……回字有四样写法，你知道么？"我愈不耐烦了，努着嘴[89]走远。孔乙己刚用指甲蘸[90]了酒，想在柜台上写字，见我毫不热心，便又叹一口气，显出极惋惜的样子。

有几回，邻居孩子听见笑声，也赶热闹，围住了孔乙己。他便给他们茴香豆吃，一人一颗。孩子吃完豆，仍然不散，眼睛都望着碟子。孔乙己着了慌[91]，伸开五指将碟子罩[92]住，弯腰下去说道，"不多了，我已经不多了。"直起身又看一看豆，自己摇头说，"不多不多！多乎哉？不多也[93]。"于是这一群孩子都在笑声里走散了。

孔乙己是这样的使人快活，可是没有他，别人也便这么过。

有一天，大约是中秋前的两三天，掌柜正在慢慢的结账，取下粉板，忽然说："孔乙己长久没有来了。还欠十九个钱呢！"我才觉得他的确长久没有来了。一个喝酒的人说道，"他怎么会来？……他打折[94]了腿。"掌柜说，"哦[95]！""他总仍旧是偷。这一回，是自己发昏，竟偷到丁举人[96]家里去了。他家的东西，偷得的么？""后来怎么样？""怎么样？先写服辩[97]，后来是打，打了大半夜，再打折了腿。""后来呢？""后来打折了腿了。""打折了怎样呢？""怎样？……谁晓得？许是死了。"掌柜也不再问，仍然慢慢的算他的账。

中秋过后，秋风是一天凉比一天，看看将近[98]初冬；我整天的靠着火，也须穿上棉袄[99]了。一天的下半天，没有一个顾客，我正合了眼坐着。忽然间听得一个声音，"温一碗酒。"这声音虽然极低，却很耳熟[100]。看时又全没有人。站起来向外一望，那孔乙己便在柜台下对了门槛[101]坐着。他脸上黑而且瘦，已经不成样子；穿一件破夹袄[102]，盘[103]着两腿，下面垫[104]一个蒲包[105]，用草绳在肩上挂住；见了我，又说道，"温一碗酒。"掌柜也伸出头去，一面说，"孔乙己么？你还欠十九个钱呢！"孔乙己很颓唐的仰面答道，"这……下回还清罢，这一回是现钱，酒要好。"掌柜仍然同平常一样，笑着对他说："孔乙己，你又偷东西了！"但他这回却不十分分辩[106]，单说了一句"不要取笑[107]！""取笑？要不是偷，怎么会打断腿？"孔乙己低声说道，"跌断，跌，跌……"他的眼色,很像恳求掌柜,不要再提。此时已经聚集¹⁰⁸了几个人,便和掌柜都笑了。我温了酒,端出去,放在门槛上,他从破衣袋里摸出四文大钱,放在我手里,见他满手是泥,原来他便用这手走来的。不一会,他喝完酒,便又在旁人的说笑声中,坐着用这手慢慢走去了。

自此以后,又长久没有看见孔乙己。到了年关¹⁰⁹,掌柜取下粉板说,"孔乙己还欠十九个钱呢!"到第二年的端午,又说"孔乙己还欠十九个钱呢!"到中秋可是没有说,再到年关也没有看见他。

我到现在终于没有见——大约孔乙己的确死了。

（作者:鲁迅。有改动）

生　词

1	格局	géjú	（名）	arrangement, structure	三
2	当街	dāng jiē	（动）	to face the street	
3	曲尺	qūchǐ	（名）	carpenter's square	
4	柜台	guìtái	（名）	counter	三
5	温	wēn	（动、形）	to make sth. warm; warm	
6	散工	sàn gōng	（动）	to come off work	
7	文	wén	（量）	a measure word for copper cash in old times	
8	铜钱	tóngqián	（名）	copper cash	
9	碟	dié	（名、量）	plate; *a measure word*	
10	笋	sǔn	（名）	bamboo shoot	
11	茴香豆	huíxiāngdòu	（名）	beans flavored with aniseed	
12	下酒物	xiàjiǔwù	（名）	sth. that goes with wine	
13	荤菜	hūncài	（名）	meat dishes	
14	帮	bāng	（缀）	class, band	
15	大抵	dàdǐ	（副）	in the main	

16	阔绰	kuòchuò	（形）	extravagant	附
17	长衫	chángshān	（名）	long gown	
18	踱	duó	（动）	to pace, to stroll	
19	掌柜	zhǎngguì	（名）	shopkeeper, manager	
20	侍候	shìhòu	（动）	to serve, to wait upon	三
21	主顾	zhǔgù	（名）	customer	
22	缠夹不清	chán jiā bù qīng		to keep pestering, to importune	
23	黄酒	huángjiǔ	（名）	yellow rice wine	
24	坛子	tánzi	（名）	earthen jar	
25	舀	yǎo	（动）	to ladle out, to spoon up	
26	掺	chān	（动）	to mix, to dilute	附
27	荐头	jiàntou	（名）	one who recommends sb.	
28	情面	qíngmiàn	（名）	sensibility	
29	辞退	cítuì	（动）	to dismiss, to lay off	附
30	无聊	wúliáo	（形）	dull	二
31	职务	zhíwù	（名）	work, job	二
32	失职	shī zhí	（动）	to neglect one's duty	
33	凶	xiōng	（形）	fierce, ferocious	二
34	脸孔	liǎnkǒng	（名）	face	
35	声气	shēngqì	（名）	intonation	
36	身材	shēncái	（名）	stature, figure	二
37	脸色	liǎnsè	（名）	complexion, look	二
38	时常	shícháng	（副）	often, frequently	二
39	乱蓬蓬	luànpēngpēng	（形）	unkempt	
40	满口	mǎnkǒu	（名）	(to speak) unreservedly or profusely	
41	之乎者也	zhī hū zhě yě		literary jargon, pedantic terms	
42	描红纸	miáohóngzhǐ	（名）	paper on which people trace over the red printed characters with a writing brush in black	
43	绰号	chuòhào	（名）	nickname	附

44	伤疤	shāngbā	（名）	scar	
45	凭空	píngkōng	（副）	without foundation, groundlessly	
46	污	wū	（动）	to slander, to ruin	
47	清白	qīngbái	（形）	innocent	
48	涨	zhàng	（动）	(of the head) to be swelled by a rush of blood	二
49	筋	jīn	（名）	vein	三
50	绽	zhàn	（动）	to burst, to stand out	
51	争辩	zhēngbiàn	（动）	to argue, to debate	
52	窃	qiè	（动）	to steal	
53	君子固穷	jūnzǐ gù qióng		A gentleman keeps his integrity even in poverty.	
54	众人	zhòngrén	（名）	everybody	三
55	哄笑	hōngxiào	（动）	to roar with laughter	
56	进学	jìnxué	（动）	to pass the official examination	
57	营生	yíngshēng	（动）	to make a living	
58	愈……愈……	yù……yù……		the more... the more...	
59	幸而	xìng'ér	（副）	luckily, fortunately	
60	砚	yàn	（名）	ink slab, inkstone	
61	失踪	shīzōng	（动）	to disappear, to be missing	三
62	如是	rú shì		to be like this	
63	免不了	miǎnbuliǎo	（动）	to be inevitable	三
64	偷窃	tōuqiè	（动）	to steal	
65	品行	pǐnxíng	（名）	conduct, behavior	附
66	拖欠	tuōqiàn	（动）	to be behind in payment	三
67	间或	jiànhuò	（副）	sometimes	
68	现钱	xiànqián	（名）	ready money, cash	
69	粉板	fěnbǎn	（名）	board	
70	定然	dìngrán	（副）	certainly	
71	拭	shì	（动）	to wipe	

72	复原	fù yuán	（动）	to regain one's composure	附
73	当真	dàngzhēn	（副、动）	really; to treat seriously	附
74	显	xiǎn	（动）	to show	二
75	不屑	búxiè	（动）	to think it, to look not worth doing, to disdain	三
76	置辩	zhìbiàn	（动）	to argue	
77	神气	shénqì	（名、形）	expression, air; spirited, cocky	三
78	秀才	xiùcai	（名）	one who passed the imperial examination at the county level	
79	颓唐	tuítáng	（形）	disconsolate, dispirited	
80	笼	lǒng	（动）	to cover	
81	附和	fùhè	（动）	to echo	附
82	责备	zébèi	（动）	to scold	三
83	略略	lüèlüè	（副）	a little, slightly	
84	配	pèi	（动）	to be qualified	一③
85	理会	lǐhuì	（动）	to take notice of, to pay attention to	三
86	恳切	kěnqiè	（形）	earnest, sincere	
87	等级	děngjí	（名）	order and degree, social estate	二
88	耐烦	nàifán	（形）	patient	
89	努嘴	nǔ zuǐ	（动）	to pout one's lips	
90	蘸	zhàn	（动）	to dip (in)	附
91	着慌	zháohuāng	（形）	flustered	
92	罩	zhào	（动、名）	to cover; coverage	三
93	多乎哉? 不多也。	Duō hū zāi? Bù duō yě.		Are there a lot left? No, there aren't.	
94	折	shé	（动）	to break	
95	哦	ò	（叹）	*used to express doubt*	三
96	举人	jǔrén	（名）	a successful candidate in the imperial examination at the provincial level in the Ming and Qing dynasties	
97	服辩	fúbiàn	（名）	written confession of one's guilt	

98	将近	jiāngjìn	（副）	nearly, close to	一③
99	棉袄	mián'ǎo	（名）	cotton-padded jacket	
100	耳熟	ěrshú	（形）	familiar to the ear	
101	门槛	ménkǎn	（名）	threshold	三
102	夹袄	jiá'ǎo	（名）	lined jacket	
103	盘	pán	（动）	to cross (one's legs)	三
104	垫	diàn	（动）	to put sth. under sth.	三
105	蒲包	púbāo	（名）	cattail mat	
106	分辩	fēnbiàn	（动）	to defend oneself	三
107	取笑	qǔxiào	（动）	to make fun of	三
108	聚集	jùjí	（动）	to gather	三
109	年关	niánguān	（名）	the end of the year	

专有名词

1	孔乙己	Kǒng Yǐjǐ	name of a character in the short story *Kong Yiji* by Lu Xun	
2	鲁镇	Lǔ Zhèn	name of a place	
3	咸亨酒店	Xiánhēng Jiǔdiàn	name of a wineshop	
4	中秋（节）	Zhōngqiū (Jié)	the Mid-Autumn Festival	二
5	端午（节）	Duānwǔ (Jié)	the Dragon Boat Festival (the 5th day of the 5th lunar month)	二

词语搭配与扩展

一 涨（zhǎng）

[主~] 物价~了｜学费~了｜河水~了

[动~] 开始~｜继续~｜控制~（价）

[~宾] ~价｜~钱｜~房租｜~潮

［状~］慢慢地~｜一点儿一点儿地~｜猛~｜不停地~｜偷偷地~｜
　　　一个劲儿地~｜始终在~

［~补］~得真快｜~得太多了｜~得厉害｜~上去了｜~起来了｜~上来了｜
　　　~不了了｜~了好几次

［~中］~的原因｜~的速度｜~的范围｜~的后果

（1）今年空调一直在降价，最近不知为什么又涨上去了。
（2）既要发展经济，又要控制涨价。

二 监督

［主~］上级~｜群众~｜老板~｜有关部门（应该）~

［动~］进行~｜加以~｜负责~｜受到~｜取消~

［~宾］~孩子（学习）｜~他们｜~各个部门｜~（他们的）行动

［状~］共同~｜秘密地~｜严密地~｜无法~｜始终（在）~｜被（他们）~

［~补］~得（很）厉害｜~得（很）严｜~起来｜~下去｜~开（我了）｜
　　　~（不）过来｜~不了｜~了一上午

［~中］~的作用｜~的目的｜~的效果｜~的手段

（1）他不愿意人家监督他学习。
（2）这种监督简直是一种侮辱。

三 无聊

［主~］生活~｜内容~｜工作~｜这个人~

［动~］认为~｜感到~｜觉得~

［定~］生活的~｜内容的~｜精神的~

［状~］相当地~｜实在~｜越来越~

［补~］~极了｜~得很

［~中］~的生活｜~的工作｜~的话｜~的人

（1）这种单调无聊的生活，我再也忍受不了了。
（2）那部电影的内容很无聊，别带孩子去看。

四 脸色

[动~] 看~｜瞧（他的）~｜观察（领导的）~｜注意（他的）~｜露出（害怕的）~

[~动/形] ~变了｜~发白｜~好｜~难看｜~不对｜~红润

[定~] 上级的~｜周围人的~｜现在的~｜痛苦的~｜健康的~｜苍白的~｜
满意的~

（1）休息了一个假期，她的精神、脸色都好多了。
（2）他感到很紧张，不管干什么都得看别人的脸色。

五 谈论

[~宾] ~政治｜~国家大事｜~别人｜~天气｜~物价｜~艺术

[状~] 公开~｜背地里~｜大声~｜热烈地~｜偶然~（起这件事）

[~补] ~上（艺术了）｜~起（政治）来｜~下去｜~开（服装了）｜
~得（很）起劲｜~得（很）热烈｜~一番｜~过几回｜~了两个小时

[~中] ~的内容｜~的话题｜~的对象｜~的时间

（1）他们什么都谈论，从政治到经济，从老人到孩子。
（2）学生们正在谈论这次奥运会夺取金牌的情况。

六 责备

[动~] 进行~｜开始~｜受到~

[~宾] ~孩子｜~保姆｜~顾客｜~（有关）部门｜~（他的）态度

[定~] 父母的~｜老师的~｜领导的~｜这种~

[状~] 狠狠地~｜不停地~｜一个劲儿地~｜生气地~

[~补] ~对了｜~错了｜~完了｜~起来｜~下去｜~开（我了）｜
~一番｜~一顿｜~了半天

[~中] ~的对象｜~的神情｜~的目光｜~的口气

（1）那件事情你们不该责备小王。
（2）他不负责任的态度受到了大家的责备。

七 配

[~宾] ~眼镜｜~零件｜~颜色｜（这套西服）~（这条）领带

[状~] 慢慢地~｜一点儿一点儿地~｜想办法~｜无法~（齐）

［~补］~齐了｜~不上（他）｜~不好｜~起来（不好看）｜~了三次

［~中］~的原因｜~的颜色｜~的过程｜~的结果

（1）只有小王才配当我们的领队。

（2）这种零件要到城里去配，这儿配不上。

八 恳求

［~动］~照顾｜~保护｜~参加｜~（他们）答应｜~资助｜~原谅

［~宾］~老师｜~医生｜~老板｜~组织｜~（有关）部门

［状~］耐心地~｜主动~｜纷纷~｜再三~

［~补］~一番｜~了好几回｜~了半天

［~中］~的声音｜~的目光｜~的样子｜~的结果

（1）经过再三恳求，父亲才答应她去旅行。

（2）我们恳求了半天，老人才同意送我们过河。

九 聚集

［~宾］~了（很多）乘客｜~了（一群）人｜~了（很多）小贩｜~着（许多）牛羊

［状~］经常~（在一起）｜秘密地~（起来）｜自动~（起来）｜
　　　迅速地~（起来）｜很难~（起来）

［~补］~起来｜~得很快｜~一下｜~了几次

［~中］~的地方｜~的时间｜~的地区｜~的城市

（1）他来到少数民族聚集的地区体验生活。

（2）这些人聚集在一起很危险，好像要闹事。

语法例释

一 他们往往要亲眼看着黄酒从坛子里舀出

"往往"，副词。表示某种情况时常存在或经常发生。有"常常"的意思。例如：

（1）他很忙，往往要工作到深夜。

（2）小李往往不打招呼就来了，弄得我很被动。

（3）到了假期，他们往往全家人一起去旅行。

（4）写一篇东西，往往要改好几遍。

（5）有些学术问题，往往需要很长时间才能得出正确的结论。

以上例句中的"往往"都可以用"常常"替换。应该注意，"往往"与"常常"的不同表现在："往往"是对于到目前为止出现的情况的总结，有一定的规律性；"常常"单纯指动作的重复，不一定有规律。因此，"常常"可用于将来的情况，"往往"则不能。下面例句中的"常常"不能用"往往"替换。例如：

（6）我以后一定常常来。

（7）放了假以后，我会常常去看您。

（8）放心吧，我会常常给您打电话的。

二 在这严密监督之下，掺水也很为难

"在……（之）下"这一格式，中间可以嵌入带定语的名词或双音节动词，表示条件，做状语。例如：

（1）在这种情况（之）下，我必须提出辞职。

（2）在张老师的指导下，他很快学会了使用电脑。

（3）在导游小姐的带领下，大家安全地登上了最高峰。

（4）在经济非常困难的情况下，他边打工边学习，坚持读完了大学。

（5）在兄弟单位的支援（之）下，他们提前完成了任务。

（6）在学校的关怀培养（之）下，孩子们健康地成长起来。

三 幸亏荐头的情面大，辞退不得

"幸亏"，副词。指由于某种有利条件而侥幸避免了不良后果。一般用在主语前，提出某种有利条件，后面多与"不然"、"要不"、"要不然"、"否则"、"才"等词语相呼应，引出已经避免了的后果。例如：

（1）幸亏你提醒了我，要不，我早把开会的事忘了。

（2）幸亏我还有一副眼镜，要不然，我现在怎么写东西呀！

（3）幸亏我没有放弃踢球，坚持下来了，否则，我不会有今天的一切。

（4）幸亏小赵事先跟他们打了招呼，不然，这些学生没法安排。

（5）幸亏有张教授的推荐，不然，连名都报不上。

（6）幸亏黄林始终保持清醒的头脑，才没被他们的花言巧语骗了。

四 幸亏荐头的情面大，辞退不得

"……不得"，一些动词和形容词后边带可能补语"得"或"不得"，表示"能"或"不能"。多用来说明事物的性质或状况。否定形式比肯定形式更常见，指客观条件不允许时，如果做了会产生不良的后果。例如：

（1）这些剩菜吃不得了，快倒掉吧。

（2）那条路可走不得，又脏又乱，车还特别多。

（3）那个牌子的电脑买不得，质量太差。

（4）他有心脏病，兴奋不得，还是先别告诉他了。

（5）有些电影小孩子看不得，太恐怖。

（6）他表扬不得，一表扬他就骄傲起来了。

五 接连便是难懂的话

"接连"，副词。一次跟着一次；一个跟着一个。主要修饰动词，做状语。例如：

（1）她好像哭了，睫毛接连地动了几下。

（2）没想到，这两天他接连收到了三封信。

（3）阿里接连参加了三次考试，取得了一些经验。

（4）他感到奇怪，最近接连不断地有人向他打听关于去年的那桩案子。

（5）为了找工作，他接连不断地给好几个大公司发出了求职信。

（6）招聘广告登出以后，来求职的接连不断。

六 于是愈过愈穷

"愈……愈……"是由副词"愈"连用构成的格式，表示条件关系。前一个"愈……"表示条件，后一个"愈……"表示结果，结果随着条件的变化而变化。例如：

（1）雨愈下愈大，今天恐怕是回不去了。

（2）他愈走愈快，我无论如何是赶不上他了。

（3）这半年来，他愈干愈觉得有意思，而且，愈干愈有信心。

前后两部分，主语可以相同，也可以不同。例如：

（4）愈觉得无聊就愈想睡觉，愈睡觉就愈觉得无聊。

（5）小李愈问，张师傅就愈不耐烦，不知他俩后来怎么样了。

（6）很多问题，你愈研究，就愈深入，你的收获也就愈大。

"越……越……"与"愈……愈……"意思、用法相同。前者更口语化。

七 便免不了偶然做些偷窃的事

"免不了"，动补结构。有不可避免、难免的意思。后面可带动词性宾语，多做状语。例如：

（1）咱们是邻居了，以后免不了要给您添麻烦。

（2）刚学走路的孩子免不了要摔跤。

（3）你回去晚了，免不了又要惹父亲生气。

（4）学外语免不了出错，也免不了要闹笑话。

（5）小王第一次上讲台，免不了有些紧张。

（6）父母亲年纪大了，免不了又要啰唆几句，你别在意就是了。

八 暂时记在粉板上

"暂时"，副词。表示某种情况或状态只在短时间内存在，不会继续很久。例如：

（1）这个计划暂时需要保密，谁也不能说出去。

（2）招生工作暂时告一段落，大家可以休息几天了。

（3）你暂时在这里等一下，我去打个电话。

（4）学生的行李暂时存放在大教室里，有了车就拉走。

（5）火车误点了，咱们暂时找个地方休息一下吧。

（6）张先生去上海开会，他的课暂时由我来上。

九 见我毫不热心

"毫不"中的"毫"，副词，只能与否定词"不"、"无"连用，表示彻底地否定。"毫不"的意思是"一点儿也不"。用在双音节形容词、动词前。例如：

（1）我请他帮忙，他毫不犹豫地答应了。

（2）他从来就是如此，对集体的事毫不关心。

（3）我们大家都要学习他毫不利己，专门利人的精神。

（4）那辆破车，丢了也毫不可惜。

（5）小王从来是有什么说什么，毫不隐瞒自己的观点。

（6）安娜毫不客气地指出了他文章中的错误。

练 习

一 辨字组词或词组。

1. 己_____ 2. 侍_____ 3. 惋_____
   已_____   待_____   婉_____

4. 偷_____ 5. 渴_____ 6. 添_____
   愉_____   喝_____   漆_____

7. 惜_____ 8. 折_____ 9. 模_____
   借_____   折_____   摸_____

10. 倘_____ 11. 账_____ 12. 取_____
    偿_____   胀_____   娶_____

二 在下列名词前后各搭配一个适当的成分。

1. _____柜台   2. _____身材   3. _____中秋
   柜台_____   身材_____   中秋_____

4. _____现钱   5. _____脾气   6. _____主顾
   现钱_____   脾气_____   主顾_____

7. _____模样   8. _____脸色   9. _____等级
   模样_____   脸色_____   等级_____

10. _____书籍 11. _____指甲 12. _____职务
    书籍_____   指甲_____   职务_____

三 给下列动词各搭配一个宾语和一个补语。

1. 温_____   2. 监督_____   3. 恳求_____
   温_____   监督_____   恳求_____

4. 涨＿＿＿＿＿＿
   涨＿＿＿＿＿＿
5. 配＿＿＿＿＿＿
   配＿＿＿＿＿＿
6. 舀＿＿＿＿＿＿
   舀＿＿＿＿＿＿
7. 侍候＿＿＿＿
   侍候＿＿＿＿
8. 盘＿＿＿＿＿＿
   盘＿＿＿＿＿＿
9. 责备＿＿＿＿
   责备＿＿＿＿
10. 罩＿＿＿＿＿
    罩＿＿＿＿＿
11. 谈论＿＿＿＿
    谈论＿＿＿＿
12. 蘸＿＿＿＿＿
    蘸＿＿＿＿＿

四 用指定词语回答问题。

1. 现在阿里的汉语说得怎么样了？（在……下　愈……愈……）

2. 现在安娜的太极拳打得怎么样了？（在……下　愈……愈……）

3. 那天开学，你迟到了吗？（幸亏……要不……）

4. 你找到工作了吗？（幸亏……否则……）

5. 你为什么要辞职呢？（单调　无聊）

6. 这个假期你过得怎么样？（单调　无聊）

7. 父亲为什么批评弟弟？（毫不　尊重）

8. 安娜第一次来中国，是不是感到很陌生？（毫不　陌生）

9. 他们答应支援咱们了吗？（再三　恳求）

10. 张团长同意修改旅行计划了吗？（恳求　仍旧）

孔乙己 29

五 用指定词语完成句子。

1. 安娜哭了半天了，因为_____
_____。（责备　委屈）

2. 小王刚参加工作，没有经验，_____
_____。（免不了　责备）

3. 第一次当翻译_____
_____。（免不了　信心）

4. 那个售货员的态度真不好，我的电脑出了毛病，_____
_____。（配　耐烦）

5. 张师傅真好，我请他帮我修理自行车_____
_____。（配　嫌　麻烦）

6. 这是小王的新地址，他因为工作关系_____
_____。（接连）

7. 小王可能出国了，我_____。（接连）

8. 在没找到工作以前，你_____
_____。（暂时　倘若）

9. 我看你好像很难受，_____
_____。（脸色　暂时）

10. 有的病不是一下子就能检查出来，_____
_____。（往往　千万）

11. 小林，想找一个好工作是很不容易的，_____
_____。（往往　千万）

12. 老王脾气不好，_____
_____。（……不得）

13. 父亲得了糖尿病，母亲给我一个任务，那就是_____
_____。（监督　……不得）

14. 小周接连换了好几次工作，_____
_____。（在……下监督）

六 根据课文内容，运用所给词语、句式进行语段表达。

1. 咸亨酒店的小伙计为什么专管温酒这种无聊单调的工作呢？

　　侍候　找麻烦　往往　亲眼　舀　在……之下　监督
　　搀不了水　幸亏　……不得　无聊　职务

2. 为什么孔乙己一来到酒店，大家便快活起来？

　　唯一　身材　脸色　皱纹　时常　伤痕　又……又……
　　满口　半懂不懂　故意　亲眼　……之类　拿他取笑

七 根据课文内容回答下列问题。

1. 都有哪些人来咸亨酒店喝酒？他们喝酒的方式有什么不同？
2. 酒店的小伙计都干些什么？他喜欢自己的工作吗？
3. 孔乙己是个什么样的人？大家拿他的哪些方面取笑？
4. 孔乙己为什么愈过愈穷？
5. 孔乙己和孩子们的关系怎么样？
6. 孔乙己的腿是怎么折的？从此，他的情况怎么样？
7. 为什么说孔乙己的一生是悲惨的？

八 交际训练。

1. 根据提示说一段话或写一段话：

　　（1）介绍一个朋友（相貌、性格、打扮、职业、文化、爱好）
　　（2）介绍一种文化（茶文化、酒文化、饮食文化……）
　　（3）我的爱好

下面的词语可以帮助你表达：

> 身材　脸色　勤奋　毅力　刻苦　好吃懒做　赌博
> 愈……愈……　单调　无聊　失职　责备　严格　从事　脾气
> 模样　千方百计　不是……就是……　毫不　幸亏……要不……

2. 讨论：

　　（1）孔乙己为什么总穿着那件又脏又破的长衫？

（2）人们为什么取笑孔乙己？透过这种取笑，作者揭露了什么？

（3）造成孔乙己悲剧的原因是什么？

（4）21世纪还有没有孔乙己？

（5）人们常把酒店、茶馆、歌舞厅等说成是社会的一个缩影或一面镜子，你的看法呢？请举例说明。

（6）有人说性格决定命运，你的看法呢？请举例说明。

3. 语言游戏。

（1）猜一猜（谜语两则，猜同一件物品）。

有风不动无风动，　　　　　　打开半个月亮，

不动无风动有风；　　　　　　收起兜里可装；

等到梧桐落叶时；　　　　　　来时石榴花开；

主人送我入冷宫。　　　　　　去时菊花开放。

（2）你知道下面这两句成语吗？说说它的意思，并结合课文内容试着用一用。

万般皆下品，唯有读书高　　　　学而优则仕

4. 看一看，说一说，写一写。

——选自蔡志忠漫画《老子说》

30 雷雨[1]（节选）

课文

第二幕[2]

登场[3]人物

周朴园（朴）——某煤矿公司董事长[4]，五十五岁。

周繁漪（繁）——其妻，三十五岁。

周萍（萍）——其前妻生子，年二十八。

鲁侍萍（鲁）——周宅仆人鲁贵之妻，某校女佣[5]，年四十七。

夏天的一个下午，周公馆[6]的客厅内。

（一）

繁：我请你略微[7]坐一坐。

萍：什么事？

繁：（沉郁[8]地）有话说。

周萍走回，站着不语。

繁：我希望你明白方才[9]的情形。这不是一天的事情。

萍：（躲避[10]地）父亲一向[11]是那样，他说一句就是一句的。

繁：可是人家说一句，我就要听一句，那是违背我的本性[12]的。

萍：我明白你。（强笑）你不要听他的话就是了。

繁：萍，我盼望你还是从前那样诚恳的人。顶好不要学着现在那种玩世不恭[13]的态度。你知道我没有你在我面前，我已经很苦了。

萍：所以我就要走了。不要再多见面，互相提醒我们最后悔的事情。

繁：我不后悔，我向来做事没有后悔过。

萍：（不得已[14]地）我想，我很明白地对你表示过。这些日子我没有见你，我想你很明白。

繁：很明白。

萍：那么，我是个最糊涂，最不明白的人。我后悔，我认为我生平[15]做错了一件大事。我对不起自己，对不起弟弟，更对不起父亲。

繁：（低沉[16]地）但是你最对不起的人，你反而轻轻地忘了。

萍：还有谁？

繁：你最对不起的是我，是你曾经引诱[17]过的后母[18]！

萍：（有些怕她）你疯了。

繁：你欠了我一笔债，你对我负着责任，你不能丢下我，就一个人跑。

萍：我认为你用的这些字眼，简直可怕。这种话不是在父亲这样——这样体面的家庭里说的。

繁：（气极）父亲，父亲，你撇开你的父亲吧！体面？你也说体面？（冷笑[19]）我在你们这样体面的家庭已经十八年啦。周家的罪恶，我听过，我见过，我做过。我始终不是你们周家的人。我做的事，我自己负责任。不像你们的祖父，叔祖，同你们的好父亲，背地做出许多可怕的事情，外表还是一副道德面孔[20]，是慈善家[21]，是社会上的好人物。

萍：大家庭自然不能个个都是好人。不过我们这一房……

繁：都一样，你父亲是第一个伪君子[22]，他从前就引诱过一个下等人的姑娘。

萍：你不要扯[23]这些个。

繁：你就是你父亲的私生子[24]！

萍：（惊异[25]而无主[26]地）你瞎说！你有什么证据[27]？

繁：请你问你的体面父亲，这是他十五年前喝醉了的时候告诉我的。（指桌上相片）你就是这年轻的姑娘生的小孩。她因为你父亲又不要她，就自己投河死了。

萍：你，你，你简直——好，好，（强笑）我都承认。你预备怎么样？你要跟我说什么？

繁：你父亲对不起我，他用同样手段把我骗到你们家来，我逃不开，生了冲儿。十几年来就像刚才一样地凶横，把我渐渐地磨成了石头样的死人。你突然从家乡出来，是你，是你把我引到一条母亲不像母亲，情妇[28]不像情妇的路上去。是你引诱的我！

萍：引诱！我请你不要用这两个字好不好？你知道当时的情形怎么样？

繁：你忘记了在这屋子里，半夜，你说的话么？你说你恨你的父亲，你说过，你愿他死，就是犯了灭伦[29]的罪也干。

萍：你忘了，那是我年轻，我一时冲动[30]，说出来这样糊涂的话。

繁：你忘了，我虽然比你只大几岁，那时，我总还是你的母亲，你知道你不该对我说这种话么？

萍：年轻人一时糊涂，做错了的事，你就不肯原谅么？（苦恼[31]地皱着眉。）

繁：这不是原谅不原谅的问题，我已经安安静静地等死，一个人偏把我救活了又不理[32]我，撅得我枯[33]死，慢慢地渴死。你说，我该怎么办？

萍：那，那我也不知道，你说吧！

繁：（一字一句地）我希望你不要走。

萍：那么，你要我陪着你，在这样的家庭，每天想着过去的罪恶，这样活活地闷[34]死么？

繁：你既然知道这家庭可以闷死人，你怎么肯一个人走，把我丢在这里？

萍：你没有权利说这种话，你是冲弟弟的母亲。

繁：我不是！我不是！自从我把我的性命，名誉，交给你，我什么都不顾了。我不是他的母亲，不是，不是，我也不是周朴园的妻子。

萍：（冷冷[35]地）如果你以为你不是父亲的妻子，我自己还承认我是我父亲的儿子。

繁：（想不到他会说这一句话，呆了一下）哦，你是你的父亲的儿子。——这些日子，你特别不来看我，是怕你的父亲？

萍：也可以说是怕他，才这样的吧。

繁：你这一次到矿上去，也是学着你父亲的英雄榜样，把一个真正明白你、爱你的人丢开不管么？

萍：这么解释也未尝[36]不可。

繁：（冷冷地）这么说，你到底是你父亲的儿子。（笑）父亲的儿子？（忽然冷静[37]地）哼，都是些没有用，胆[38]小怕事，不值得人为他牺牲的东西！我恨我早没有看透你！

萍：那么你现在看透了！我对不起你，我已经同你详细解释过，我厌恶[39]这种关系。我告诉你，我厌恶。你说我错，我承认。然而叫我犯了那样的错，你也不能完全没有责任。你是我认为最聪明，最能了解人的女子，所以我想，你最后会谅解[40]我。我的态度，你现在骂我玩世不恭也好，不负责任也好，我告诉你，我盼望这一次的谈话是我们最末一次谈话了。（走向饭厅门）

繁：（沉重的语气）等一等。

周萍立住。

繁：我希望你明白我刚才说的话，我不是请求你。我希望你用你的心，想一想，过去我们在这屋子说的（停，难过）许多，许多的话。一个女子，你记着，不能受两代的欺侮[41]，你可以想一想。

萍：我已经想得很透彻[42]。我自己这些天的痛苦，我想你不是不知道。好，请你让我走吧。（由饭厅下）

繁漪望着周萍出去，流下泪来，忍不住伏在沙发上哭泣[43]。

（二）

朴：（点着一支吕宋烟[44]，看见桌上的雨衣，向侍萍）这是太太找出来的雨衣么？

鲁：（看着他）大概是的。

朴：不对，不对，这都是新的。我要我的旧雨衣，你回头[45]跟太太说。

鲁：嗯。

朴：（看她不走）你不知道这间房子底下人不准随便进来么？

鲁：不知道，老爷。

朴：你是新来的下人？

鲁：不是的，我找我的女儿来的。

朴：你的女儿？

鲁：四凤是我的女儿。

朴：那你走错屋子了。

鲁：哦。——老爷没有事了？

朴：（指窗）窗户谁叫打开的？

鲁：哦。（很自然地走到窗前，关上窗户，慢慢地走向中门）

朴：（看她关好窗门，忽然觉得她很奇怪）你站一站。

侍萍停。

朴：你——你贵姓？

鲁：我姓鲁。

朴：姓鲁。你的口音[46]不像北方人。

鲁：对了，我不是，我是江苏的。

朴：你好像有点无锡口音。

鲁：我自小就在无锡长大的。

朴：（沉思[47]）无锡？嗯，无锡，（忽而[48]）你在无锡是什么时候？

鲁：光绪二十年，离现在有三十多年了。

朴：哦，三十年前你在无锡？

鲁：是的，三十多年前呢，那时候我记得我们还没有用洋火[49]呢。

朴：（沉思）三十多年前，是的，很远啦，我想想，我大概是二十多岁的时候。那时候我还在无锡呢。

鲁：老爷是那个地方的人？

朴：嗯，（沉吟[50]）无锡是个好地方。

鲁：哦，好地方。

朴：你三十年前在无锡么？

鲁：是，老爷。

朴：三十年前，在无锡有一件很出名[51]的事情——

鲁：哦。

朴：你知道么？

鲁：也许记得，不知道老爷说的是哪一件？

朴：哦，很远了，提起来大家都忘了。

鲁：说不定，也许记得的。

朴：我问过许多那个时候到过无锡的人，我也派人到无锡打听过。可是那个时候在无锡的人，到现在不是老了就是死了。活着的多半是不知道的，或者忘了。不过也许你会知道。三十年前在无锡有一家姓梅的。

鲁：姓梅的？

朴：梅家的一个年轻小姐，很贤慧[52]，也很规矩。有一天夜里，忽然地投水死了。后来，后来，——你知道么？

鲁：不敢说。

朴：哦。

鲁：我倒认识一个年轻的姑娘姓梅的。

朴：哦？你说说看。

鲁：可是她不是小姐，她也不贤慧，并且听说是不大规矩的。

朴：也许，也许你弄错了，不过你不妨[53]说说看。

鲁：这个梅姑娘倒是有一天晚上跳的河，可是不是一个，她手里抱着一个刚生下三天的男孩。听人说她生前是不规矩的。

朴：（苦痛）哦！

鲁：她是个下等人，不很守[54]本分[55]的。听说她跟那时周公馆的少爷有点儿不清白，生了两个儿子。生了第二个，才过三天，忽然周少爷不要她了。大孩子就放在周公馆，刚生的孩子她抱在怀里，在年三十夜里投河死的。

朴：（汗涔涔[56]地）哦。

鲁：她不是小姐，她是无锡周公馆梅妈的女儿，她叫侍萍。

朴：（抬起头来）你姓什么？

鲁：我姓鲁，老爷。

朴：（喘出一口气，沉思地）侍萍，侍萍，对了。这个女孩子的尸首[57]，说是有一个穷人见着埋了。你可以打听到她的坟在哪儿么？

鲁：老爷问这些闲事[58]干什么？

朴：这个人跟我们有点儿亲戚。

鲁：亲戚？

朴：嗯，——我们想把她的坟墓[59]修一修。

鲁：哦，——那用不着了。

朴：怎么？

鲁：这个人现在还活着。

朴：（惊愕[60]）什么？

鲁：她没有死。

朴：她还在？不会吧？我看见她河边上的衣服，里面有她的绝命书[61]。

鲁：她又被人救活了。

朴：哦，救活啦？

鲁：以后无锡的人是没见着她，以为她那夜晚死了。

朴：那么，她呢？

鲁：一个人在外乡[62]活着。

朴：那个小孩呢？

鲁：也活着。

朴：（忽然立起）你是谁？

鲁：我是这儿四凤的妈，老爷。

朴：哦。

鲁：她现在老了，嫁给一个下等人，又生了个女孩，境况[63]很不好。

朴：你知道她现在在哪儿？

鲁：我前几天还见着她。

朴：什么？她就在这儿？此地？

鲁：嗯，就在此地。

朴：哦！

鲁：老爷，您想见一见她么？

朴：（连忙）不，不，不用。

鲁：她的命很苦。离开了周家，周家少爷就娶了一位有钱有门第[64]的小姐。她一个单身[65]的人，无亲无故[66]，带着一个孩子在外乡，什么事都做：讨饭，缝衣服，当老妈子[67]，在学校里侍候人。

朴：她为什么不再找到周家？

鲁：大概她是不愿意吧。为着她自己的孩子，她嫁过两次。

朴：嗯，以后她又嫁过两次。

鲁：嗯，都是很下等的人。她遇人都很不如意[68]，老爷想帮一帮她么？

朴：好，你先下去吧。

鲁：老爷，没有事了？（望着朴，泪要涌出）

朴：啊，你顺便去告诉四凤，叫她把我樟木[69]箱子里那件旧雨衣拿出来，顺便把那箱子里的几件旧衬衣也捡出来。

鲁：旧衬衣？

朴：你告诉她在我那顶[70]老的箱子里，纺绸[71]的衬衣，没有领子[72]的。

鲁：老爷那种绸衬衣不是一共有五件？您要哪一件？

朴：要哪一件？

鲁：不是有一件，在右袖襟[73]上有个烧破的窟窿，后来用丝线[74]绣成一朵梅花[75]补上的？还有一件——

朴：（惊愕）梅花？

鲁：旁边还绣着一个"萍"字。

朴：（徐徐[76]立起）哦，你，你，你是——

鲁：我是从前侍候过老爷的下人。

朴：哦，侍萍，（低声）是你？

鲁：你自然想不到，侍萍的相貌有一天也会老得连你都不认识了。

周朴园不觉地望望柜上的相片,又望侍萍。半晌[77]。

朴:(忽然严厉地)你来干什么?

鲁:不是我要来的。

朴:谁指使[78]你来的?

鲁:(悲愤[79])命,不公平的命指使我来的!

朴:(冷冷地)三十年的工夫你还是找到这儿来了。

鲁:(怨愤[80])我没有找你,我没有找你,我以为你早死了。我今天没想到到这儿来,这是天要我在这儿又碰见你。

朴:你可以冷静点。现在你我都是有子女的人。如果你觉得心里委屈,这么大年纪,我们先可以不必哭哭啼啼[81]的。

鲁:哼,我的眼泪早哭干了,我没有委屈,我有的是恨,是悔,是三十年一天一天我自己受的苦。你大概已经忘了你做的事了!三十年前,过年三十的晚上我生下你的第二个儿子才三天,你为了要赶紧娶那位有钱有门第的小姐,你们逼着我冒着大雪出去,要我离开你们周家的门。

朴:从前的旧恩怨[82],过了几十年,又何必再提呢?

鲁:那是因为周大少爷一帆风顺,现在也是社会上的好人物。可是自从我被你们家赶出来以后,我没有死成,我把我的母亲可给气死了,我亲生的两个孩子你们家里逼着我留在你们家里。

朴:你的第二个孩子你不是已经抱走了么?

鲁:那是你们老太太看着孩子快死了,才叫我带走的。(自语)哦,天哪,我觉得我像在做梦。

朴:我看过去的事不必再提了吧。

鲁:我要提,我要提,我闷了三十年了!你结了婚,就搬了家,我以为这一辈子也见不着你了;谁知道我自己的孩子偏偏要跑到周家来,又做我从前在你们家里做过的事。

朴:怪不得[83]四凤这样像你。

鲁:我侍候你,我的孩子再侍候你生的少爷们。这是我的报应[84],我的报应。

朴：你静一静。把脑子放清醒点。你不要以为我的心是死了，你以为一个人做了一件于心不忍的事就会忘了么？你看这些家具都是你从前顶喜欢的东西，多少年我总是留着，为着纪念你。

鲁：（低头）哦。

朴：你的生日——四月十八——每年我总记得。一切都照着你是正式嫁过周家的人看，甚至于你因为生萍儿，受了病，总要关窗户，这些习惯我都保留着，为的是不忘你，弥补[85]我的罪过[86]。

鲁：（叹一口气）现在我们都是上了年纪的人，这些话请你也不必说了。

朴：那更好了。那么我们可以明明白白地谈一谈。

鲁：不过我觉得没有什么可谈的。

朴：话很多。我看你的性情[87]好像没有大改，——鲁贵像是个很不老实的人。

鲁：你不要怕。他永远不会知道的。

朴：那双方面都好。再有，我要问你的，你自己带走的儿子在哪儿？

鲁：他在你的矿上做工。

朴：我问，他现在在哪儿？

鲁：就在门房[88]等着见你呢。

朴：什么？鲁大海？他！我的儿子？

鲁：就是他！他现在跟你完完全全是两样的人。

朴：（冷笑）这么说，我自己的骨肉[89]在矿上鼓动[90]罢工[91]，反对我！

鲁：你不要以为他还会认你做父亲。

朴：（忽然）好！痛痛快快的！你现在要多少钱吧！

鲁：什么？

朴：留着你养老。

鲁：（苦笑[92]）哼，你还以为我是故意来敲诈[93]你，才来的么？

朴：也好，我们暂且不提这一层。那么，我先说我的意思。你听着，鲁贵我现在要辞退的，四凤也要回家。不过——

鲁：你不要怕，你以为我会用这种关系来敲诈你么？你放心，我不会的。

大后天我就带着四凤回到我原来的地方。这是一场梦，这地方我绝对不会再住下去。

朴：好得很，那么一切路费，用费，都归我担负[94]。

鲁：什么？

朴：这于我的心也安一点。

鲁：你？（笑）三十年我一个人都过了，现在我反而要你的钱？

朴：好，好，好，那么，你现在要什么？

鲁：（停一停）我，我要点东西。

朴：什么？说吧。

鲁：（泪满眼）我——我——我只要见见我的萍儿。

朴：你想见他？

鲁：嗯，他在哪儿？

朴：他现在在楼上陪着他的母亲看病。我叫他，他就可以下来见你。不过是——（顿）他很大了，——（顿）并且他以为他母亲早就死了的。

鲁：哦，你以为我会哭哭啼啼地叫他认母亲么？我不会那样傻的。我明白他的地位，他的教育，不容他承认这样的母亲。这些年我也学乖[95]了，我只想看看他，他究竟是我生的孩子。你不要怕，我就是告诉他，白白地增加他的烦恼，他也是不愿意认我的。

朴：那么，我们就这样解决了。我叫他下来，你看一看他，以后鲁家的人永远不许再到周家来。

鲁：好，我希望这一生不要再见你。

朴：（由内衣取出支票[96]，签好）很好，这是一张五千块钱的支票，你可以先拿去用。算是弥补我一点罪过。

侍萍接过支票，把它撕了。

朴：侍萍。

鲁：我这些年的苦不是你拿钱算得清的。

（节选自曹禺话剧《雷雨》）

30 雷雨

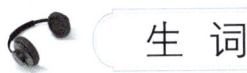 生 词

1	雷雨	léiyǔ	（名）	thunderstorm	
2	幕	mù	（量）	act	三
3	登场	dēng chǎng	（动）	to come on stage	
4	董事长	dǒngshìzhǎng	（名）	Chairman of the Board, President of the company	三
5	女佣	nǚyōng	（名）	woman servant, maid	
6	公馆	gōngguǎn	（名）	residence (of a rich or important person), mansion	
7	略微	lüèwēi	（副）	a little, slightly	附
8	沉郁	chényù	（形）	depressed, gloomy	
9	方才	fāngcái	（名）	just now	
10	躲避	duǒbì	（动）	to dodge, to hide	三
11	一向	yíxiàng	（副）	consistently, all along	二
12	本性	běnxìng	（名）	natural instinct	三
13	玩世不恭	wán shì bù gōng		to be cynical	
14	不得已	bùdéyǐ	（形）	to act against one's will	三
15	生平	shēngpíng	（名）	all one's life	附
16	低沉	dīchén	（形）	(of voice) low and deep	
17	引诱	yǐnyòu	（动）	to lure	附
18	后母	hòumǔ	（名）	stepmother	
19	冷笑	lěngxiào	（动）	to sneer, to laugh grimly	三
20	面孔	miànkǒng	（名）	face	
21	慈善家	císhànjiā	（名）	philanthropist	
22	伪君子	wěijūnzǐ	（名）	hypocrite	
23	扯	chě	（动）	to chat, to gossip	三
24	私生子	sīshēngzǐ	（名）	child born out of wedlock	
25	惊异	jīngyì	（形）	surprised, amazed	
26	无主	wú zhǔ		to be at a loss	

27	证据	zhèngjù	（名）	evidence, proof	一③
28	情妇	qíngfù	（名）	mistress	
29	灭伦	mièlún	（动）	to commit incest	
30	冲动	chōngdòng	（形）	impulsive	二
31	苦恼	kǔnǎo	（形）	vexed, distressed	三
32	理	lǐ	（动）	to pay attention to	二
33	枯	kū	（形）	withered, dried up	
34	闷	mēn	（动、形）	to shut oneself or sb. indoors; stuffy	三
35	冷冷	lěnglěng	（副）	coldly, indifferently	
36	未尝	wèicháng	（副）	not necessarily, might not be	
37	冷静	lěngjìng	（形）	sober, calm, cool	二
38	胆	dǎn	（名）	courage, guts	二
39	厌恶	yànwù	（动）	to detest, to be disgusted with	
40	谅解	liàngjiě	（动）	to understand	三
41	欺侮	qīwǔ	（动）	to bully, to treat sb. high-handedly	
42	透彻	tòuchè	（形）	thorough	附
43	哭泣	kūqì	（动）	to cry, to sob, to weep	三
44	吕宋烟	lǚsòngyān	（名）	cigar	
45	回头	huítóu	（副）	later	二
46	口音	kǒuyīn	（名）	accent	三
47	沉思	chénsī	（动）	to ponder	三
48	忽而	hū'ér	（副）	suddenly	
49	洋火	yánghuǒ	（名）	match	
50	沉吟	chényín	（动）	to mutter to oneself	
51	出名	chūmíng	（形）	famous, well-known	二
52	贤惠	xiánhuì	（形）	(of a woman) virtuous	
53	不妨	bùfáng	（副）	might as well	三
54	守	shǒu	（动）	to maintain (one's integrity, honor, ect.)	二
55	本分	běnfèn	（形）	obligation, duty	附

雷雨 30

56	汗涔涔	háncéncén	（形）	sweaty	
57	尸首	shīshou	（名）	corse	
58	闲事	xiánshì	（名）	a matter that does not concern sb.	
59	坟墓	fénmù	（名）	tomb, grave	三
60	惊愕	jīng'è	（形）	stupefied, stunned	
61	绝命书	juémìngshū	（名）	suicide note	
62	外乡	wàixiāng	（名）	another part of the country	
63	境况	jìngkuàng	（名）	condition	
64	门第	méndì	（名）	family status	
65	单身	dānshēn	（名）	single person	三
66	无亲无故	wú qīn wú gù		to have no relatives or friends	
67	老妈子	lǎomāzi	（名）	maidservant	
68	如意	rú yì	（动）	to be satisfied	三
69	樟木	zhāngmù	（名）	camphor wood	
70	顶	dǐng	（副）	the most	三
71	纺绸	fǎngchóu	（名）	soft plain-weave silk fabric	
72	领子	lǐngzi	（名）	collar	
73	袖襟	xiùjīn	（名）	sleeve	
74	丝线	sīxiàn	（名）	silk thread (for sewing), silk yarn	
75	梅花	méihuā	（名）	plum blossom	二
76	徐徐	xúxú	（副）	slowly	三
77	半晌	bànshǎng	（名）	a long time, quite a while	
78	指使	zhǐshǐ	（动）	to instigate	
79	悲愤	bēifèn	（形）	sad and indignant	
80	怨愤	yuànfèn	（动）	to be discontented and indignant	
81	哭哭啼啼	kūkutítí	（形）	endlessly weepy	
82	恩怨	ēnyuàn	（名）	feeling of gratitude and resentment	附
83	怪不得	guàibude	（副、动）	no wonder, so that's why; not to blame	三
84	报应	bàoying	（动）	to punish for sth. seriously wrong that sb. has done	

85	弥补	míbǔ	（动）	to make up, to remedy	三
86	罪过	zuìguo	（名）	fault, sin	
87	性情	xìngqíng	（名）	disposition, temper	三
88	门房	ménfáng	（名）	gatehouse	
89	骨肉	gǔròu	（名）	flesh and blood, kindred	
90	鼓动	gǔdòng	（动）	to agitate	附
91	罢工	bà gōng	（动）	to strike, to go on a strike	二
92	苦笑	kǔxiào	（动）	to force a smile	三
93	敲诈	qiāozhà	（动）	to extort, to blackmail	三
94	担负	dānfù	（动）	to bear, to shoulder, to take on	三
95	乖	guāi	（形）	well-behaved	三
96	支票	zhīpiào	（名）	cheque	三

专有名词

1	周朴园	Zhōu Pǔyuán	name of a character in *Thunderstorm*
2	周繁漪	Zhōu Fányī	name of a character in *Thunderstorm*
3	周萍	Zhōu Píng	name of a character in *Thunderstorm*
4	鲁侍萍	Lǔ Shìpíng	name of a character in *Thunderstorm*
5	鲁贵	Lǔ Guì	name of a character in *Thunderstorm*
6	江苏	Jiāngsū	name of a province in China
7	无锡	Wúxī	name of a city in China
8	光绪	Guāngxù	an emperor in the Qing Dynasty
9	四凤	Sìfèng	name of a character in *Thunderstorm*
10	鲁大海	Lǔ Dàhǎi	name of a character in *Thunderstorm*

词语搭配与扩展

一 引诱

[动~] 企图~｜继续~｜禁止~｜开始~

[~宾] ~青年（吸毒）｜~孩子

[状~] 公开~｜经常~｜多次~｜早就~（过）

[~补] ~不了（他）｜~过一次｜~了半天

（1）你难道不知道引诱青年吸毒是犯罪行为吗？
（2）他多次引诱这个孩子偷商场里的东西。

二 冷静

[主~] 头脑~｜态度~｜内心~

[动~] 需要~｜开始~（下来）｜显得（很）~｜保持~

[状~] 真~｜很~｜不~｜要~

[~补] ~极了｜~下来｜~一点儿｜~一下

[~中] ~的头脑｜~的态度｜~的神情｜~的决定

（1）你应该冷静一点儿，不要发脾气。
（2）昨天你在会上的发言太不冷静了，得罪了不少人。

三 厌恶

[动~] 开始~（他）｜感到~

[~动] ~加班｜~吵架｜~赌博｜~伺候（病人）

[~宾] ~苍蝇｜~犯人｜~这种行为｜~他的性格｜~那种生活方式

[状~] 的确~｜深深地~｜特别~｜早就~（他了）｜不~

[~补] ~得不得了｜~极了｜（对他）~起来

[~中] ~的表情｜~的目光｜~的样子

（1）我对随地吐痰的行为非常厌恶。
（2）你既然这么厌恶他，为什么还跟他来往呢？

四 谅解

[动~] 得到~ | 表示~ | 请求~ | 达成~

[~宾] ~售货员 | ~出租车司机 | ~他的坏脾气

[状~] 确实~（他了）| 已经~ | 不~ | 应该~（他）

（1）因为我向她道歉了，她才谅解了我。
（2）我认为对考试作弊的行为不能谅解。

五 守

[~宾] ~规矩 | ~纪律 | ~法 | ~信用

[状~] 真~（信誉）| 很~（信用）| 必须~（法）| 不~（规矩）

（1）你要别人信任你，你就得守信用。
（2）对不守纪律的学生要及时提出批评。

六 严厉

[主~] 父亲（很）~ | 口气~ | 态度~

[动~] 显得（很）~ | 开始~（起来）| 觉得~

[~动] ~地批评 | ~地问 | ~地责备

[状~] 真~ | 非常~ | 过分~ | 对……~ | 应该~（一些）

[~补] ~得很 | ~极了 | ~一点儿 | ~起来

[~中] ~的表情 | ~的目光 | ~的做法

（1）新来的老师对我们可严厉了。
（2）会上，大家严厉地批评了他的错误。

七 指使

[动~] 受~ | 继续~ | 企图~ | 打算~

[状~] 多次~ | 常~ | 不应该~ | 没~

[~中] ~的原因 | ~的目的 | ~的手段 | ~的人

（1）是谁指使你把公司汽车的零件卸下来的？
（2）你也不是小孩儿了，为什么会受坏人的指使？

八 弥补

[~宾] ~损失｜~不足｜~罪过｜~过错

[状~] 无法~｜及时~｜已经~｜可以~｜难以~

[~补] ~得及时｜~不了｜~一下｜~上了

[~中] ~的办法｜~的措施

（1）你的错误给我们造成了难以弥补的损失。

（2）我要努力工作，来弥补我的过错。

九 鼓动

[~动] ~（工人）罢工｜~游行｜~……参加

[~宾] ~同学｜~群众｜~（大家的）情绪

[状~] 迅速地~｜正在~

[~补] ~起来｜~不了｜~下去

[~中] ~的方法｜~的结果

（1）他受坏人的鼓动，做了错事。

（2）大李善于做宣传鼓动工作，让大李去组织吧。

语法例释

一 我请你略微坐一坐

"略微"，副词。表示时间短、程度轻微、数量不多。在动词前做状语。例如：

（1）到了田家门口，他略微停了停，显出犹豫的神色。

（2）请你略微等我一会儿，我马上就来。

（3）你得略微休息一下，老这么干可不行。

（4）你把屋子略微收拾一下，不用的东西放在左边的小屋里。

（5）即使不细说，你也得略微给我讲讲。

（6）黑板上的字太小，我把椅子略微移动了一下，才看清楚。

二 父亲一向是那样，他说一句就是一句的

"一向"，副词。表示某种行为、状态或情况从过去到说话的时候一直如此，没有变化。例如：

（1）你是一向会办事的，这一回怎么办糟了呢？

（2）一向温和的金生，这回也发起脾气来。

（3）东风商场售货员的服务态度一向很好。

（4）我们两个人的关系一向很好，从没红过脸。

（5）妹妹一向喜欢吃酸的东西。

（6）张先生一向好客，既然他请你去他家，你就去吧。

三 一个人偏把我救活了又不理我

"偏"，副词。表示主观上故意违反某种规定或与某人作对，相当于"偏偏"，但语气更重。例如：

（1）丈夫让她在家休息，可她偏要去上班。

（2）我不愿意来，你偏逼我来。

（3）本来嘛，一个人一个脾气，谁也管不了谁，可他偏管着我，不许我多说话。

（4）考大学时，父亲让他报新闻系，可她偏报哲学系。

（5）谁说我们不行，我们偏要做出个样子给他们看看。

（6）那次义务劳动，本来我去了，他偏说我没去。

四 这么解释也未尝不可

"未尝"，副词。用在否定词前面，构成双重否定，表示肯定，意思跟"不是（不、没）"相同，但语气委婉。例如：

（1）这种看法未尝没有一点儿道理。

（2）我未尝不想去新疆旅游，只是没有时间罢了。

（3）小胡固然有很多优点，但也未尝没有一点儿缺点。

（4）骑车去长城也未尝不可，就是太累了。

（5）让孩子去艰苦地区锻炼锻炼未尝不是一件好事。

"未尝"后如果是肯定形式，则否定某种行为的发生，相当于"未曾"。例如：

（6）即使是夏天最热的时候，我们也未尝停止过训练。
（7）昨天晚上，她肚子疼，一夜未尝合眼。
（8）杭州西湖非常美，可惜我未尝亲眼见过。

五 你现在骂我玩世不恭也好，不负责任也好……

助词"也好"连用，构成"……也好，……也好"格式，表示列举的几项在任何情况下都不变。例如：

（1）这几天不管是吃饭也好，走路也好，他心里老想着这件事。
（2）你亲自去也好，打电话也好，反正你得通知他。
（3）刮风也好，下雨也好，他从没迟到过。
（4）打太极拳也好，做气功也好，什么也引不起他的兴趣。
（5）你听也好，不听也好，反正这个意见我得提。
（6）那句话是你说的也好，不是你说的也好，事情已经过去了，就不要再提了。

六 不过你不妨说说看

"不妨"，副词。表示某种行为、动作可以进行，没有什么妨碍。语气比较委婉。做状语。后面多跟动词重叠或其他动词结构。例如：

（1）你不妨举几个例子来说明这个问题。
（2）你有什么话不妨直接对他说，不必有顾虑。
（3）这种药很好，你不妨试试。
（4）这个电影非常有意思，你如果有时间，不妨去看看。
（5）你如果有什么困难，不妨找领导谈谈。
（6）你要是不太忙的话，不妨多在这儿住几天。

七 她一个单身的人，无亲无故

"无……无……"这一固定格式，常嵌入两个意义相同或相近的单音节名词、动词。如：无缘无故、无声无息、无法无天、无名无姓、无时无刻、无儿无女、无影无踪、无情无义、无牵无挂、无依无靠、无穷无尽、无忧无虑，等等，都强调没有。例如：

（1）他无情无义，我早就不和他来往了。
（2）你无灾无病的，吃什么药？

（3）出国后，我无时无刻不在想念着父母。

（4）那对老两口无儿无女，无依无靠，十分可怜。

（5）退休后，他每天看看电视，找朋友聊聊天，过着无忧无虑的生活。

（6）孩子都有了工作，结了婚，老两口终于无牵无挂了。

八 怪不得四凤这样像你

"怪不得"，副词。表示明白了原因，不再觉得奇怪。前后常有表明原因的语句。常用于口语。同"难怪"的用法一样。例如：

（1）哎呀！是香，怪不得叫香山。

（2）怪不得我最近没看到她，原来她到上海去了。

（3）怪不得我找了半天也没找到他，原来他进城了。

（4）怪不得他汉语说得那么好，原来他在中国学习了七年。

（5）我忘了关窗子了，怪不得这么冷。

（6）怪不得李福今天没来上班，原来他病了。

做谓语的"怪不得"是动词"怪"+"不得"，意思是不应该责怪。例如：

（7）这件事是我的错，怪不得他。

（8）这次事故怪不得大家，要怪只能怪你事先没有把要求说清楚。

九 也好，我们暂且不提这一层

"暂且"，副词。表示某种行为动作或状况的产生是暂时的，并且带有一些让步的意味。例如：

（1）关于房子的问题，今天暂且不讨论，以后再说。

（2）这一千册书暂且放在这儿，以后我派人来取。

（3）刘老师病了，他的课暂且由我来上。

（4）根据天气预报，明天有雨，运动会暂且推迟两天。

（5）参考资料暂且不发，教科书要立刻发下去。

（6）你不要急着回去，暂且住一段时间再说。

练习

一 用下列语素各组两个双音词。

1. 本＿＿＿＿ 2. 慧＿＿＿＿ 3. 沉＿＿＿＿ 4. 冷＿＿＿＿
   本＿＿＿＿   慧＿＿＿＿   沉＿＿＿＿   冷＿＿＿＿

5. 性＿＿＿＿ 6. 愤＿＿＿＿ 7. 惊＿＿＿＿ 8. 境＿＿＿＿
   性＿＿＿＿   愤＿＿＿＿   惊＿＿＿＿   境＿＿＿＿

9. 负＿＿＿＿ 10. 面＿＿＿＿ 11. 报＿＿＿＿ 12. 支＿＿＿＿
   负＿＿＿＿   面＿＿＿＿   报＿＿＿＿   支＿＿＿＿

二 给下列动词搭配一个宾语和一个补语。

1. 引诱＿＿＿＿ 2. 厌恶＿＿＿＿ 3. 弥补＿＿＿＿ 4. 鼓动＿＿＿＿
   引诱＿＿＿＿   厌恶＿＿＿＿   弥补＿＿＿＿   鼓动＿＿＿＿

5. 躲避＿＿＿＿ 6. 欺侮＿＿＿＿ 7. 扯＿＿＿＿   8. 指使＿＿＿＿
   躲避＿＿＿＿   欺侮＿＿＿＿   扯＿＿＿＿   指使＿＿＿＿

三 给下列词语前后搭配适当的成分。

1. 冷静＿＿＿＿   2. 谅解＿＿＿＿   3. 守＿＿＿＿   4. 严厉＿＿＿＿
   ＿＿＿＿冷静   ＿＿＿＿谅解   ＿＿＿＿守   ＿＿＿＿严厉

5. 证据＿＿＿＿   6. 罢工＿＿＿＿   7. 透彻＿＿＿＿   8. 口音＿＿＿＿
   ＿＿＿＿证据   ＿＿＿＿罢工   ＿＿＿＿透彻   ＿＿＿＿口音

四 用指定词语完成句子。

1. ＿＿＿＿＿＿＿＿＿＿＿＿＿＿＿＿＿＿＿＿＿，我马上就下去。（略微）
2. ＿＿＿＿＿＿＿＿＿＿＿＿＿＿老不吃东西，病更不容易好了。（略微）
3. ＿＿＿＿＿＿＿＿＿＿＿＿＿所以每次考试都在90分以上。（一向）
4. 这个班的学生很少有迟到、旷课的，＿＿＿＿＿＿＿＿＿＿＿＿。（一向）
5. ＿＿＿＿＿＿＿＿＿＿＿＿＿＿，结果得了重感冒，上不了班了。（偏）
6. 他的胃病又犯了，＿＿＿＿＿＿＿＿＿＿＿＿＿＿＿＿＿＿。（偏）
7. 新疆是个好地方，＿＿＿＿＿＿＿＿＿＿＿＿＿＿＿＿。（未尝　只是）
8. 那个地方周围的环境很好，＿＿＿＿＿＿＿＿＿＿＿＿。（未尝　只是）

9. _____,_____
   _____这件事就这么定了。   (……也好，……也好)
10. _____,
    反正我骑车去。   (……也好，……也好)
11. 你有什么要求，_____。（不妨　只要）
12. 你需要用钱的话，_____。（不妨　不必）
13. 爸爸退休后，几乎每天_____。（无……无……）
14. _____，我早就和他断绝来往了。（无……无……）
15. _____，原来他出国了。（怪不得）
16. 原来小孙的腿摔坏了，_____。（怪不得）
17. _____，明天继续讨论。（暂且）
18. 我有两辆自行车，_____。（暂且　再）

五 选词填空。

无亲无故　不妨　怪不得　略微　一向　不顾　偏　贤惠　暂且　透彻

1. 我_____对京剧不感兴趣，咱们还是看电影吧。
2. _____他汉字写得这么好，原来他每天练习书法。
3. 你_____在我们这儿住些日子，等租到房子，你再搬走。
4. 刚到那个国家时，我_____，觉得非常孤单。
5. 听说吃冰糖煮梨能治气管炎，你_____试试。
6. 我劝他别去滑雪，他_____去，结果把腿摔折了。
7. 你中午就别写了，_____睡一会儿，下午再接着写。
8. 她是一个_____的媳妇，婆婆病了，她侍候得非常周到。
9. 赵师傅病刚好，_____家里的劝阻，就上班去了。
10. 同学们都爱听老张讲话，因为他分析问题分析得特别_____。

六 把下面的词语整理成正确的句子。

1. 太　在　你　不会　上　显得　了　昨天　发言　冷静　的

2. 干部　认真　对　好　一向　工作　是　他　负责　个　的

3. 钱 你 给 再 的 的 多 不了 罪过 也 我 弥补

4. 跳 不顾 儿童 到 危险 落水 小张 湖里 了 生命 救 一个

5. 工作 如意 十分 因为 她 苦恼 不 而

6. 跟 是 情况 才 我 朋友 在……下 的 不得已 钱 的 借

7. 怎么 不 呢 至今 你 理 还 小刘

8. 句 一时 话 才 因为 冲动 的 他 说出 是 这 感情

七 根据课文内容回答下列问题。

1. 周萍为什么要离开家到矿上去？周繁漪对此持什么态度？
2. 周繁漪为什么说"我始终不是你们周家的人"？
3. 鲁侍萍是在什么样的情况下离开周家的？离开周家后她是怎样生活的？
4. 周朴园对昔日的侍萍是一种什么感情？对今天的鲁妈又是一种什么态度？这种变化说明了什么？

八 交际训练。

1. 根据提示说一段话或写一段话（200字左右）。

   提示 （1）我的父亲……
        （2）我的母亲……
        （3）一个失去父母的孩子……
        （4）我在穿衣服方面……

   下面的词语可以帮助你表达：

   讲究　打扮　厌恶　谅解　贤惠　守　性情　严厉　温和　弥补
   一向　未尝　偏　……也好，……也好　不妨　无……无……
   培养　抚养　不得已　苦恼　不顾　责备　担负　追求

2. 讨论：

（1）你认为周朴园对鲁侍萍的纪念是虚伪的吗？为什么？

（2）根据鲁侍萍的身世、遭遇和她对周家的态度等等，谈谈你对她的看法。

（3）你怎样看待周繁漪和周萍的关系？

（4）读"阅读课文"，说说在你们国家有"征母"这种事吗？请介绍一下。

（5）谈谈你对儿女孝敬父母的看法。

3. 语言游戏。

（1）比一比，看谁先把下列词语的同义词填写出来（教师先把每组词语分别写在三张纸上，再把三张纸贴在黑板上。然后请三个学生到黑板上填写）。

A组：1. 女佣　　2. 略微　　3. 方才　　4. 一向　　5. 忽而

B组：1. 惊异　　2. 苦恼　　3. 厌恶　　4. 谅解　　5. 洋火

（2）读读下面的"走亲访友七忌（jì）歌"，然后讲给你的朋友听。

一忌不约而往，二忌衣冠（guān）不整，三忌礼品不当（dàng），

四忌乱动乱摸，五忌长谈不休，六忌喧（xuān）宾夺主，七忌大吃大喝。

4. 看一看，说一说，写一写。

——选自蔡志忠漫画《老子说》

词语总表

A

暗暗	àn'àn	（副）		21
案件	ànjiàn	（名）	三	16

B

把关	bǎ guān	（动）	三	18
罢工	bà gōng	（动）	二	30
霸道	bàdào	（形）		28
霸王	bàwáng	（名）		28
百感交集	bǎigǎn jiāojí			22
白骨精	báigǔjīng	（名）		18
白领	báilǐng	（名）	二	18
摆脱	bǎituō	（动）	二	27
斑	bān	（名）		21
版本	bǎnběn	（名）		19
半晌	bànshǎng	（名）		30
伴侣	bànlǚ	（名）	三	22
帮	bāng	（量）		23
帮	bāng	（缀）		29
棒	bàng	（形）	二	19
傍大款	bàng dàkuǎn			27
宝塔	bǎotǎ	（名）		24
保密	bǎo mì	（动）	二	23
保险箱	bǎoxiǎnxiāng	（名）		26
报	bào	（动）	二	19
报复	bàofù	（动）	三	17
抱怨	bàoyuan	（动）	二	21
报效	bàoxiào	（动）		26
报应	bàoying	（动）		30
暴雨	bàoyǔ	（名）	二	24
辈	bèi	（名）	二	20
悲哀	bēi'āi	（形）	三	20
悲愤	bēifèn	（形）		30
背地里	bèidìli	（名）		21
背景	bèijǐng	（名）	二	16
被告	bèigào	（名）	二	16
本分	běnfèn	（形）	附	30
本身	běnshēn	（代）	二	16
本性	běnxìng	（名）	三	30
奔	bèn	（动）	三	19
笨拙	bènzhuó	（形）		28
绷带	bēngdài	（名）	附	21
臂	bì	（名）		26
边疆	biānjiāng	（名）	三	25
边远	biānyuǎn	（形）	附	26
鞭策	biāncè	（动）	附	28
变革	biàngé	（动）	三	27
辨别	biànbié	（动）	三	20
辩论	biànlùn	（动、名）	二	16
辫子	biànzi	（名）	附	22
别扭	bièniu	（形）	三	21
并	bìng	（连、副）	一③	16
并非	bìngfēi	（副）	三	27
病历	bìnglì	（名）		25
驳回	bóhuí	（动）	三	16
博大	bódà	（形）		28
博士	bóshì	（名）	二	18
博物馆	bówùguǎn	（名）	二	17
搏斗	bódòu	（动）	三	28
不计其数	bú jì qí shù			24
补丁	bǔding	（名）		20

补觉	bǔ jiào	（动）		18
补救	bǔjiù	（动）	三	28
捕杀	bǔshā	（动）		17
不曾	bùcéng	（副）	二	20
不屑	búxiè	（动）	三	29
不得已	bùdéyǐ	（形）	三	30
不妨	bùfáng	（副）	三	30
不慌不忙	bù huāng bù máng			28
不解	bùjiě	（动）	三	21
不禁	bùjīn	（副）	二	19
不满	bùmǎn	（形）	一③	20
不容	bùróng	（动）	三	18
不时	bùshí	（副）	二	25
不止	bùzhǐ	（动）	二	16

C

才能	cáinéng	（名）	一③	19
采访	cǎifǎng	（动）	二	25
操持	cāochí	（动）		20
差别	chābié	（名）	二	17
差异	chāyì	（名）	二	17
插图	chātú	（名）	三	22
查阅	cháyuè	（动）		24
掺	chān	（动）	附	29
馋	chán	（形、动）	附	22
缠	chán	（动）	三	20
缠夹不清	chán jiā bù qīng			29
长久	chángjiǔ	（形）	二	17
长衫	chángshān	（名）		29
尝试	chángshì	（动）	二	25
常人	chángrén	（名）	三	22
超人	chāorén	（名）		22
朝拜	cháobài	（动）		24
朝廷	cháotíng	（名）		28
嘲笑	cháoxiào	（动）	三	20

潮	cháo	（名、形）	二	19
扯	chě	（动）	三	30
撤	chè	（动）	三	19
尘土	chéntǔ	（名）		19
沉	chén	（形、动）	二	24
沉不住气	chénbúzhùqì			18
沉浸	chénjìn	（动）	三	22
沉思	chénsī	（动）	三	30
沉吟	chényín	（动）		30
沉郁	chényù	（形）		30
沉重	chénzhòng	（形）	二	22
成人	chéngrén	（名）	二	27
成员	chéngyuán	（名）	一③	27
诚实	chéngshí	（形）	二	16
承担	chéngdān	（动）	二	27
承诺	chéngnuò	（动）	二	16
乘人之危	chéng rén zhī wēi		附	16
惩罚	chéngfá	（动）	三	28
吃苦头	chī kǔtou			20
吃不消	chībuxiāo	（动）		23
痴心	chīxīn	（名、形）	三	22
迟早	chízǎo	（副）	三	22
充实	chōngshí	（动、形）	三	27
充血	chōngxuè	（动）		25
冲动	chōngdòng	（形）	二	30
冲击	chōngjī	（动）	二	25
崇敬	chóngjìng	（动）		19
丑恶	chǒu'è	（形）	三	20
抽油烟机	chōuyóuyānjī	（名）		20
酬金	chóujīn	（名）		16
出场	chū chǎng	（动）	二	26
出处	chūchù	（名）		28
出名	chūmíng	（形）	二	30
出色	chūsè	（形）	二	27

初衷	chūzhōng	(名)	三	20
除非	chúfēi	(连)	二	19
处世	chǔshì	(动)		28
储存	chǔcún	(动)	二	23
处处	chùchù	(副)	二	27
传宗接代	chuán zōng jiē dài			20
串门儿	chuàn ménr	(动)	三	18
垂	chuí	(动)	三	21
锤	chuí	(名、动)		24
绰号	chuòhào	(名)	附	29
辞职	cí zhí	(动)	二	25
慈善家	císhànjiā	(名)		30
辞退	cítuì	(动)	附	29
瓷砖	cízhuān	(名)		20
伺候	cìhou	(动)	附	25
从而	cóng'ér	(连)	二	28
凑合	còuhe	(动)	三	20
凑巧	còuqiǎo	(形)	三	25
粗心大意	cū xīn dà yì		三	19
存放	cúnfàng	(动)	三	19

D

搭配	dāpèi	(动)	二	20
答复	dáfu	(动)	二	23
打发	dǎfa	(动)	二	20
打哈哈	dǎ hāha			23
打击	dǎjī	(动)	二	22
打印	dǎyìn	(动)	一②	18
打招呼	dǎ zhāohu		三	24
打坐	dǎ zuò	(动)		24
大臣	dàchén	(名)	附	24
大抵	dàdǐ	(副)		29
代价	dàijià	(名)	二	22
担	dān	(动)	三	22
担负	dānfù	(动)	三	30

单纯	dānchún	(形)	二	20
单身	dānshēn	(名)	三	30
胆	dǎn	(名)	三	30
诞生	dànshēng	(动)	二	17
当街	dāng jiē	(动)		29
当面	dāngmiàn	(副)	三	23
当众	dāngzhòng	(副)	附	19
当真	dàngzhēn	(副、动)	附	29
荡然无存	dàngrán wú cún			20
导游	dǎoyóu	(名)	二	18
盗版	dàobǎn	(动、名)	二	22
道德	dàodé	(名)	二	16
得失	déshī	(名)	附	28
得罪	dézuì	(动)	三	23
登场	dēng chǎng	(动)		30
等候	děnghòu	(动)	二	16
等级	děngjí	(名)	二	29
低沉	dīchén	(形)		30
低碳	dītàn	(形)	三	18
堤	dī	(名)	三	22
嘀咕	dígu	(动)		23
抵御	dǐyù	(动)	三	22
地步	dìbù	(名)	三	23
地毯	dìtǎn	(名)	三	20
地狱	dìyù	(名)	三	20
弟子	dìzǐ	(名)		28
典型	diǎnxíng	(名、形)	二	28
电池	diànchí	(名)	二	18
电流	diànliú	(名)		22
电玩城	diànwánchéng	(名)		23
垫	diàn	(动)	三	29
惦记	diànjì	(动)	三	21
碟	dié	(名、量)		29
顶	dǐng	(副)	三	30

钉	dìng	(动)	三	17
定然	dìngrán	(副)		29
丢丑	diū chǒu	(动)		21
丢三落四	diū sān là sì			19
丢失	diūshī	(动)	三	16
动荡	dòngdàng	(形、动)	三	20
董事长	dǒngshìzhǎng	(名)	三	30
兜儿	dōur	(名)		19
抖擞	dǒusǒu	(动)		19
杜冷丁	dùlěngdīng	(名)		25
度	dù	(名)	一②	28
端正	duānzhèng	(形)	三	28
对立	duìlì	(动)	二	27
多乎哉？不多也。	Duō hū zāi? Bù duō yě.			29
多余	duōyú	(形)	三	28
哆嗦	duōsuo	(动)	附	25
踱	duó	(动)		29
躲避	duǒbì	(动)	三	30
堕落	duòluò	(动)	三	22

E

额	é	(名)		21
恶心	ěxin	(动、形)	二	25
恶	è	(形)	三	20
恩爱	ēn'ài	(形)		27
恩惠	ēnhuì	(名)	附	28
恩怨	ēnyuàn	(名)	附	30
而后	érhòu	(副)		27
耳熟	ěrshú	(形)		29
而已	éryǐ	(助)	三	23

F

发火	fā huǒ	(动)	三	20
发奋	fāfèn			22
发作	fāzuò	(动)	三	25
罚款	fá kuǎn	(动)	二	18
法	fǎ	(名)	二	16
法庭	fǎtíng	(名)	二	16
法院	fǎyuàn	(名)	一③	16
反驳	fǎnbó	(动)	三	21
反复无常	fǎnfù wú cháng			24
反叛	fǎnpàn	(动)		20
返回	fǎnhuí	(动)	二	17
方才	fāngcái	(名)		30
房客	fángkè	(名)		18
纺绸	fǎngchóu	(名)		30
放牧	fàngmù	(动)		22
放任	fàngrèn	(动)		20
放置	fàngzhì	(动)	三	28
飞快	fēikuài	(形)		22
飞舞	fēiwǔ	(动)		22
非(要)	fēi(yào)	(副)		21
分辨	fēnbiàn	(动)	三	29
分寸	fēncun	(名)	附	28
分享	fēnxiǎng	(动)	二	17
氛围	fēnwéi	(名)	三	20
坟墓	fénmù	(名)	三	30
粉	fěn	(名)	三	25
粉板	fěnbǎn	(名)		29
粉末	fěnmò	(名)		25
丰碑	fēngbēi	(名)		24
风度	fēngdù	(名)	二	21
扶贫	fúpín	(动)		26
服辩	fúbiàn	(名)		29
抚摸	fǔmō	(动)	三	20
辅助	fǔzhù	(动)	二	28
辅佐	fǔzuǒ	(动)		28
父兄子弟	fù xiōng zǐ dì			28
妇道人家	fùdao rénjiā			20

词语	拼音	词性	单元	页码
附和	fùhè	（动）	附	29
赴	fù	（动）	三	24
复原	fù yuán	（动）	附	29
副手	fùshǒu	（名）		28
赋予	fùyǔ	（动）		27
富可敌国	fù kě dí guó			28

G

词语	拼音	词性	单元	页码
概论	gàilùn	（名）	附	19
干扰	gānrǎo	（动）	二	23
感慨	gǎnkǎi	（动）	三	28
高额	gāo'é	（形）	三	26
高尔夫	gāo'ěrfū	（名）	三	18
高薪	gāoxīn	（名）		26
高深	gāoshēn	（形）		28
歌手	gēshǒu	（名）	一③	26
格局	géjú	（名）	三	29
隔绝	géjué	（动）		24
各奔前程	gè bèn qiánchéng		附	22
公安	gōng'ān	（名）	二	16
公馆	gōngguǎn	（名）		30
公平	gōngpíng	（形）	一②	19
公文包	gōngwénbāo	（名）		16
功劳	gōngláo	（名）	三	28
宫殿	gōngdiàn	（名）	三	24
恭敬	gōngjìng	（形）		19
沟	gōu	（名）	二	21
购	gòu	（动）	三	25
购物	gòu wù	（动）	二	18
呱呱坠地	gūgū zhuì dì			27
孤独	gūdú	（形）	二	24
孤儿寡母	gū ér guǎ mǔ			20
骨	gǔ	（名）		24
骨肉	gǔròu	（名）		30
鼓	gǔ	（动）	二	22
鼓动	gǔdòng	（动）	附	30
固然	gùrán	（连）	三	16
故障	gùzhàng	（名）	二	18
乖	guāi	（形）	三	30
怪不得	guàibude	（副、动）	三	30
官僚	guānliáo	（名）	三	22
官员	guānyuán	（名）	二	28
光彩	guāngcǎi	（名、形）	三	21
光滑	guānghuá	（形）	三	21
光亮	guāngliàng	（名、形）		21
归根结底	guī gēn jié dǐ			28
规劝	guīquàn	（动）		28
规章	guīzhāng	（名）		28
柜台	guìtái	（名）	三	29
贵妇人	guìfùrén	（名）		28
贵重	guìzhòng	（形）	三	23
国君	guójūn	（名）		
国营	guóyíng	（形）		25
过目不忘	guò mù bú wàng			22
过头	guòtóu	（形）	三	28
过犹不及	guò yóu bù jí			28
过分	guòfèn	（形）	二	17

H

词语	拼音	词性	单元	页码
哈欠	hāqian	（名）		25
哈达	hǎdá	（名）		24
咳	hāi	（叹）		19
海拔	hǎibá	（名）	三	24
海洛因	hǎiluòyīn	（名）		25
害羞	hàixiū	（形）	三	18
憨	hān	（形）		18
罕见	hǎnjiàn	（形）	三	22
汗涔涔	hàncéncén	（形）		30
嗬	hē	（叹）		23
合乎	héhū	（动）	三	28

何尝	hécháng	（副）		27
何况	hékuàng	（连）	三	21
和睦	hémù	（形）	附	23
和谐	héxié	（形）	二	28
河滩	hétān	（名）		22
黑洞	hēidòng	（名）		28
痕	hén	（名）		21
狠	hěn	（形）	二	21
恨不得	hènbude	（动）	三	26
横	héng	（动、形）	二	21
红绿灯	hónglǜdēng	（名）		18
洪流	hóngliú	（名）		20
哄笑	hōngxiào	（动）		29
喉咙	hóulóng	（名）	三	24
后盾	hòudùn	（名）	附	27
后母	hòumǔ	（名）		30
忽而	hū'ér	（副）		30
忽视	hūshì	（动）	二	17
花白	huābái	（形）		21
话题	huàtí	（名）	一③	23
怀	huái	（名）		26
欢乐	huānlè	（形）	一③	21
环保	huánbǎo	（名、形）	一③	18
缓和	huǎnhé	（动、形）	三	24
幻想	huànxiǎng	（名、动）	二	22
黄酒	huángjiǔ	（名）		29
黄色	huángsè	（名）	一③	20
恍然大悟	huǎngrán dà wù		附	28
晃	huàng	（动）	三	20
回头	huítóu	（副）	二	30
茴香豆	huíxiāngdòu	（名）		29
毁	huǐ	（动）	二	25
汇报	huìbào	（动）	二	23
绘画	huìhuà	（动）	二	19
贿赂	huìlù	（动）	三	25
昏沉沉	hūnchénchén	（形）		25
昏庸老朽	hūnyōng lǎoxiǔ			28
荤菜	hūncài	（名）		29
浑身	húnshēn	（名）	三	23
混合	hùnhé	（动）	二	24
活力	huólì	（名）	二	20
活生生	huóshēngshēng	（形）		27
伙伴	huǒbàn	（名）	二	24
货物	huòwù	（名）	三	25

J

饥渴	jīkě	（形）		20
机构	jīgòu	（名）	二	17
基因	jīyīn	（名）	三	17
极端	jíduān	（名、形、副）	二	28
给予	jǐyǔ	（动）	二	28
计算机	jìsuànjī	（名）	一②	19
记载	jìzǎi	（动）	三	24
加班	jiā bān	（动）	二	26
加湿器	jiāshīqì	（名）		20
加速	jiāsù	（动）	二	24
佳	jiā	（形）		27
家务	jiāwù	（名）	二	20
夹袄	jiá'ǎo	（名）		29
假如	jiǎrú	（连）	一③	19
驾照	jiàzhào	（名）	二	18
坚守	jiānshǒu	（动）	三	18
艰难	jiānnán	（形）	二	16
监督	jiāndū	（动、名）	二	22
兼	jiān	（动）	二	16
检举	jiǎnjǔ	（动）		19
间或	jiànhuò	（副）		29
箭头	jiàntóu	（名）		29
健忘	jiànwàng	（形）		19

健忘症	jiànwàngzhèng	（名）		19	舅舅	jiùjiu	（名）	三	20
将近	jiāngjìn	（副）	一③	29	拘留	jūliú	（动）	三	25
交加	jiāojiā	（动）		23	拘束	jūshù	（形、动）	三	23
交谈	jiāotán	（动）	三	17	局	jú	（名）	二	23
狡猾	jiǎohuá	（形）	三	19	举报	jǔbào	（动）	三	18
脚印	jiǎoyìn	（名）	二	22	举人	jǔrén	（名）		29
教案	jiào'àn	（名）		19	距	jù	（动）	三	24
皆	jiē	（副）	三	26	聚会	jùhuì	（动、名）	二	23
结识	jiéshí	（动）	三	18	聚集	jùjí	（动）	三	29
截	jié	（动）	三	22	角色	juésè	（名）	二	27
解围	jiě wéi	（动）	三	21	绝后	jué hòu	（动）		20
界线	jièxiàn	（名）	附	17	绝命书	jémìngshū	（名）		30
金灿灿	jīncàncàn	（形）		24	君子固穷	jūnzǐ gù qióng			29
金钱	jīnqián	（名）	二	27	**K**				
金鱼	jīnyú	（名）		28	卡	kǎ	（名）	一②	21
金珠玛米	jīnzhūmǎmǐ	（名）		24	开门见山	kāi mén jiàn shān			19
筋	jīn	（名）	三	29	开庭	kāi tíng	（动）		16
尽快	jǐnkuài	（副）	二	23	开支	kāizhī	（名）	二	18
禁不住	jīnbuzhù	（动）		28	刊登	kāndēng	（动）	三	16
进学	jìnxué	（动）		29	坎坷	kǎnkě	（形）		21
惊愕	jīng'è	（形）		30	侃侃而谈	kǎnkǎn ér tán			28
惊人	jīngrén	（形）	二	19	看不惯	kànbuguàn			20
惊醒	jīngxǐng	（动）	三	25	看作	kànzuò	（动）	二	17
惊讶	jīngyà	（形）	三	20	抗拒	kàngjù	（动）	三	24
惊异	jīngyì	（形）		30	抗议	kàngyì	（动）	二	19
兢兢业业	jīngjīngyèyè	（形）	附	27	考验	kǎoyàn	（动）	一③	24
精华	jīnghuá	（名）	三	24	磕	kē	（动）	三	24
精美	jīngměi	（形）	二	22	渴望	kěwàng	（动）	二	21
精深	jīngshēn	（形）		28	克制	kèzhì	（动）	三	28
警戒	jǐngjiè	（动）		28	客户	kèhù	（名）	二	18
境况	jìngkuàng	（名）		30	恳切	kěnqiè	（形）		29
镜头	jìngtóu	（名）	二	20	恳谈	kěntán	（动）		20
迥然有别	jiǒngrán yǒu bié			22	恐怖	kǒngbù	（形）	三	17
旧式	jiùshì	（形）		20	恐龙	kǒnglóng	（名）	三	17

271

口述	kǒushù	（动）		19
口水	kǒushuǐ	（名）	三	25
口音	kǒuyīn	（名）	三	30
枯	kū	（形）		30
哭哭啼啼	kūkutítí	（形）		30
哭泣	kūqì	（动）	三	30
苦恼	kǔnǎo	（形）	三	30
苦笑	kǔxiào	（动）	三	30
夸	kuā	（动）	三	21
夸张	kuāzhāng	（形）	三	24
狂风	kuángfēng	（名）		24
扩充	kuòchōng	（动）		24
阔绰	kuòchuò	（形）	附	29

L

喇嘛	lǎma	（名）		24
来往	láiwǎng	（动）	二	23
来源	láiyuán	（名）	二	26
癞蛤蟆	làiháma	（名）		22
朗朗	lǎnglǎng	（象声）		24
老公	lǎogōng	（名）	二	27
老妈子	lǎomāzi	（名）		30
老婆	lǎopo	（名）	二	23
老人家	lǎorenjia		三	24
老外	lǎowài	（名）		18
老鹰	lǎoyīng	（名）		22
勒索	lèsuǒ	（动）		26
雷(翻了)	léi(fānle)	（动）		18
雷雨	léiyǔ	（名）		30
冷淡	lěngdàn	（形）	附	28
冷静	lěngjìng	（形）	二	30
冷冷	lěnglěng	（副）		30
冷笑	lěngxiào	（动）	三	30
礼仪	lǐyí	（名）	三	24
理	lǐ	（动）	二	30

理会	lǐhuì	（动）	三	29
理念	lǐniàn	（名）	三	18
理智	lǐzhì	（名、形）	二	25
历代	lìdài	（名）		24
立足	lìzú	（动）	三	27
连连	liánlián	（副）		28
连问带讯	lián wèn dài xùn			21
怜爱	lián'ài	（动）		20
脸孔	liǎnkǒng	（名）		29
脸色	liǎnsè	（名）	二	29
良心	liángxīn	（名）	三	21
两面	liǎngmiàn	（名）		18
谅解	liàngjiě	（动）	三	30
烈日	lièrì	（名）		24
邻村	líncūn	（名）		22
零食	língshí	（名）	二	26
零碳	língtàn	（形）		18
领子	lǐngzi	（名）		30
溜	liū	（动）	三	23
留意	liú yì		三	20
笼	lǒng	（动）		29
露	lù	（动）	二	28
乱蓬蓬	luànpēngpēng	（形）		29
论	lùn	（动、尾）		26
论据	lùnjù	（名）		26
撂	luò	（动）		20
吕宋烟	lǚsòngyān	（名）		30
履行	lǚxíng	（动）	三	16
律师	lǜshī	（名）	二	16
略略	lüèlüè	（副）		29
略微	lüèwēi	（副）	附	30

M

吗啡	mǎfēi	（名）		25
埋没	máimò	（动）	附	21

埋怨	mányuàn	（动）	三	20		妙龄	miàolíng	（名）		21
瞒	mán	（动）	三	19		灭绝	mièjué	（动）	附	17
满口	mǎnkǒu	（名）		29		灭伦	mièlún	（动）		30
盲目	mángmù	（形）	三	20		民事	mínshì	（名）		16
毛茸茸	máoróngróg	（形）		22		敏锐	mǐnruì	（形）	三	27
牦牛	máoniú	（名）		24		名堂	míngtang	（名）		20
没收	mòshōu	（动）	二	18		名义	míngyì	（名）	二	16
梅花	méihuā	（名）	二	30		名誉	míngyù	（名）	二	26
美德	měidé	（名）	三	16		模棱两可	móléng liǎng kě			19
美满	měimǎn	（形）	三	27		磨	mò	（名、动）	二	22
美妙	měimiào	（形）	三	25		墨	mò	（名）	三	24
美滋滋	měizīzī	（形）	附	20		幕	mù	（量）	三	30
魅力	mèilì	（名）	三	21		**N**				
闷	mēn	（动、形）	三	30		拿不准	nábuzhǔn			28
门第	méndì	（名）		30		纳闷儿	nà mènr	（动）	三	18
门房	ménfáng	（名）		30		耐烦	nàifán	（形）		29
门槛	ménkǎn	（名）	三	29		男性	nánxìng	（名）	二	24
门诊	ménzhěn	（动）	二	21		男子	nánzǐ	（名）	一③	26
闷	mèn	（形）	三	23		难得	nándé	（形）	二	23
朦胧	ménglóng	（形）	附	22		难堪	nánkān	（形）	三	21
猛烈	měngliè	（形）	三	25		难言	nányán	（动）		21
梦幻	mènghuàn	（名）	三	20		难以置信	nányǐ zhì xìn		附	18
眯	mī	（动）		25		恼	nǎo	（动）		23
弥补	míbǔ	（动）	三	30		恼火	nǎohuǒ	（形）		21
绵羊	miányáng	（名）		19		闹钟	nàozhōng	（名）	二	23
棉袄	mián'ǎo	（名）		29		内行	nèiháng	（名）	附	24
免不了	miǎnbuliǎo	（动）	三	29		内心	nèixīn	（名）	一③	27
免得	miǎnde	（连）	二	26		内脏	nèizàng	（名）		25
免费	miǎn fèi	（动）	二	18		匿名	nìmíng	（动）	附	16
面对	miànduì	（动）	一③	17		年关	niánguān	（名）		29
面孔	miànkǒng	（名）		30		念叨	niàndao	（动）		24
面临	miànlín	（动）	二	17		念经	niàn jīng	（动）		24
面子	miànzi	（名）	二	18		牛痘	niúdòu	（名）		24
描红纸	miáohóngzhǐ	（名）		29		牛油	niúyóu	（名）		24

农奴	nóngnú	(名)		24
努嘴	nǔ zuǐ	(动)		29
虐待	nüèdài	(动)	三	17
女皇	nǚhuáng	(名)		28
女性	nǚxìng	(名)	二	22
女佣	nǚyōng	(名)		30

O

噢	ō	(叹)		19
哦	ò	(叹)	三	29

P

派出所	pàichūsuǒ	(名)		16
盘	pán	(动)	三	29
判	pàn	(动)	二	25
判决	pànjué	(动)	三	16
陪同	péitóng	(动)	二	28
培养	péiyǎng	(动)	二	18
配	pèi	(动)	一③	29
砰	pēng	(象声)		26
碰钉子	pèng dīngzi		附	23
偏僻	piānpì	(形)	三	22
偏重	piānzhòng	(动)		27
翩翩	piānpiān	(形)		21
飘然	piāorán	(形)		22
品行	pǐnxíng	(名)	附	29
聘请	pìnqǐng	(动)	二	26
平衡	pínghéng	(形)	二	28
平整	píngzhěng	(形)		21
评价	píngjià	(名、动)	一③	19
凭空	píngkōng	(副)		29
迫不及待	pò bù jí dài		附	25
迫害	pòhài	(动)	三	20
破旧	pòjiù	(形)	三	28
破烂	pòlàn	(形)		20
破裂	pòliè	(动)	三	28
仆人	púrén	(名)		28
蒲包	púbāo	(名)		29
朴素	pǔsù	(形)	三	28

Q

期待	qīdài	(动)	二	24
欺负	qīfu	(动)	二	20
欺侮	qīwǔ	(动)		30
奇迹	qíjì	(名)	二	21
祈祷	qídǎo	(动)	三	24
启事	qǐshì	(名)	二	16
起初	qǐchū	(名)	三	28
起跑线	qǐpǎoxiàn	(名)	附	27
起诉	qǐsù	(动)	二	16
气氛	qìfēn	(名)	二	19
气呼呼	qìhūhū	(形)		21
器物	qìwù	(名)		28
恰到好处	qià dào hǎo chù		附	28
恰好	qiàhǎo	(副)	二	25
牵挂	qiānguà	(动)	三	23
谦逊	qiānxùn	(形)	三	28
签名	qiān míng	(动)	二	17
签字	qiān zì	(动)	二	23
前朝	qiáncháo	(名)		28
前景	qiánjǐng	(名)	二	24
前提	qiántí	(名)		27
虔诚	qiánchéng	(形)	附	24
枪毙	qiāngbì	(动)	三	19
敲诈	qiāozhà	(动)	三	30
窃	qiè	(动)		29
青稞酒	qīngkējiǔ	(名)		24
轻微	qīngwēi	(形)	三	24
轻悠悠	qīngyōuyōu	(形)		24
倾斜	qīngxié	(动)	三	28
倾注	qīngzhù	(动)		20

清白	qīngbái	(形)		29
清除	qīngchú	(动)	三	24
情妇	qíngfù	(名)		30
情面	qíngmiàn	(名)		29
请示	qǐngshì	(动)		23
曲尺	qūchǐ	(名)		29
取决于	qǔjué yú		三	27
取笑	qǔxiào	(动)	三	29
圈子	quānzi	(名)	三	26
权利	quánlì	(名)	二	17
权势	quánshì	(名)		27
权威	quánwēi	(名)	三	18
劝诫	quànjiè	(动)		28
劝说	quànshuō	(动)	三	20

R

热量	rèliàng	(名)	二	26
人格	réngé	(名)	三	25
人权	rénquán	(名)	二	17
人生	rénshēng	(名)	一③	27
忍受	rěnshòu	(动)	二	24
任意	rènyì	(副)	三	28
仍旧	réngjiù	(副)	二	17
融洽	róngqià	(形)	三	23
肉体	ròutǐ	(名)		22
如是	rú shì			29
如同	rútóng	(动)	二	24
如意	rú yì	(动)	三	30
软弱	ruǎnruò	(形)	三	28

S

散工	sàn gōng	(动)		29
丧失	sàngshī	(动)	二	25
色彩	sècǎi	(名)	二	27
删	shān	(动)	三	23
闪烁	shǎnshuò	(动)	三	24
扇	shàn	(量)	二	24
善	shàn	(形)	三	20
善良	shànliáng	(形)	二	20
伤疤	shāngbā	(名)		29
伤害	shānghài	(动)	二	20
上诉	shàngsù	(动)	三	16
上天	shàngtiān	(名)		28
上下	shàngxià	(名)	二	28
少女	shàonǚ	(名)	三	21
奢侈	shēchǐ	(形)	三	22
折	shé	(动)		29
舍不得	shěbude	(动)	二	20
涉及	shèjí	(动)	二	19
身材	shēncái	(名)	二	29
深层	shēncéng	(形、名)		22
深信	shēnxìn	(动)	三	17
神气	shénqì	(名、形)	三	29
审理	shěnlǐ	(动)		16
肾炎	shènyán	(名)		25
生产力	shēngchǎnlì	(名)		27
生平	shēngpíng	(名)	附	30
生涯	shēngyá	(名)	三	22
声气	shēngqì	(名)		29
省心	shěng xīn	(动)		23
尸首	shīshou	(名)		30
失职	shī zhí	(动)		29
失主	shīzhǔ	(名)		16
失踪	shī zōng	(动)	三	29
师兄弟	shīxiōngdì	(名)		28
诗歌	shīgē	(名)	二	28
石匠	shíjiàng	(名)		22
时常	shícháng	(副)	二	29
时时	shíshí	(副)	二	27
时宜	shíyí	(名)		22

时针	shízhēn	（名）		24
实干	shígàn	（形）		27
实力	shílì	（名）	一③	27
拾金不昧	shí jīn bú mèi			16
世界屋脊	shìjiè wūjǐ			24
市长	shìzhǎng	（名）	一②	23
侍候	shìhòu	（动）	三	29
拭	shì	（动）		29
适可而止	shì kě ér zhǐ			28
适量	shìliàng	（形）	三	28
适中	shìzhōng	（形）		28
手势	shǒushì	（名）	三	17
守	shǒu	（动）	二	30
守护	shǒuhù	（动）	三	28
受理	shòulǐ	（动）	三	16
受伤	shòu shāng	（动）	一②	26
书信	shūxìn	（名）		28
疏远	shūyuǎn	（形）		28
输出	shūchū	（动）	二	19
束缚	shùfù	（动）	三	27
耍	shuǎ	（动）	三	18
双重	shuāngchóng	（形）	三	27
水滴石穿	shuǐ dī shí chuān			18
水龙头	shuǐlóngtóu	（名）	三	18
说不定	shuōbudìng	（副、动）	二	19
说教	shuōjiào	（动）		20
丝线	sīxiàn	（名）		30
私生子	sīshēngzǐ	（名）		30
思潮	sīcháo	（名）		27
思考	sīkǎo	（动）	二	17
四周	sìzhōu	（名）	二	21
松弛	sōngchí	（形）	附	21
诵读	sòngdú	（动）		28
酥油	sūyóu	（名）		24
诉讼	sùsòng	（动）	三	16
素食	sùshí	（名）	三	18
塑造	sùzào	（动）	三	27
虽说	suīshuō	（连）	三	25
随和	suíhe	（形）		18
随后	suíhòu	（副）	二	21
岁月	suìyuè	（名）	二	20
损害	sǔnhài	（动）	二	25
损人利己	sǔn rén lì jǐ		附	28
笋	sǔn	（名）		29
索性	suǒxìng	（副）	三	23
索要	suǒyào	（动）		16

T

坛子	tánzi	（名）		29
谈不上	tánbushàng		三	22
坦率	tǎnshuài	（形）	三	21
叹	tàn	（动）		23
叹气	tàn qì	（动）	二	20
糖果	tángguǒ	（名）	三	22
倘若	tǎngruò	（连）	三	27
讨饭	tǎo fàn	（动）		24
特	tè	（副）	二	23
特有	tèyǒu	（形）	二	24
提货单	tíhuòdān	（名）		16
提亲	tí qīn	（动）		22
提升	tíshēng	（动）	二	25
提议	tíyì	（动、名）	三	23
体现	tǐxiàn	（动）	一③	26
体验	tǐyàn	（动）	一③	24
体重	tǐzhòng	（名）	二	25
剃	tì	（动）	三	26
天花	tiānhuā	（名）		24
天性	tiānxìng	（名）	三	28
天长地久	tiān cháng dì jiǔ		附	24

词语	拼音	词性	册	课
挑战	tiǎo zhàn	（动）	二	16
调节	tiáojié	（动）	二	28
厅	tīng	（名）	二	25
通红	tōnghóng	（形）	二	25
同伴	tóngbàn	（名）	三	25
同行	tóngháng	（名）	二	26
同类	tónglèi	（形、名）	三	17
铜钱	tóngqián	（名）		29
童年	tóngnián	（名）	二	22
痛恨	tònghèn	（动）		22
偷窃	tōuqiè	（动）		29
头脑	tóunǎo	（名）	一③	25
头头是道	tóu tóu shì dào		附	21
投机	tóujī	（动、形）	三	22
投入	tóurù	（形、动、名）	二	22
透彻	tòuchè	（形）	附	30
图章	túzhāng	（名）		16
吐	tǔ	（动）	二	22
推行	tuīxíng	（动）	二	24
颓唐	tuítáng	（形）		29
托儿所	tuō'érsuǒ	（名）	一③	21
拖欠	tuōqiàn	（动）	三	29
妥	tuǒ	（形）	附	23
椭圆	tuǒyuán	（形）		24

W

歪曲	wāiqū	（动）	三	26
外表	wàibiǎo	（名）	三	25
外科	wàikē	（名）	二	26
外孙女	wàisūnnü	（名）		20
外乡	wàixiāng	（名）		30
外资	wàizī	（名）	二	18
完善	wánshàn	（动、形）	一③	27
玩世不恭	wán shì bù gōng			30
玩意儿	wányìr	（名）	附	26

顽童	wántóng	（名）		22
惋惜	wǎnxī	（形）	附	22
万能	wànnéng	（形）	附	21
网站	wǎngzhàn	（名）	一③	18
威风	wēifēng	（名、形）	附	28
唯一	wéiyī	（形）	二	17
维持	wéichí	（动）	二	17
维护	wéihù	（动）	二	16
维修	wéixiū	（动）	二	24
违背	wéibèi	（动）	三	16
伪君子	wěijūnzǐ	（名）		30
委托	wěituō	（动）	二	16
未必	wèibì	（副）	二	27
未尝	wèicháng	（副）		30
温	wēn	（动、形）		29
温和	wēnhé	（形）	二	20
温顺	wēnshùn	（形）		19
文	wén	（量）		29
闻名	wénmíng	（动）	三	25
污	wū	（动）		29
诬陷	wūxiàn	（动）		26
无法	wúfǎ	（动）	一③	17
无聊	wúliáo	（形）	二	29
无亲无故	wú qīn wú gù			30
无所事事	wú suǒ shì shì		附	27
无效	wúxiào	（动）	二	16
无主	wú zhǔ			30
物品	wùpǐn	（名）	二	16
雾蒙蒙	wùméngméng	（形）		24

X

吸毒	xī dú	（动）	三	25
稀薄	xībó	（形）		24
媳妇儿	xífur	（名）		25
喜笑颜开	xǐ xiào yán kāi			23

277

词	拼音	词性	课	页	词	拼音	词性	课	页
喜悦	xǐyuè	(形)	三	28	行使	xíngshǐ	(动)	三	28
下酒物	xiàjiǔwù	(名)		29	行为	xíngwéi	(名)	一③	16
闲聊	xiánliáo	(动)		26	兴高采烈	xìng gāo cǎi liè		三	19
闲事	xiánshì	(名)		30	杏	xìng	(名)		22
贤惠	xiánhuì	(形)		30	幸而	xìng'ér	(副)		29
贤妻良母	xián qī liáng mǔ			20	幸灾乐祸	xìng zāi lè huò			19
显	xiǎn	(动)	二	29	性情	xìngqíng	(名)	三	30
现金	xiànjīn	(名)	一③	16	凶	xiōng	(形)	二	29
现钱	xiànqián	(名)		29	凶猛	xiōngměng	(形)	三	22
线索	xiànsuǒ	(名)	二	16	雄心壮志	xióng xīn zhuàng zhì			22
馅儿	xiànr	(名)	三	27	熊掌	xióngzhǎng	(名)		27
相差	xiāngchà	(动)	三	24	修饰	xiūshì	(动)		20
相处	xiāngchǔ	(动)	二	18	修养	xiūyǎng	(名)	二	28
相间	xiāngjiàn	(动)		24	秀(一把)	xiù(yi bǎ)	(动)		18
香火	xiānghuǒ	(名)		24	秀才	xiùcai			29
向来	xiànglái	(副)	三	26	袖襟	xiùjīn			30
向往	xiàngwǎng	(动)	三	22	绣	xiù	(动)	三	24
相夫教子	xiàng fū jiào zǐ			20	虚幻迷离	xūhuàn mílí			25
项链	xiàngliàn	(名)	三	24	虚惊	xūjīng	(名)		23
消耗	xiāohào	(动)	二	26	徐徐	xúxú	(副)	三	30
笑眯眯	xiàomīmī	(形)		23	宣言	xuānyán	(名)	三	17
效力	xiàolì	(名)	三	16	学究	xuéjiū	(名)		19
协调	xiétiáo	(动)	二	27	学派	xuépài	(名)		28
写作	xiězuò	(动)	一③	28	学者	xuézhě	(名)	二	19
谢绝	xièjué	(动)		24	寻找	xúnzhǎo	(动)	二	27
心灰意冷	xīn huī yì lěng			21	讯	xùn			21
心目	xīnmù	(名)	三	20			**Y**		
心情	xīnqíng	(名)	一②	16	严谨	yánjǐn	(形)	三	19
心声	xīnshēng	(名)	三	27	言行	yánxíng	(名)	附	28
新奇	xīnqí	(形)	三	24	眼皮	yǎnpí	(名)		21
薪水	xīnshuǐ	(名)	二	28	眼窝	yǎnwō	(名)		22
信仰	xìnyǎng	(动)	二	20	演讲	yǎnjiǎng	(动)	二	22
信用	xìnyòng	(名)	二	16	演示	yǎnshì	(动)	三	18
猩猩	xīngxing	(名)	附	17	厌恶	yànwù	(动)		30

词	拼音	词性	册	页
厌烦	yànfán	(动)	三	23
砚	yàn	(名)		29
洋火	yánghuǒ	(名)		30
养老送终	yǎng lǎo sòng zhōng			20
咬	yǎo	(动)		29
野蛮	yěmán	(形)	三	17
野生	yěshēng	(形)	二	17
液体	yètǐ	(名)	三	24
一一	yīyī	(副)	三	26
医德	yīdé	(名)		26
依然	yīrán	(副)	二	21
一辈子	yíbèizi	(名)	二	20
一度	yídù	(副)	二	21
一概	yígài	(副)	附	23
一个劲儿	yígejìnr	(副)	三	19
一会儿	yíhuìr	(副)	一②	20
一律	yílǜ	(副)	二	23
一系列	yíxìliè	(形)	三	19
一向	yíxiàng	(副)	二	30
一笑了之	yí xiào liǎo zhī			23
一阵	yí zhèn	(数量)	三	20
遗传	yíchuán	(动)	二	17
疑惑	yíhuò	(动)	三	21
以便	yǐbiàn	(连)	二	20
以身作则	yǐ shēn zuò zé		附	18
以往	yǐwǎng	(名)	二	17
一本正经	yì běn zhèng jīng			18
一帆风顺	yì fān fēng shùn		三	25
义务	yìwù	(名)	一③	16
议论	yìlùn	(名、动)	二	16
抑制	yìzhì	(动)	三	28
阴影	yīnyǐng	(名)	二	21
引	yǐn	(动)	二	23
引起	yǐnqǐ	(动)	二	16
引用	yǐnyòng	(动)	三	26
引诱	yǐnyòu	(动)	附	30
引语	yǐnyǔ	(名)		19
饮料	yǐnliào	(名)	二	24
英俊	yīngjùn	(形)	三	25
婴儿	yīng'ér	(名)	三	19
迎候	yínghòu	(动)		23
盈门	yíng mén			25
营生	yíngshēng			29
应邀	yìngyāo	(动)	三	19
硬着头皮	yìngzhe tóupí			21
永垂不朽	yǒng chuí bù xiǔ			22
用品	yòngpǐn	(名)	二	25
用武之地	yòng wǔ zhī dì			18
优劣	yōuliè	(名)		28
优势	yōushì	(名)	一③	21
优越	yōuyuè	(形)	三	17
悠然	yōurán	(形)		21
由此可见	yóu cǐ kě jiàn		三	27
有偿	yǒucháng	(形)		16
有声有色	yǒu shēng yǒu sè		附	25
幼儿园	yòu'éryuán	(名)	二	21
鱼尾纹	yúwěiwén	(名)		21
渔夫	yúfū	(名)		28
与众不同	yǔ zhòng bù tóng		三	21
宇航员	yǔhángyuán	(名)	二	17
预防	yùfáng	(动)	一③	24
预约	yùyuē	(动)	二	21
寓言	yùyán	(名)	三	17
愈……愈……	yù……yù……			29
原告	yuángào	(名)		16
原样	yuányàng	(名)		23
原子弹	yuánzǐdàn	(名)		26

怨愤	yuànfèn	（动）			30
怨恨	yuànhèn	（名、动）	附		28
怨言	yuànyán	（名）	附		20
晕晕乎乎	yūnyunhūhū				25

Z

灾难	zāinàn	（名）	二		28
再三	zàisān	（副）	二		25
再说	zàishuō	（连）	二		26
在于	zàiyú	（动）	二		20
暂停	zàntíng	（动）	二		23
赞赏	zànshǎng	（动）	二		25
赞扬	zànyáng	（动）	三		25
遭遇	zāoyù	（动、名）	二		22
躁动	zàodòng	（形）			20
责备	zébèi	（动）	三		29
择偶	zé'ǒu	（动）			27
扎	zā	（动）			21
眨	zhǎ	（动）			21
诈骗	zhàpiàn	（动）	三		16
摘录	zhāilù	（动）			27
债务	zhàiwù	（名）	三		16
沾	zhān	（动）	三		24
占据	zhànjù	（动）	二		20
绽	zhàn	（动）			29
蘸	zhàn	（动）	附		29
樟木	zhāngmù	（名）			30
掌柜	zhǎngguì	（名）			29
涨	zhàng	（动）	二		29
招	zhāo	（动）	二		23
着慌	zháohuāng	（形）			29
着迷	zháo mí	（动）	附		21
罩	zhào	（动、名）	三		29
折磨	zhémó	（动）	三		17
哲理	zhélǐ	（名）			21
针头	zhēntóu	（名）			25
珍品	zhēnpǐn	（名）			24
真实	zhēnshí	（形）	一③		16
阵地	zhèndì	（名）			18
振振有词	zhènzhèn yǒu cí				20
震动	zhèndòng	（动）	三		24
镇静剂	zhènjìngjì	（名）			21
争辩	zhēngbiàn	（动）			29
争吵	zhēngchǎo	（动）	三		16
争气	zhēng qì	（动）	附		20
征服	zhēngfú	（动）	二		19
整容	zhěng róng	（动）			21
整托	zhěngtuō	（动）			20
证据	zhèngjù	（名）	一③		30
证人	zhèngren	（名）	三		26
症	zhèng				19
之乎者也	zhī hū zhě yě				29
支票	zhīpiào	（名）	三		30
知识分子	zhīshi fènzǐ	（名）	三		21
职位	zhíwèi	（名）	二		28
职务	zhíwù	（名）	二		29
纸张	zhǐzhāng	（名）			18
指使	zhǐshǐ	（动）			30
指望	zhǐwang	（动、名）	三		20
指引	zhǐyǐn	（动）	三		18
至高无上	zhì gāo wú shàng				20
至于	zhìyú	（介）	二		16
制约	zhìyuē	（动）	二		16
治理	zhìlǐ	（动）	二		28
致辞	zhì cí	（动）	三		19
致富	zhìfù	（动）	三		22
置辩	zhìbiàn	（动）			29
置疑	zhìyí	（动）			18
中断	zhōngduàn	（动）	二		28

中庸	zhōngyōng	（名）	附	28		转眼	zhuǎnyǎn	（动）	三	20
终日	zhōngrì	（名）		20		桩	zhuāng	（量）	三	26
终生	zhōngshēng	（名）	三	21		装饰	zhuāngshì	（动、名）	二	20
钟表	zhōngbiǎo	（名）		22		追问	zhuīwèn	（动）	三	20
肿	zhǒng	（动）	二	21		灼热	zhuórè	（形）	附	24
众人	zhòngrén	（名）	三	29		自强	zìqiáng	（形）		20
重心	zhòngxīn	（名）	三	27		自愿	zìyuàn	（动）	二	18
皱纹	zhòuwén	（名）		21		自在	zìzai	（形）	二	23
主动	zhǔdòng	（形）	一③	16		自尊心	zìzūnxīn	（名）	三	22
主顾	zhǔgù	（名）		29		宗教	zōngjiào	（名）	二	28
助手	zhùshǒu	（名）	二	26		总数	zǒngshù	（名）	二	17
注册	zhù cè	（动）	二	18		总之	zǒngzhī	（连）	二	17
注明	zhùmíng	（动）		19		祖先	zǔxiān	（名）	三	17
注射	zhùshè	（动）	二	25		罪	zuì	（名）	二	26
注射器	zhùshèqì	（名）		25		罪恶	zuì'è	（名）	二	24
驻	zhù	（动）	二	24		罪过	zuìguo	（名）		30
祝愿	zhùyuàn	（动）	二	24		尊严	zūnyán	（名）	三	27
转播	zhuǎnbō	（动）	三	19		座机	zuòjī	（名）		23
转化	zhuǎnhuà	（动）	二	27		座右铭	zuòyòumíng	（名）	三	28
转送	zhuǎnsòng	（动）		18						

专有名词

A
阿兴	Ā Xīng	21
艾文	Àiwén	18
澳大利亚	Àodàlìyà	17

B
八角街	Bājiǎo Jiē	24
保尔	Bǎo'ěr	
《保尔·柯察金》	《Bǎo'ěr · Kēchájīn》	20
北非	Běifēi	18
布达拉宫	Bùdálā Gōng	24
布达拉山	Bùdálā Shān	24

C
陈亮	Chén Liàng	26
成都	Chéngdū	24

D
大昭寺	Dàzhāo Sì	24
东北乡	Dōngběi Xiāng	22
冬妮亚	Dōngníyà	20
端午(节)	Duānwǔ (Jié)	二 29

E
俄国	Éguó	28

F
法国	Fǎguó	18
方增	Fāng Zēng	25
《封神演义》	《Fēng Shén Yǎnyì》	22
冯敏	Féng Mǐn	26
佛教	Fójiào	二 24
复旦大学	Fùdàn Dàxué	18

G
高密	Gāo Mì	22
光绪	Guāngxù	30
贵平	Guì Píng	23

H
《红高粱家族》	《Hónggāoliang Jiāzú》	22

J
江苏	Jiāngsū	30
《酒国》	《Jiǔ Guó》	22

K
孔乙己	Kǒng Yǐjǐ	29
孔子	Kǒngzǐ	28
快乐客	Kuàilèkè	18

L
拉萨	Lāsà	24
李彬	Lǐ Bīn	26
李娜	Lǐ Nà	21
李山	Lǐ Shān	23
李英	Lǐ Yīng	16
联合国	Liánhéguó	17
林大福	Lín Dàfú	16
林谷	Lín Gǔ	21
鲁大海	Lǔ Dàhǎi	30
鲁贵	Lǔ Guì	30
鲁桓公	Lǔ Huángōng	28
鲁侍萍	Lǔ Shìpíng	30
鲁镇	Lǔ Zhèn	29
路非	Lù Fēi	26

N
南京	Nánjīng	18

O
欧洲	Ōuzhōu	18

	P		
普希金	Pǔxījīn		28
	Q		
钱平	Qián Píng		16
乾隆	Qiánlóng		24
清朝	Qīngcháo		24
	R		
日本	Rìběn		18
日喀则	Rìkāzé		24
儒家	Rújiā	三	28
瑞士	Ruìshì		24
	S		
山田	Shāntián		18
石家庄	Shíjiāzhuāng		25
斯坦福	Sītǎnfú		22
四凤	Sìfèng		30
松筠	Sōngyún		24
	T		
《天堂蒜薹之歌》	《Tiāntáng Suàntái Zhī Gē》		22
	W		
王府井	Wángfǔjǐng		24
卫武公	Wèi Wǔgōng		28
无锡	Wúxī		30
	X		
西藏自治区	Xīzàng Zìzhìqū		24
西藏自治区红十字会	Xīzàng Zìzhìqū Hóngshízì Huì		24

咸亨酒店	Xiánhēng Jiǔdiàn		29
肖琴	Xiāo Qín		21
辛格	Xīngé		17
	Y		
杨	Yáng		19
伊里奇	Yīlǐqí		19
《渔夫和金鱼的故事》	《Yúfū Hé Jīnyú De Gùshì》		28
云南	Yúnnán		25
	Z		
扎西顿珠	Zhāxīdùnzhū		24
张涤生	Zhāng Díshēng		21
张力	Zhāng Lì		18
赵祖兴	Zhào Zǔxīng		21
中国红十字总会	Zhōngguó Hóngshízì Zǒnghuì		24
中华民族	Zhōnghuá Mínzú		16
中秋(节)	Zhōngqiū (Jié)	二	29
钟瑞	Zhōng Ruì		24
周繁漪	Zhōu Fányī		30
周立华	Zhōu Lìhuá		16
周萍	Zhōu Píng		30
周朴园	Zhōu Pǔyuán		30
子贡	Zǐgòng		28
子路	Zǐlù		28
子夏	Zǐxià		28
子张	Zǐzhāng		28